A Possibilidade de Superação da Discricionariedade Judicial Positivista pelo Abandono do Livre Convencimento no CPC/2015

COLEÇÃO
HERMENÊUTICA, TEORIA DO DIREITO E ARGUMENTAÇÃO

Coordenador: Lenio Luiz Streck

A Possibilidade de Superação da Discricionariedade Judicial Positivista pelo Abandono do Livre Convencimento no CPC/2015

Autor:
Fábio Luiz Bragança Ferreira

Prefácio
LENIO LUIZ STRECK

2018

EDITORA
*jus*PODIVM
www.editorajuspodivm.com.br

www.editorajuspodivm.com.br

Rua Mato Grosso, 164, Ed. Marfina, 1º Andar – Pituba, CEP: 41830-151 – Salvador – Bahia
Tel: (71) 3045.9051
• Contato: https://www.editorajuspodivm.com.br/sac

Copyright: Edições JusPODIVM

Conselho Editorial: Eduardo Viana Portela Neves, Dirley da Cunha Jr., Leonardo de Medeiros Garcia, Fredie Didier Jr., José Henrique Mouta, José Marcelo Vigliar, Marcos Ehrhardt Júnior, Nestor Távora, Robério Nunes Filho, Roberval Rocha Ferreira Filho, Rodolfo Pamplona Filho, Rodrigo Reis Mazzei e Rogério Sanches Cunha.

Capa: Ana Caquetti

Diagramação: Cendi Coelho (cendicoelho@gmail.com)

ISBN: 978-85-442-1757-3

Todos os direitos desta edição reservados à Edições JusPODIVM.

É terminantemente proibida a reprodução total ou parcial desta obra, por qualquer meio ou processo, sem a expressa autorização do autor e da Edições JusPODIVM. A violação dos direitos autorais caracteriza crime descrito na legislação em vigor, sem prejuízo das sanções civis cabíveis.

À minha Mãe, Marta Inêz Bragança
(in memoriam)

AGRADECIMENTOS

Primeiro à minha família, condição de possibilidade de *vida*, de estar e de *ser* no mundo; o Pedro, a Cilha, o pai, a Luiza, a Laisa e o pequeno Santiago.

Aos amigos tantos que fiz na vida acadêmica. Thiago Pádua, o multimídia, incansável arqueólogo de textos os mais variados. João Paulo Echeverria, Fábio Furrier, Caroline Lima, Lucas Rivas, Zé Pedro, Sérgio Cruz e tantos, tantos outros de convivência amena e enriquecedora. A academia é uma fonte inesgotável de boa gente.

Aos mestres, e entre eles é dever de consciência iniciar agradecendo ao professor Inocêncio Mártires Coelho, verdadeiro paradigma da docência. O melhor entre os melhores, e nada mais precisa ser dito. Nós, seus alunos, sabemos a razão deste agradecimento.

Ao meu orientador, professor Jefferson Carús Guedes, não só pela orientação segura que viabilizou a publicação da minha dissertação de Mestrado, mas também pela genuína amizade e por nos ensinar muito mais que Direito... E ainda há tanto para aprender e compreender.

Ao professor Lenio Luiz Streck, Capitão da jornada hermenêutica em terras brasileiras, pelo diálogo generoso, pela Crítica Hermenêutica do Direito, referencial teórico desta obra, e pela defesa incansável e intransigente da Democracia e da legalidade constitucional.

Ao Dr. José Carlos Teixeira Giorgis, o Dr. Juca!, pelas tantas conversas que, entre mates, vinhos e amenidades, trazem até Brasília um pouco da história e da cultura do nosso Estado; o que, para além do deleite existencial, ainda abranda a torrente de saudades que sinto de casa.

Aos colegas de advocacia com quem tanto aprendi, Lucas Azoubel, Mauro Hauschild e Marcos Rivas.

Também a alguns dos professores que tive e que, cada um ao seu modo, deixaram parcela de incentivo na minha caminhada acadêmica: Carlos Ayres Britto, Alessandro Garcia Vieira, Pablo Malheiros Frota, Antônio Suxberger, Luís Carlos Martins Alves Jr., Frederico Barbosa, Marcus Vinícius Reis Bastos e Mário Drumond Coelho.

"Mil ejemplos da la vida pal que los quiera tomar.
No es fácil poder guardar tanta agua en un solo aljibe,
pero siempre se consigue cubrir la necesidad.
Cuanto más cosas se saben, más quedan por aprender.
La ayuda que da el saber termina en lo que se ignora;
Si hasta la luz de la aurora termina al anochecer"

José Larralde – Herencia pa un hijo gaucho

APRESENTAÇÃO DA COLEÇÃO

A grande discussão contemporânea tem sido o enfrentamento do problema da (in)determinabilidade do direito. Instigadas pelo impulso teórico de apresentar respostas ou diferentes leituras, várias correntes surgiram depois do segundo pós-guerra, buscando solucionar esse impasse. Por consequência, a partir de referenciais distintos, também surgem modos diversos de responder à pergunta pelo conceito do Direito, refletindo diretamente no modo de compreender sua aplicação.

Nesse sentido, depois do histórico debate entre Herbert Hart e Ronald Dworkin, a exaustão das correntes positivistas – fenômeno que ficou vinculado à ascensão e recepção das teses neoconstitucionalistas no Brasil – e, ao mesmo tempo, sua sobrevivência (e reformulação), é uma *holding* de onde emanam diversas teses e subteses acerca das condições de existirem respostas corretas em Direito. A profundidade desse tipo de debate invariavelmente remete à relação Direito e Moral, discussão que está presente nos mais variados posicionamentos teóricos que direcionam sua preocupação sobre a interpretação do Direito ou, mais especificamente, sobre a decisão judicial.

Com efeito, as teorias discursivas – fazendo menção especial a Jürgen Habermas e Robert Alexy – criam teses desafiadoras acerca do elo existente entre Direito e Moral. Com Habermas, tem-se a ideia de cooriginariedade; com Alexy, a defesa do papel corretivo da Moral. Por outro lado, Dworkin qualifica a moralidade como política, demonstrando suas raízes na tradição de determinada comunidade. Quais os efeitos da adoção desses paradigmas para compreender o fenômeno jurídico?

Atenta e preocupada com esse cenário sortido de teses antagônicas, a editora faz uma aposta em uma coleção cujas obras pretendem abarcar a complexidade das teorias contemporâneas que buscam investigar e dar respostas às perguntas hermenêuticas, argumentativas e da teoria do Direito em face de um Direito cada vez mais fragmentado, como é o brasileiro. Em cada uma dessas obras, o leitor certamente encontrará sólidos caminhos para entender a dimensão do problema, mas também novos desafios reflexivos. Boa leitura!

Coordenador
Lenio Luiz Streck

APRESENTAÇÃO DA OBRA

A Hermenêutica da Crítica e a Crítica Hermenêutica

Muitos são os que parecem não compreender a importância da escolha de um marco teórico crítico e latino-americano (além de pesadamente filosófico) para refletirmos sobre nossos problemas (de país periférico e com altíssimo déficit democrático). Fábio Luiz Bragança Ferreira não está entre essas pessoas. Quando fundamentou sua opção teórica a partir das lentes da CHD – Crítica Hermenêutica do Direito, capitaneada pelo jurista maiúsculo Lenio Streck, estava consciente de nossos problemas. Mais do que isso: dentro de uma reflexão específica, propôs a "Possibilidade de Superação da Discricionariedade Judicial Positivista pelo Abandono do Livre Convencimento no CPC/2015".

Tanto mais se percebermos, com Ernildo Stein,[1] que a hermenêutica – compreendida desde o horizonte da fenomenologia hermenêutica – passa a ser mais do que um método de interpretação e de compreensão, pois é verdadeira condição de possibilidade que acompanha qualquer tipo de conhecimento; a teoria do conhecimento deve deixar de ser entendida como portadora de pretensões de fundamentação, e a hermenêutica, se não significava um ataque à razão, representava a dimensão da historicidade em que essa razão deitava apoio, eis que a dimensão do compreender era pressuposta, mas podemos falar da mudança na filosofia na segunda metade do século XX, significante de uma

---
1. STEIN, Ernildo. Gadamer e a Construção da Hermenêutica. Em: STEIN, Ernildo; STRECK, Lenio (Org.). *50 Anos de Verdade e Método*. Porto Alegre: Livraria do Advogado, 2011, p. 10-11.

virada hermenêutica na questão do conhecimento, e, como percebeu Lenio Streck,[2] embora uma questão aparentemente prosaica e propedêutica, o direito não está imune às rupturas paradigmáticas ocorridas na filosofia.

Aqueles que recorrem à europeia escola de Frankfurt (em várias de suas gerações e ícones – lembremo-nos que o famoso cerne da "Teoria Crítica"[3] de Horkheimer é de 1937, e, portanto, anterior a uma série de rupturas filosóficas paradigmáticas importantes), em busca de subsídios para o exercício da crítica, ou mal se recordam de que entre seus fundadores está um latino-americano, como o argentino Felix J. Weil,[4] um "bolchevique de salão" similar aos "revolucionários juristas de gabinete", na inafastável situação fática de alguém que precisa sair do país e financiar um instituto que congregava um grupo de pensadores para refletir (também, mas não apenas) a realidade da América Latina, a partir dos ventos europeus, ou se esquecem da elementar crítica de Lenio Streck, que separa alhos, bugalhos e canários, "[embora sejam distintos, o direito alternativo, o direito achado na rua e o realismo jurídico]":

> "Antes da CF 88, a não democracia. A ditadura. O regime autoritário. A luta do jurista crítico era contra essa estrutura jurídica "que aí estava". Se ele não fosse para a política (ou para outro tipo de luta), tinha que lutar dentro da institucionalidade. Ou seja, nas brechas da institucionalidade, o jurista "de oposição" (não partidária, mas de oposição ao autoritarismo) tinha que se desdobrar para levar adiante e ter êxito nos seus pleitos (habeas corpus, mandados de segurança etc.). Correntes críticas de várias tendências se formaram. O realismo jurídico deu azo às posturas ditas

---

2. STRECK, Lenio. Hermenêutica e Decisão Jurídica: Questões Epistemológicas. Em: STEIN, Ernildo; STRECK, Lenio (Org.). *50 Anos de Verdade e Método*. Porto Alegre: Livraria do Advogado, 2011, p. 10-11.
3. HORKHEIMER, Max. *Teoría crítica*. Buenos Aires: Amorrortu, 2003, p. 223.
4. MARTIN, Jorge Luis. El aporte de la Escuela de Francfort a la Pedagogía Crítica. *El Equilibrista*, Año 1, 2013; RAPOPORT, Mario. *Bolchevique de salón. Vida de Félix J. Weil, el fundador argentino de la Escuela de Frankfurt*. Buenos Aires: Debate, 2014.

alternativas. Um certo marxismo concebeu o "direito achado na rua". As correntes linguísticas buscavam nas brechas do texto legal, repleto de vaguezas e ambiguidades, o direito de seus clientes. Outras posturas, sem maior filiação epistêmica, faziam do axiologismo um modo de ultrapassar as barreiras ônticas da estrutura autoritária do sistema implantado pelo regime militar. Veja-se, por exemplo, a importância (até) de um positivista-axiologista como Recasens Siches, para mostrar as insuficiências do positivismo formal(ista). No fundo, qualquer um que se colocasse contra o formalismo legal era considerado aliado, desde que, teleologicamente, suas posições fossem contra o establishment."[5]

Em termos mais concretos: assim como é perceptível que os *critical legal studies* possuem ao menos três versões, como observado por Neil MacCormick (as versões americana, inglesa e alemã, esta última centrada nas reflexões da escola de Frankfurt[6]), também tivemos por aqui versões críticas do (e ao) direito, como o direito alternativo, o direito achado na rua e muitos outros, sem que isso representasse sequer anterioridade ou convergência de posturas teóricas e/ou críticas, como mais uma vez asseverou Lenio Streck:

> "Advirto, desde logo, que os dois movimentos tratam de coisas diferentes. Mais do que isso, os dois movimentos possuem matrizes diversas, embora, como já dito, teleologicamente possam apontar para a mesma direção, isto é, os fatos sociais é que determinam a normatividade. Na especificidade, o direito alternativo é um movimento – portanto, também não se trata de uma teoria sobre ou do direito – político, surgido na Itália, nos anos 1970. Mas note-se: na Itália havia por parte dos assim chamados "juízes alternativos", um ferrenho compromisso com a Constituição, com o que usavam o direito alternativo como uma "instância normativa" contra o direito infraconstitucional

---

5. STRECK, Lenio. Senso Incomum: Juiz não é gestor nem gerente. Ele deve julgar. E bem! *Conjur* de 8 de agosto de 2013.
6. MACCORMICK, Neil. Reconstruction after Deconstruction: A Response to CLS. *Oxford Journal of Legal Studies*, v. 10, 1990.

e, para isso, usavam a Constituição como um instrumento de correção e filtragem. Já no Brasil, no contexto em que surge o alternativismo, não tínhamos – propriamente – uma Constituição (lembro que vivíamos sob a égide de um regime de exceção, ditatorial). O movimento do direito alternativo se colocava, então, como uma alternativa contra o status quo. Era a sociedade contra o Estado. Por isso, em termos teóricos, era uma mistura de marxistas, positivistas fáticos, jusnaturalistas de combate, todos comungando de uma luta em comum: mesmo que o direito fosse autoritário, ainda assim se lutava contra a ditadura buscando "brechas da lei", buscando atuar naquilo que se chamam de "lacunas" para conquistar uma espécie de "legitimidade fática". Achávamos – e nisso me incluo – que o direito era um instrumento de dominação e da reprodução dos privilégios das camadas dominantes. Buscávamos, assim, tirar "leite de pedra".[7]

Sempre o "novo-velho" problema da tensa relação (interação?) entre Direito e Política, ligado especialmente à autonomia do primeiro, sem que se deva permitir a sua (de)predação pela segunda, e não podemos nos esquecer da elementar observação luhmanniana[8] de que a diferenciação/separação entre *iurisdictio* e legislação nem sempre foi muito nítida no exercício das funções, e que somente no século XVII, a partir de um evento específico, tivemos uma clivagem funcional, que na raiz mais remota está ligada a uma tentativa de transmitir isonomia na aplicação do direito: um órgão criador do direito de maneira geral e abstrata (Legislativo), e outro órgão aplicador do direito de maneira específica e concreta (Judiciário), para que não se transmitisse a impressão de que haveria ajuda aos amigos e prejuízo aos inimigos, como num jogo de espelhos.

É uma questão inafastável: quanto mais age discricionariamente o Poder Judiciário, mais ele se assemelha com os Poderes

---

7. STRECK, Lenio. [*Entrevista*] Revista do Instituto Humanitadas da Universidade Unisinos. Disponível em: <http://www.ihuonline.unisinos.br/index.php?option=com_content&view=article&id=2758&secao=305> acesso em: 12.06.2017.
8. LUHMANN, Niklas. *O Direito da Sociedade*. São Paulo: Martins Fontes, 2016.

Legislativo e Executivo, sem que tenhamos o controle democrático que é inerente àqueles dois, num despotismo disfarçado. É por esta razão que também é incontornável e imprescindível a contribuição da CHD para a leitura dos atos praticados pelo Poder Judiciário. Também são os motivos pelos quais se deve levar a separação de poderes e a democracia a sério.

Recordemos do art. 68 da Constituição de 1934 (reproduzido no art. 94, da Constituição de 1937)[9] que tentou afastar o Poder Judiciário da Política, num tema que se encontra presente desde a engenhosidade de John Marshall, em *Marbury vs. Madson* em 1803, e a partir da qual Rui Barbosa se ocupou na "Velha República".

Sobre esse aspecto (a leitura do pensamento de Rui), quer nos parecer definitiva a brilhante análise feita por Fábio Furrier,[10] em outra dissertação de excelência do PPG/Direito (UniCEUB). Se um dos critérios aventados para separar as questões políticas (vedadas ao Poder Judiciário) é o de que são atos advindos dos poderes legislativo e executivo, não limitados por direito correlato, e cujo exercício não implique no arbítrio, mas na "discricionariedade" (ligada ao juízo de conveniência, oportunidade e necessidade), embora seja igualmente antiga a observação de que se houver direito lesado, seu escrutínio (re)cai na órbita do Poder Judiciário,[11] então é preciso refletir com muita seriedade sobre o que dizem os adeptos da CHD, como Fábio Bragança.

E isso porque não pode o Poder Judiciário em geral, e o STF em particular, agir discricionariamente. Posturas solipsistas "vendem mais" porque são autoritárias ou são autoritárias porque "vendem mais"? O "caldo de cultura normativa" brasileiro

---

9. Na Constituição de 1934: "Art. 68. *É vedado ao Poder Judiciário conhecer de questões exclusivamente políticas*"; na Constituição de 1937: "Art. 94. *É vedado ao Poder Judiciário conhecer de questões exclusivamente políticas*".
10. FURRIER, Fábio Luis. *A evolução do conceito de questão política na obra de Rui Barbosa: pequena história da afirmação do Judiciário como Poder na República Velha (1892-1914).* 2017. 180 f. Dissertação (Mestrado em Direito – área de concentração Direito e Políticas Públicas) – Centro Universitário de Brasília (UNICEUB), Brasília, 2017.
11. VILANOVA, Lourival. A Dimensão Política nas Funções do Supremo Tribunal Federal. Em: *Escritos Jurídicos e Filosóficos (v 1).* São Paulo: Axis Mundo/IBET, 2003, p. 394.

exige muita paciência para observação, além de preparo acadêmico sério e atilado, tal qual Lenio Streck (ícone da CHD) vem fazendo há muitos anos, na academia, como articulista, professor, escritor de obras densas e respeitadas, e também, especialmente, na famosa coluna hebdomadária (Senso Incomum) no Consultor Jurídico.

A discricionariedade judicial, contra a qual lutam Lenio Streck e a Crítica Hermenêutica do Direito (com a brilhante adesão de Fábio Bragança), não é sequer uma "praga moderna", e é preciso recordar sempre que ela contraria as mais elementares noções de constitucionalismo e de democracia, sendo famosa a opção feita pelas Ordenações Manuelinas (1521) e pelas Ordenações Filipinas (1603) de que somente ao príncipe cabia julgar "segundo sua consciência". Nunca é demais relembrar: tentamos conferir força normativa à jurisprudência do Supremo Tribunal Federal, por meio do **Decreto 23.055, de 9 de agosto de 1933**, e esse diploma normativo[12] não teria prevalecido, segundo Barros Monteiro, porque por mais insistente que seja a jurisprudência, "não constitui norma imperativa, a cujo comando não se possa fugir", mencionando que isso estaria adequado, pois "o único compromisso que têm os juízes é com a lei e a própria consciência"[13].

A mesma "livre consciência predatória" que afaga, também apedreja. É ela que permite violar o princípio da legalidade penal estrita, e criar nova hipótese judicial de suspensão de lapsos prescricionais penais (como a maioria do STF, no RE nº 966177, que decidiu – tal qual o príncipe – com base na discricionariedade de suas próprias consciências, que se for admitido recurso extraordinário com repercussão geral, em matéria penal, poderá ser suspenso o prazo prescricional, fora das hipóteses legais).

---

12. MONTEIRO, Washington de Barros. Da jurisprudência. *Revista da Faculdade de Direito da USP*, v. 56, n. 2, 1961.
13. Algo que o Código de Processo Civil de 2015 parece ter tentado fazer 82 anos depois do decreto que não funcionou, e a CF/88 tentou fazer com as súmulas e decisões vinculantes.

É também ela (discricionariedade, com base na livre consciência) e eles (Supremo Tribunal Federal e Juízes de Primeiro Grau) que realizam um *per saltum* monocrático de negativa de liminar em "habeas corpus" na turma, antecipando-se a um possível revés, para afetar o julgamento ao plenário,[14] ou permitem um tripé de duvidosa constitucionalidade ("prisão de suspeito antes da culpa formada, encarceramento dele para forçá-lo a delatar os outros, e vazamento seletivo das informações para conquistar a opinião pública")[15] em convivência com acordos de delação premiada manifestamente contrários à Lei, fazendo com que juristas como J. J. Gomes Canotilho e Nuno Brandão denunciassem acadêmica e internacionalmente empreitada semelhante.[16]

Aliás, propaga-se por aí que a denominada operação "Lava Jato" estaria ancorada nas experiências da operação "Mãos Limpas" ("Mani pulite") da Itália,[17] na década de 90, mas isso não parece ser de todo exato. Na realidade, sua verdadeira inspiração intelectual pode ser localizada no século XIX, no pensamento do jurista James Fitzjames Stephen, aquele que é considerado o precursor dos neoconservadores (pouco recordado) e que parece ser o doutrinador oculto da maioria dos embrutecidos juízes criminais da atualidade. James Fitzjames Stephen, que foi juiz e conselheiro das colônias inglesas, escreveu duas obras principais representativas de seu pensamento: 1) "A História do

---

14. Trata-se do HC 143.333/DF, impetrado em favor do paciente Antonio Palocci, que foi afetado ao plenário do Supremo Tribunal Federal pelo relator Edson Fachin, sem que houvesse fundamento jurídico no RISTF.
15. Confira-se, por tudo, a entrevista de José Roberto Batochio, que repudiou, por ser arbitrário e autocrático, o famoso tripé. Cfr. BATOCHIO, José Roberto. [Entrevista]. Déspotas m Disfarce: Autoritarismo de ditadores hoje está em chefes de repartição, delegados e juízes. *Conjur* de 16 de agosto de 2015.
16. CANOTILHO, José Joaquim Gomes; BRANDÃO, Nuno. Colaboração premiada e auxílio judiciário em matéria penal: a ordem pública como obstáculo à cooperação com a operação Lava Jato. *Revista de Legislação e de Jurisprudência*, Ano 146, nº 4000, set./out., 2016.
17. O próprio Juiz Sérgio Moro, magistrado a frente das atuações em 1º grau de jurisdição na "Operação Lava Jato", é estudioso da famosa operação italiana, utilizando expressão religiosa (cruzada), denominando-a de "uma das mais impressionantes cruzadas judiciárias contra a corrupção política e administrativa". Cfr. MORO, Sérgio. Considerações sobre a Operação Mani Pulite. R. CEJ, Brasília, n. 26, p. 56-62, jul./set. 2004.

Direito Criminal Inglês" (1863); e 2) "Liberdade, Igualdade e Fraternidade" (1874).

Este autor afirmou no primeiro livro, literalmente, que "é moralmente correto odiar os criminosos, sendo altamente desejável que os criminosos sejam odiados, e que a vingança é empoderada pelo ódio, no sentido de que os criminosos devem ser odiados, pois senão não haverá pressão forte o bastante para aplicação da lei criminal"[18]. Também deixou registrado, a ferro e fogo, que "o direito penal representa a afirmação enfática de que o sentimento de ódio e o desejo de vingança são importantes componentes da natureza humana, e que devem ser regularmente saciados na esfera pública e de forma legal"[19].

Mas ele não parou por aí. Substituiu também o "humanismo" como paradigma geral do governo justo por um trio bem definido: a tirania da força, a manipulação da opinião pública e o fogo do inferno, na sua explícita crença de que seria possível moldar moralmente a sociedade através do direito penal. Eis aí o tripé, preso ao século XIX, e honestamente explicitado por um jurista que não escondeu o que pensa, ainda que seja chocante e mesmo que seja bizarro, embora datado no tempo, mas em todo caso contrário ao direito e à Constituição democraticamente promulgada. O ódio e o amor não entram em decisões tomadas por princípio, e só encontram espaço na vedada discricionariedade judicial.

O que [deveria] choca[r] é o fato desse discurso ser revigorado com máscaras messiânicas e sem que se assumam as posturas consequenciais de sua utilização: um universo utilitarista em que tudo é permitido, ou seja, fazendo um trocadilho com "Os Irmãos Karamazov": se isso existe, baseado naquele tripé (e então a Constituição não existe), logo, tudo é permitido![20] Mas

---

18. FITZJAMES STEPHEN, James. *A History of the Criminal Law of England*, v. 2, 1883, p. 81-82.
19. FITZJAMES STEPHEN, James. *Liberty, Equality, Fraternity and Three Brief Essays*, Chicago: University of Chicago Press, 1991, p. 152.
20. Já se comparou a figura de James Fitzjames Stephen ao "Grande Inquisidor", de "Os irmãos Karamazov", de Fiódor Dostoiévski, observa ainda que aquele seria o protótipo dos Neoconservadores americanos, sendo o molde original de Robert Bork e outros autores da direita, e que os juízes deveriam se reconhecer em sua figura, além de

essa permissão somente ocorre – bem entendido –, num universo de normatividade paralela em que soçobram dois elementos no espaço ôntico: a discricionariedade e o "livre convencimento motivado", algo denunciado por Fábio Luiz Bragança Ferreira nesta obra que se apresenta ao leitor.

Embora tenha apontado sua artilharia para o livre convencimento motivado "abandonado" pelo Código de Processo Civil de 2015, suas reflexões, assim com o cerne teórico da CHD – Crítica Hermenêutica do Direito servem para todas as práticas judiciais de fundamentação da decisão, tornando o presente livro de leitura e debate obrigatórios na academia e nos espaços públicos habitados pelos juristas. É justamente nesta clivagem (a hermenêutica da crítica e a crítica hermenêutica) que se insere a produção teórica e acadêmica de Fábio Luiz Bragança Ferreira.

Fruto de sua dissertação de mestrado no programa de pós-graduação lato sensu em Direito do UniCEUB, no primeiro semestre de 2017, orientada por um dos autores desta apresentação (Jefferson Carús Guedes), e defendida perante respeitável banca julgadora, composta pelos professores doutores Pablo Malheiros da Cunha Frota (UFG), Antônio Suxberger (UniCEUB) e Lenio Luiz Streck (UNISINOS), o presente trabalho acadêmico discute de maneira densa e robusta os principais pilares da Crítica Hermenêutica do Direito.

Trabalho ricamente bem escrito, com ideias conectadas e articuladas de maneira sublime, o autor não se furta a uma espécie de "arqueologia" do positivismo jurídico, raciocinando de forma autônoma e crítica sobre o atual estado da arte de nosso ordenamento jurídico, tecendo conclusões que precisam ser

---

observar que o ódio aos criminosos e a recusa da sociedade americana em aceitar melhorias de qualidade de vida nos presídios estaria atrelada ao ideário do ódio ao criminoso propugnado por James. Cfr. MORSE, Stephen J. Thoroughly Modern: Sir James Fitzjames Stephen on Criminal Responsibility. *Ohio State Journal of Criminal Law*, vol. 5, 2008; DEGIROLAMI, Marc O. Against Theories of Punishment: The Thought of Sir James Fitzjames Stephen. *Ohio State Journal of Criminal Law*, vol. 9, 2012; POSNER, Richard. The Romance of Force: James Fitzjames Stephen on Criminal Law. *Ohio State Journal of Criminal Law*, vol. 10, 2012; POSNER, Richard. The First Neoconservative. In: *Overcoming Law*. Cambridge: Harvard University Press, 1995, p. 259-270.

vivamente lidas e relidas, como uma espécie de "introdução" à Crítica Hermenêutica do Direito, citando seus principais trabalhos e empreitadas teóricas, decifrando seus labirintos e também inscrevendo seu nome em suas paredes. Sem maiores delongas, o leitor deve ler imediatamente o prefácio, cuja elaboração ficou a cargo de Lenio Streck, bem como o próprio trabalho ora apresentado que, sem favor algum, se insere num seleto grupo de excelentes trabalhos acadêmicos produzidos no país.

Brasília-DF, novembro de 2017

Jefferson Carús Guedes
Thiago Aguiar de Pádua

PREFÁCIO

Tenho a felicidade de prefaciar a obra de Fábio Luiz Bragança Ferreira, em um trabalho que apresenta uma contribuição inestimável para o processo civil brasileiro. A partir da *Crítica Hermenêutica do Direito* (CHD), Fábio, em livro fruto de sua dissertação de mestrado, orientada pelo brilhante Professor Jefferson Carús Guedes, apresenta valiosas contribuições para a luta contra aquilo que venho denominando de solipsismo judicial.[1] Todos esses elementos reunidos resultaram em uma obra de alta qualidade, como não poderia ser diferente. A obra acaba por revelar mais um talentoso jurista formado no mestrado do programa de pós-graduação *lato sensu* em Direito do UniCEUB, lembrando, aqui, dentre outros notórios alunos do programa, o estimado Thiago Santos Aguiar de Pádua.

Já na introdução, Fábio deixa evidente que as importantes preocupações teóricas de que trata em sua obra têm profundas implicações práticas, uma vez que sua inquietação com o tema surge, justamente, de um caso prático em que atuou perante o TRF-1. A preocupação da obra, vale dizer, se dá em torno da principal questão jurídica do direito brasileiro: quais são as condições para que um juiz possa deixar de cumprir uma lei? Com isso, já fica claro a importância "forense" que as sofisticadas questões teóricas abordadas no presente livro possuem.

Em seu primeiro capítulo, desvela o problema do positivismo jurídico. Demonstra como o positivismo jurídico é um fenômeno complexo e está muito além da mera noção de um juiz "boca da

---

1. STRECK, Lenio Luiz. **Dicionário de Hermenêutica:** quarenta temas fundamentais da Teoria do Direito à luz da Crítica Hermenêutica do Direito. Belo Horizonte: Casa do Direito, 2017, p. 273-278.

lei", como o senso comum trata no Brasil. Sabe-se que, nas faculdades brasileiras, criou-se um espantalho do positivismo jurídico. Uma vulgata, especialmente no que diz respeito ao positivismo de Hans Kelsen. Fábio separa o joio do trigo no ponto, ultrapassando essa noção reducionista do fenômeno, identificando precisamente a incapacidade do positivismo de lidar com o problema da decisão judicial, na medida em que relega tudo isso ao incontrolável arbítrio do julgador.

Com efeito, é preciso compreender a discricionariedade como sendo o poder arbitrário "delegado" em favor do juiz para "preencher" os espaços da "zona de penumbra" do modelo de regras em Herbert Hart. Não se pode esquecer, aqui, que a "zona da incerteza" (ou as especificidades em que ocorrem os "casos difíceis") pode ser fruto de uma construção ideológica desse mesmo juiz, que, *ad libitum*, aumenta o espaço de incerteza e, em consequência, seu espaço de "discricionariedade". Nesse sentido, como mostro em Verdade e Consenso e Hermenêutica Jurídica e(m) Crise, a discricionariedade, no modo como ela é praticada no Direito brasileiro, acaba, no plano da linguagem, sendo sinônimo de arbitrariedade.

No segundo capítulo, adentra em um estudo dos paradigmas filosóficos que estão em questão para a *Crítica Hermenêutica do Direito*, explicando as hipóteses e princípios que pautam a tomada de uma decisão. Na abordagem, faz uma precisa explicação de como a CHD encara as situações em que uma lei pode deixar de ser aplicada, sem que isso leve ao arbítrio/discricionariedade. Mais especificamente, ligada à tradição hermenêutica inaugurada por Heidegger e Gadamer, deixa claro que a CHD retoma a primazia da compreensão sobre os conceitos, sistemas, métodos, procedimentos, etc. Sem se perder nessas objetificações ingênuas, mas também sem recuar para o subjetivismo, o paradigma hermenêutico coloca a verdade como algo que se dá na intersubjetividade.

Já de sempre estamos operando nesse mundo, que somente nos é acessível *pela* linguagem e *na* linguagem. Assim, para a possibilidade de uma hermenêutica jurídica, é essencial que a lei vincule por igual a todos os membros da comunidade jurídica. Porque a lei é uma representação do que ocorre na linguagem pública, isto é, na intersubjetividade. Ela é que deve constranger o intérprete. Ela é a "coisa" na qual a subjetividade encontra o seu maior obstáculo. Portanto, o intérprete não está livre para formar seu convencimento. Há uma tradição que o amarra desde-já-sempre.

Com tais densas bases teóricas estabelecidas e elucidadas, segue-se, como consequência lógica, o seu terceiro capítulo. Se a discricionariedade judicial tem um problema em seu paradigma filosófico e, mais do que isso, se tem uma incompatibilidade com a própria ideia de uma democracia, vem o acerto de Fábio: é necessário um *abandono do livre convencimento como um novo paradigma de fundamentação*.

Assim, por todas essas razões, a obra *A possibilidade da superação da discricionariedade judicial positivista pelo abandono do livre convencimento no CPC/2015* é leitura fundamental para qualquer jurista, pois enfrenta o problema da discricionariedade judicial através da sofisticada questão dos paradigmas filosóficos, desvelando-as especificamente no âmbito do direito processual civil.

Da Dacha de São José do Herval,
na primavera com liquidâmbares exuberantes,
para o Planalto Central brasileiro.

Novembro de 2017.

Lenio Luiz Streck

SUMÁRIO

INTRODUÇÃO 29

CAPÍTULO I
**POSITIVISMO JURÍDICO
E DISCRICIONARIEDADE JUDICIAL** 41

1.1. Positivismo Jurídico: traços determinantes 42

1.2. Hans Kelsen: a discricionariedade judicial
no positivismo jurídico kelseniano 58

1.3. Herbert Hart: a discricionariedade judicial
no positivismo jurídico hartiano 63

1.4. Positivismo Inclusivo e Positivismo Exclusivo:
a discricionariedade judicial nas vertentes
mais recentes do positivismo jurídico 66

1.5. Fecho: conclusões parciais 68

CAPÍTULO II
**A CRÍTICA HERMENÊUTICA DO DIREITO (CHD)
E A DISCRICIONARIEDADE JUDICIAL** 71

2.1. Bases filosóficas da CHD: uma questão de paradigma 72

2.2. A abordagem da CHD sobre a (in)determinabilidade
do Direito e o papel dos princípios 78

2.3. Elementos fundamentais da teoria da
decisão judicial constitucionalmente adequada:
os cinco princípios e o teste das seis hipóteses 97

2.4. A CHD ao Positivismo: pós-positivismo brasileiro?.................101

2.5. Deixando evidente a importância da Crítica Hermenêutica do Direito: a "letra fria da lei" como um *case* doutrinário paradigma..107

2.6. Fecho: conclusões parciais..129

CAPÍTULO III
DISCRICIONARIEDADE JUDICIAL E O CÓDIGO DE PROCESSO CIVIL DE 2015: O ABANDONO DO LIVRE CONVENCIMENTO COMO UM NOVO PARADIGMA DE FUNDAMENTAÇÃO................... 133

3.1. O livre convencimento como a porta de entrada da discricionariedade judicial..136

3.2. Outras inovações processuais pertinentes: os elementos essenciais da sentença e o conceito de coerência e integridade no CPC/2015......................................140

3.3. Discricionariedade judicial e Democracia Constitucional: um empecilho.............................143

3.4. Ensaio: O papel do Supremo Tribunal Federal na reforma política 154

3.5. Fecho: conclusões parciais..178

CONCLUSÃO 181

REFERÊNCIAS 185

INTRODUÇÃO

A militância na advocacia proporciona as mais diversas experiências. Uma, em especial, destravou um sentimento de desconforto profissional e de curiosidade acadêmica. Foi em 2015 quando começamos a patrocinar, perante o Tribunal Regional Federal da 1ª Região,[1] uma ação declaratória de resolução de relação contratual cumulada com pedido de indenização por danos contra a Caixa Econômica Federal tendo por base a anulação judicial do leilão no qual a parte havia arrematado um imóvel residencial e a consequente proposta de distrato oferecida pela instituição financeira. Na hipótese, a questão central consistia no pleito de condenação da instituição financeira (C.E.F.) ao pagamento de indenização por danos materiais sofridos pela parte, compostos – no que importa ao presente momento – pelo valor do imóvel no momento em que evenceu, e não pelo valor indicado no contrato, nos termos do parágrafo único do art. 450 do Código Civil/2002.[2] A questão, portanto, cingia-se a saber quais os efeitos e responsabilidades da instituição financeira pela anulação por evicção[3] de contrato (oneroso) de compra e venda de imóvel realizado em hasta pública.

---

1. Tribunal Regional Federal da 1ª Região, Apelação Cível n. 0035363-89.2010.4.01.3700/MA.
2. Código Civil, Art. 450. Salvo estipulação em contrário, tem direito o evicto, além da restituição integral do preço ou das quantias que pagou: [...] Parágrafo único. O preço, seja a evicção total ou parcial, será o do valor da coisa, na época em que se evenceu, e proporcional ao desfalque sofrido, no caso de evicção parcial.
3. Apenas para facilitar a visualização da questão posta, segue o breve comentário de Caio Mário acerca do instituto jurídico da evicção: "Ocorrendo perda judicial da coisa, tem o adquirente a faculdade de voltar-se contra o alienante (Código Civil, art. 450) e exigir que este lhe restitua o preço pago, e mais as despesas com o contrato, honorários de advogado e custas judiciais na ação que lhe impôs a evicção; e ainda lhe indenize os frutos que tiver sido obrigado a restituir, e demais prejuízos que da evicção diretamente lhe resultarem. Neste passo, cabe esclarecer que o alienante responde pela plus-valia

A decisão do TRF-1 em sede de apelação negou o pleito formulado com base no parágrafo único do art. 450 do diploma civil sob o argumento de que "o princípio que veda o *enriquecimento sem causa* não permite reconhecer-se o direito a indenização pelo valor do imóvel, tão somente pelo que, efetivamente, pagou-se por ele. A indenização deve ser justa, sem acarretar *locupletamento indevido* de nenhuma das partes." [4] [*g.n.*]

A questão que imediatamente salta aos olhos é a de saber se é juridicamente adequado negar aplicação ao referido dispositivo do Código Civil sob o argumento de que essa solução iria enriquecer "ilicitamente" uma das partes contratantes. Esse argumento, em tudo discutível, não afasta a previsão legal de que a indenização pela evicção será o do valor da coisa na época em que se evenceu, e não o do valor ajustado no contrato. Aliás, o que tornaria ilícita ou indevida uma indenização que se pleiteia tendo por base a previsão expressa do Código Civil? O que significa o "princípio que veda o enriquecimento sem causa"? Há um significado técnico, constitucionalmente adequado e devidamente densificado para esse princípio? Esse "princípio" pode, sem qualquer justificativa com respaldo constitucional, afastar parágrafo único do art. 450 do Código Civil/2002?

Foram essas questões que despertaram, para além do inevitável desconforto profissional, a curiosidade acadêmica. E as indagações sobre as possibilidades de afastamento da legislação democraticamente promulgada, que iniciaram com reflexões sobre o patrimonialismo brasileiro e os novos títulos nobiliárquicos,

---

adquirida pela coisa, isto é, a diferença a maior entre o preço da aquisição e o seu valor ao tempo em que se evenceu (parágrafo único do art. 450), atendendo a que a lei manda indenizar o adquirente dos prejuízos, e, ao cuidar das perdas e danos, o Código Civil (art. 402) considera-as abrangentes não apenas do dano emergente, porém daquilo que o credor razoavelmente deixou de lucrar. E, se a evicção vem privá-lo da coisa no estado atual, o alienante tem o dever de recompor o seu patrimônio, transferindo-lhe soma pecuniária equivalente à estimativa da valorização." Em: PEREIRA, Caio Mário da Silva. *Instituições de Direito Civil*, Contratos (Vol. III), 1ª ed. eletrônica, Rio de Janeiro, 2003, parágrafo 210.

4. TRF1. Diário da Justiça Federal da Primeira Região. Publicação do dia 29/04/2015. Disponível em: https://edj.trf1.jus.br/edj/handle/123/18160 . Último acesso em: 15/01/2017.

passando por estudos sobre democracia e tripartição de poderes, acabaram por desaguar em categorias mais estritamente jurídicas, tais como a discricionariedade judicial e o seu instrumento de operacionalização, o livre convencimento do juiz. Assim, justo quando o recorte temático da nossa pesquisa foi tomando a devida estreiteza, entrou em vigor o Código de Processo Civil de 2015 (Lei n. 13.105/2015) que, em boa hora, expurgou o *livre convencimento* do juiz da processualística brasileira. O legislador colocou o livre convencimento numa espécie de "exílio epistêmico", para utilizar uma expressão de Lenio Streck.[5] E, conforme se pretende demonstrar, essa alteração legislativa têm consequências teóricas e práticas para o dia a dia do Direito e, especialmente, para o cotidiano forense.

É esse, portanto, o objeto da presente obra: o estudo da discricionariedade judicial, sob o recorte temático da inovação legislativa que expulsou o livre convencimento do nosso sistema processual. Desse modo, a questão reside em saber se, a partir da utilização de uma matriz teórica consistente sob a perspectiva filosófica e adequada sob a perspectiva do Constitucionalismo Contemporâneo, da retirada do livre convencimento do nosso sistema processual, aliada com outras inovações legislativas, tais como a exigência de que os Tribunais mantenham sua jurisprudência estável, íntegra e coerente, é possível derivar a consequência da superação da discricionariedade judicial.

A metodologia utilizada será majoritariamente de revisão bibliográfica, procurando manter sempre uma perspectiva crítica. Nada obstante tenhamos colocado ao final da obra, em formato de ensaio, a análise acerca da participação do Supremo Tribunal Federal na reforma política (verticalização e fidelidade partidária), esta é uma pesquisa de revisão bibliográfica, e a eventual análise de julgados é adjacente e complementar ao objeto de investigação.

---

5. STRECK, Lenio. *O que é isto – o senso incomum?* Porto Alegre: Livraria do Advogado, 2016, p. 33.

O marco teórico será estabelecido em torno da Crítica Hermenêutica do Direito (CHD) de Lenio Luiz Streck que propõe, em suas obras,[6] uma teoria da decisão que enfrenta a problemática central da teoria contemporânea do direito, qual seja: a discricionariedade judicial herdada do pensamento positivista normativista de Hans Kelsen e de Herbert Hart.

A tomada de posição no sentido de aderir à linha teórica da CHD se dá não apenas pelas suas próprias qualidades teórico-filosóficas e adequação às especificidades da experiência constitucional brasileira, mas é, também, uma espécie de necessário refluxo ao avanço do pensamento neoconstitucionalista brasileiro, proposta teórica que parte de quatro fundamentos centrais: das regras aos princípios; da subsunção à ponderação, da justiça geral à justiça particular; e do Poder Legislativo ao Poder Judiciário.[7] E, partindo desses fundamentos, propõe como solução para questões referentes à interpretação do Direito o protagonismo judicial.[8] Conforme será abordado no capítulo segundo, essa é uma postura teórica que consideramos equivocada. Independentemente da perspectiva, seja ela jurídica, filosófica ou de ciência política, não nos parece adequado falar em um papel *iluminista* do Poder Judiciário. Daí o necessário refluxo e adesão a um marco teórico que sim se proponha a enfrentar as idiossincrasias da doutrina positivista, e não a repristiná-las.

A obra de Lenio Streck, na qual se insere a teoria da decisão da CHD, nosso marco teórico, se dá dentro do reconhecimento de que é necessário à teoria jurídica, numa perspectiva macro,

---

6. Especialmente: *Verdade e Consenso*: constituição, hermenêutica e teorias discursivas. 5 ed. rev. mod. e ampl. São Paulo: Saraiva, 2014; *Hermenêutica Jurídica e(m) crise*: uma exploração hermenêutica da construção do Direito. 11 ed. rev. atual. e ampl. Porto Alegre: Livraria do Advogado, 2014; *Jurisdição constitucional e decisão jurídica*. São Paulo: Revista dos Tribunais, 2014; e *Lições de crítica hermenêutica do direito*. Porto Alegre: Livraria do Advogado, 2014.
7. ÁVILA, Humberto. "Neoconstitucionalismo": entre a "ciência do direito" e o "direito da ciência". *Revista Eletrônica do Direito do Estado (REDE)*, Salvador, Instituto Brasileiro de Direito Público, n. 17, jan./fev./mar, 2009. Disponível em: www.direitodoestado.com.br/rede.asp. Acesso em: 25.07.2014.
8. STRECK, Lenio. Uma leitura hermenêutica das características do neoconstitucionalismo. *Revista da AJURIS*, v. 40, n. 132, Dez. 2013, p. 188.

atentar-se às exigências "dupla-face" do Constitucionalismo Contemporâneo a demandar instrumentos de fomento ao exercício da cidadania e, do outro lado, instrumentos de garantia dos direitos individuais e coletivos com limitações claras ao exercício do Poder; e, numa perspectiva micro, concreta, de validade e *applicatio*, atentar-se às condições histórico sociais nas quais estão imersos os textos normativos e o seu intérprete. Apenas em uma teoria com essa postura, que vai na contramão da metafísica jurídica típica do positivismo, é possível colher uma crítica ao ensino jurídico no sentido de que é inadequado ensinar nas faculdades a categoria estado de necessidade (art. 24 do Código Penal) a partir dos náufragos (usualmente Tício e Mévio) que lutam por uma tábua. Nesse cenário, indaga: "por que o professor não usa o exemplo do tipo '*o menino pobre entra no Supermercado Carrefour e subtrai um pacote de bolacha a mando de sua mãe, que não tem o que comer em casa?*'. Mas isto seria exigir demais da dogmática tradicional. *Afinal de contas, exemplos deste tipo aproximariam perigosamente a ciência jurídica da realidade social....!*"[9] Daí que nos parece possível, refletindo com Manfredo de Oliveira, afirmar que há uma espécie de legitimidade e autenticidade latino-americana na posição filosófica que perpassa a Crítica Hermenêutica do Direito, "pois o filósofo só é autêntico quando é homem do povo com seu povo, pobre junto ao pobre."[10] Fica clara a tentativa de superar os obstáculos que impedem os juristas de, com os olhos abertos à historicidade do fenômeno jurídico, exercer alteridade.

A obra será dividida em três capítulos. No capítulo primeiro abordaremos a doutrina do positivismo jurídico, suas características e teses centrais, bem como o contexto histórico e político de seu surgimento. A devida abordagem dessa postura teórica é necessária para demonstrar que a discricionariedade judicial é parte essencial dessa doutrina. Essa questão assume especial relevo num contexto

---

9. STRECK, Lenio. *Hermenêutica Jurídica e(m) crise*: uma exploração hermenêutica da construção do Direito. 11 ed. rev. atual. e ampl. Porto Alegre: Livraria do Advogado, 2014, p. 101.
10. OLIVEIRA, Manfredo A. de. *Reviravolta linguístico-pragmática na filosofia contemporânea*. São Paulo: Loyola, 1996, p. 390-391.

em que outras posturas teóricas se apresentaram nas últimas décadas como pós-positivistas sem, contudo, enfrentar um dos problemas centrais do positivismo jurídico que reside em relegar a interpretação do Direito a um ato de protagonismo judicial, ou de política do Direito, para usar uma expressão kelseniana.

Ainda em sede de estudo sobre o positivismo jurídico e sua relação com a discricionariedade judicial, abordaremos o positivismo jurídico de Hans Kelsen, qual sua concepção sobre interpretação do Direito, qual o papel da "moldura da norma" e quais as consequências daí advindas. Não se mostra possível abordar a questão do positivismo jurídico sem a devida análise do pensamento kelseniano, pois, ainda que seja uma doutrina complexa e com "filiados" tão heterogêneos entre si, é comum que se procure no pensamento de Hans Kelsen as linhas mestras que permitam a abordagem da doutrina positivista sob uma perspectiva "geral". É sem dúvida um dos juristas mais importantes do século XX, ou, como afirmam Dias Toffoli e Otavio Rodrigues Junior, não há qualquer exagero em se considerar Hans Kelsen "o grande filósofo do Direito do século XX, e, provavelmente, não apenas dessa centúria."[11] É, na expressão de Inocêncio Coelho, um autor "incontornável"[12] e cuja obra permanece imprimindo relevante influência no pensamento jurídico brasileiro.

Do mesmo modo nos ocuparemos do pensamento positivista de Herbert Hart, qual sua concepção sobre interpretação do Direito, qual o papel da "textura aberta da norma" e quais as consequências daí advindas. Trata-se de um autor de suma importância para o objeto desta pesquisa, principalmente em razão do debate que travou com Ronald Dworkin que, estando entre aquilo que de mais importante ocorreu na teoria do direito do

---

11. DIAS TOFFOLI, José Antônio; RODRIGUES JUNIOR, Otavio Luiz. Estudo introdutório. Em: *Autobiografia de Hans Kelsen*. Gabriel Nogueira Dias e José Ignácio Coelho Mendes Neto (trad.), 4 ed., Rio de Janeiro: Forense Universitária, 2012, p. XIV.
12. COELHO, Inocêncio Mártires. Disciplina "Cultura Política e Direitos" ministrada no curso de Mestrado em Direito no UniCEUB, 2014. Notas de aula.

século XX,[13] pautou as discussões sobre as possibilidades de uma teoria efetivamente pós-positivista.

Por fim, encerrando o capítulo primeiro, trataremos da questão da discricionariedade judicial na doutrina do positivismo jurídico pós-Hart, divididos que estão entre inclusivos e exclusivos. Sobre esse último ponto em particular é de se refletir que, se por um lado há certo consenso de que os novos positivistas não apresentaram inovações relevantes em face do sofisticado positivismo hartiano,[14] por outro a crítica é pertinente e necessária, quanto menos para, conforme defende Henrique Abel, ajudar a sedimentar uma cultura antidiscricionária.[15]

Desse modo, a "questão" discricionariedade judicial, sendo um dos principais traços distintivos do positivismo jurídico, acaba, conforme se pretende demonstrar no decorrer do livro, permeando boa parte do desenvolvimento do pensamento jurídico brasileiro de modo paradigmático. Ou seja, a abordagem do positivismo jurídico que se realizará no capítulo primeiro pretende viabilizar a compreensão de que boa parte da doutrina e da jurisprudência brasileira, especialmente aquelas que se dizem "pós-positivistas", não foram capazes de superar as posições delegatórias e seguem fazendo uso do de livre convencimento (e de seus sinônimos, tais como decidir conforme a consciência), e seguem defendendo ou "se rendem" à discricionariedade judicial, com todas as consequências daí advindas. Não por outra razão é que entendemos que, conforme a prática jurisprudencial e doutrinária não apenas tolera, mas incentiva a discricionariedade judicial (protagonismo judicial), acaba, de forma consciente ou não, refletindo e reverberando as posições positivistas de Hans Kelsen e Herbert Hart.

---

13. STRECK, Lenio. Prefácio. Em: OLIVEIRA, Rafael Tomaz de. *Decisão judicial e o conceito de princípio*: a hermenêutica e a (in)determinação do direito. Porto Alegre: Livraria do Advogado, 2008.
14. DWORKIN, Ronald. *A justiça de toga*. São Paulo: Martins Fontes, 2010, p. 261-ss.
15. ABEL, Henrique. *Positivismo jurídico e discricionariedade judicial*: a filosofia do direito na encruzilhada do constitucionalismo contemporâneo. Rio de Janeiro: Lumen Juris, 2015, p. 34.

É nesse contexto que se faz importante a reflexão sobre a Crítica Hermenêutica do Direito de Lenio Streck, conforme abordaremos no capítulo segundo. Trata-se de uma teoria latino-americana e brasileira do Direito que, especialmente no que concerne ao escopo do nosso estudo, rejeita a ideia de discricionariedade judicial e suas formas de "operacionalização" pela via do "livre convencimento" e do "decidir conforme a consciência". A CHD apresenta sua teoria da decisão a partir da defesa da preservação da autonomia do Direito, definindo como constitucionalmente inadequadas decisões judiciais que lançam mão de argumentos morais, políticos ou econômicos, procura estabelecer condições hermenêuticas que viabilizem o controle sobre os limites da interpretação jurídica, incorpora a máxima dworkiana de respeito à coerência e à integridade do Direito e desenvolve a ideia de que a fundamentação constitucionalmente adequada das decisões judiciais não é apenas dever de juízes e Tribunais, mas é também direito fundamental do cidadão.

É preciso ter em conta que a teoria da decisão da CHD deve ser considerada como uma teoria *construtivista*; vale dizer: o ônus de fundamentação está sobre o intérprete que, na construção de seu argumento, deverá deixar claro que o ajuste feito entre o caso concreto e o contexto normativo foi feito de forma adequada à Constituição. Ou seja, a partir da CHD não se pretende antecipar a resposta adequada; aqui se tem bem presente que não é possível dar as respostas antes das perguntas, e não há método que viabilize essa ficção.

Desse modo, no capítulo segundo iremos abordar as bases filosóficas da CHD e as razões pelas quais estamos diante de uma questão paradigmática em face da possibilidade de superação dos discursos positivistas; tratando em específico das questões referentes à interpretação do Direito no contexto da viragem linguística, com especial referência ao duplo teorema hermenêutico: o círculo hermenêutico e a diferença ontológica.

Ato contínuo iremos expor a abordagem da CHD frente aos questionamentos referentes à (in)determinação do direito;

utilizaremos para contraste as obras de Ródenas e Vilajosana, dois autores que, segundo entendemos, espelham bem as teses positivistas que, perante o caráter polissêmico da linguagem natural, aceitam a discricionariedade e delegam a interpretação do Direito ao protagonismo judicial. Abordaremos ainda o papel dos princípios que, na CHD, assumem função determinante no sufocamento da discricionariedade judicial. É a partir deles que o mundo prático ingressa no Direito, e são eles que irão indicar os caminhos da necessária reconstrução da história institucional do Direito. Os princípios, na CHD, inviabilizam a discricionariedade judicial.

Ainda no capítulo segundo trataremos dos elementos fundamentais da teoria da decisão que nos serve de marco teórico, abordando, em um primeiro momento, os cinco princípios que operam como condição de possibilidade (ou *minimum applicandi*) de uma decisão judicial constitucionalmente adequada. São eles: a decisão judicial deve preservar a autonomia do direito, ou seja, não pode ser pautada por critérios extrajurídicos, tais como a moral ou a política; a decisão judicial deve possibilitar a realização de um controle hermenêutico, no sentido de que todas as razões sejam devidamente expostas em demonstração de que os sentidos atribuídos pelo órgão julgador estão de acordo com a doutrina e jurisprudência; a decisão judicial deve garantir o respeito à integridade e à coerência do Direito, tratando-se de princípio de matriz dworkiana que obteve relevante reforço institucional em razão do advento do CPC/2015; a decisão judicial deve ser proferida sob a perspectiva de que a fundamentação é um dever fundamental de juízes e tribunais; deve ser garantido que cada cidadão terá sua causa julgada em conformidade com a Constituição brasileira.[16] Além desses cincos princípios elementares, também abordaremos, como elemento fundamental da teoria da decisão na CHD, o teste das seis hipóteses[17] nas quais o julgador

---

16. STRECK, Lenio. *Verdade e Consenso*: constituição, hermenêutica e teorias discursivas. 5 ed. rev. mod. e ampl. São Paulo: Saraiva, 2014, p. 591-620.
17. STRECK, Lenio. *Verdade e Consenso* ..., 2014, p. 604-605.

pode se afastar da lei; esse parâmetro demonstra o compromisso da posição teórica tomada nessa obra com a necessidade de se respeitar a legalidade constitucional.

Os dois próximos tópicos serão compostos de críticas ao atual estado da arte da doutrina nacional. O primeiro a tratar as posturas defendidas pela doutrina neoconstitucional como insuficientes e inadequadas ao Constitucionalismo Contemporâneo. No tópico seguinte iremos abordar a questão da "letra fria da lei" como um *case* doutrinário paradigma na tentativa de demonstrar que a doutrina jurídica nacional, em especial que aquela que trata do controle jurisdicional de políticas públicas, ainda não conseguiu bem compreender a doutrina positivista e suas concepções acerca da interpretação do Direito. No fecho do capítulo iremos defender, na esteira da CHD e como consequência das reflexões até ali tomadas, que, em termos de prestação jurisdicional, existe um direito fundamental à resposta correta/adequada à Constituição.

O último capítulo terá por objeto a alteração legislativa promovida pelo CPC/2015 que, de forma consciente e deliberada – *conforme se observa na justificativa do deputado federal relator do projeto* –, expurgou da legislação processual civil brasileira a positivação da "livre apreciação" ou "livre convencimento". Trata-se, conforme entendemos, de importante renovação institucional que, se bem entendida, pode servir para compreensão e desenvolvimento de um novo paradigma de fundamentação das decisões judiciais. O chamado "livre convencimento" sempre funcionou como forma (via) de operacionalizar a discricionariedade judicial, e a compreensão dessa circunstância é importante na defesa da tese de que é possível superar a discricionariedade positivista. Também no terceiro capítulo iremos abordar as outras inovações processuais pertinentes, tais como a exigência de que a jurisprudência dos tribunais se mantenha íntegra, estável e coerente. Encerraremos um capítulo terceiro com considerações sobre democracia e as razões pelas quais a aposta na discricionariedade (protagonismo) judicial é antidemocrática, pois, conforme indaga Luciano Violante, como resolver as questões de falta de legitimidade democrática de juízes aos quais se outorga o poder de efetuar escolhas discricionárias típicas da política? [18]

Esses são, portanto, o objeto, as razões, a metodologia, o marco teórico e a estrutura da pesquisa. Procurou-se tanto quanto possível manter a fidelidade temática em todos os tópicos da obra. Nada obstante o esforço, ressaltamos que quaisquer digressões um pouco mais distantes do recorte temático indicado nessa introdução devem ser lidas como considerações filosóficas ao estilo do que sugere Scott Shapiro. Ou seja, deve-se levar em consideração que debates de fundo filosófico são de difícil caracterização pois, em sede de filosofia, em última análise, todos os assuntos estão conectados em alguma medida.[19]

Por fim, em se tratando de um tema complexo – ainda que com o recorte temático estreito –, que gera controvérsia e que já foi abordado por diversos autores das mais diferentes linhas (ou escolas) do pensamento jurídico, é preciso, ao ingressar no corpo da pesquisa, manter um nível seguro de sobriedade epistêmica – no sentido de humildade ou deferência para com o tema abordado e com aqueles que, com maior ou menor sucesso, já o visitaram. É dessa perspectiva que lembramos Mário Losano, que nos diz que não há em Direito teoria que a tudo explique, o que há são abordagens.[20] Desse modo, e mantendo sempre um grau seguro de *sobriedade epistêmica*, temos convicção de que a abordagem apresentada nesta obra, notadamente sob o marco teórico da Crítica Hermenêutica do Direito, é adequada à Constituição brasileira, ao nosso sistema jurídico processual e, por fim, à nossa democracia.

---

18. "Come risolvere il problema dell'assenza di una legittimazione democratica di giudici ai quali viene riconosciuto il potere di effetuare scelte discrezionali proprie della politica?" Em: VIOLANTE, Luciano: *Il dovere di avere doveri*. Torino: Giulio Einaudi, 2014, p. 41.
19. "Second, philosophical debates are hard to characterize because, unlike formal debates, they are not usually about just one issue. In philosophy, everything is ultimately connected to everything else, and hence philosophical controversies tend to range over many different, though in-the-end related, questions." Em: SHAPIRO, Scott. The "Hart-Dworkin" debate: a short guide for the perplexed. *Public Law and Legal Theory Working Paper Series – University of Michigan Law School*. Working Paper n.º. 77, March, 2007, p. 3.
20. LOSANO, Mário G. Entrevista. *Revista da Faculdade de Direito – UFPR*, Curitiba, vol. 59, n. 2, p. 203-209, 2014. Entrevista concedida a Cesar Antonio Serbena e Edna Torres Felício Câmara.

CAPÍTULO I

POSITIVISMO JURÍDICO E DISCRICIONARIEDADE JUDICIAL

Neste capítulo inaugural trataremos de apresentar os traços determinantes e principais características da doutrina do positivismo jurídico, seu contexto histórico e político de seu surgimento, e alguns apontamentos sobre o seu antecessor histórico, o jusnaturalismo.

Assim, dentro dessas linhas gerais, e após a devida contextualização, demonstraremos que a discricionariedade judicial é parte essencial da doutrina positivista. Circunstância que, conforme se verá, ocorre, principalmente, em decorrência da cisão entre *validade* e *legitimidade* do Direito levada a efeito pela linha mais autorizada pensamento positivista tradicional. Assim, as questões de validade deveriam ser resolvidas em sede de teoria jurídica positivista, ao passo que questões referentes à legitimidade (na qual estão incluídos problemas morais) deveriam ficar sob análise da teoria política.

Devidamente superadas as questões iniciais sobre o positivismo jurídico, faremos uma abordagem dos principais autores positivistas sob o estreito recorte temático da discricionariedade judicial. Vale dizer, indicaremos de que forma Hans Kelsen, Herbert Hart e os positivistas inclusivos e exclusivos tratam da questão da interpretação do Direito, mais especificamente da questão da discricionariedade judicial.

Por fim, em sede de conclusões parciais, e levando-se em consideração todas as questões apresentadas nos tópicos anteriores, tentaremos esboçar um raciocínio que justifique a nossa tomada de posição no sentido de que o positivismo jurídico não é capaz de apresentar uma resposta adequada aos desafios do constitucionalismo contemporâneo.

Ainda, antes de seguir em frente, parece necessário ressalvar que escrever sobre positivismo(s) é tentar refletir sobre um dos temas mais tratados pelos estudiosos do Direito. Quiçá o mais tratado, ombreando com as doutrinações sobre direito natural. Desse modo, sobre a bibliografia e as ideias apresentadas neste capítulo, lembramos do bonaerense Héctor Ángel Benedetti que, ao tentar selecionar as melhores letras de tango, justificou-se: "*la discografia de este libro no pretende ser completa, aunque sí representativa. Siempre aparecerá um coleccionista com um disco bajo el brazom diciendo: "Eh, faltaba éste..."*[1]

1.1. Positivismo Jurídico: traços determinantes

Há, classicamente, dois modos pelos quais se procurou determinar o conceito de direito: a doutrina do Direito Natural e a doutrina do positivismo jurídico; este como espécie de consequência daquele.[2] O direito natural (ou jusnaturalismo), antecedente histórico do positivismo jurídico (ou juspositivismo), não apenas dominou a teorização do direito até meados do século XIX, mas representa a mais antiga, e até então mais abrangente tentativa de compreender e dogmatizar o fenômeno jurídico.[3] Trata-se de uma doutrina que procura definir o direito como aquilo que ocorre, dentro da convivência humana, de acordo com uma ordem de coisas natural e pressuposta.[4] Assim, essa *ordem de coisas natural*

---

1. BENEDETTI, Héctor Ángel. *Las mejores letras del tango*. 2 ed., Buenos Aires: Planeta, 2002, p. 12.
2. STRECK, Lenio. O direito como um conceito interpretativo. *Pensar Revista de Ciências Jurídicas*. Fortaleza, v. 10, n. 2, p. 500-513, jul./dez., 2010.
3. BEDIN, Gilmar Antônio. Direito Natural. Em: BARRETO, Vicente Paulo [Coord.]. *Dicionário de Filosofia do Direito*. São Leopoldo: Unisinos, 2009, p. 240-243.
4. STRECK, Lenio. Direito. Em: BARRETO, Vicente Paulo; CULLETON, Alfredo [Coords.]. *Dicionário de filosofia política*. São Leopoldo: Unisinos, 2010, 145-150; STRECK, Lenio. O direito como um conceito interpretativo. *Pensar Revista de Ciências Jurídicas*. Fortaleza, v. 10, n. 2, p. 500-513, jul./dez., 2010. No mesmo sentido, ver: COELHO, Luiz Fernando. *Aulas de introdução ao direito*. Barueri-SP: Manole, 2004, p. 123-ss;

e pressuposta servia como parâmetro de valoração da legislação vigente posta pelo homem; ou seja, uma ordem de coisas natural funcionava como um teste de validade do direito positivo.[5]

Sobre essa questão, Hans Kelsen afirma que o direito natural deve ser entendido como "um sistema de normas que – ao contrário daquelas do direito positivo – não são 'fixadas' 'artificialmente', por ato humano, mas dadas 'naturalmente', porque elas resultam da natureza, de deus, da razão ou de um princípio objetivo semelhante." [6]

Essa ordem superior e natural poderia, a depender do momento histórico da doutrina jusnaturalista, ter como base uma ordem dita *cosmológica*, que pressupunha que as normas adequadas à natureza humana poderiam ser racionalmente descobertas (Aristóteles), ou ter como base uma ordem dita *teológica*, voltada para uma tentativa de compreensão das leis divinas que governam o mundo (Tomás de Aquino), ou, ainda, uma ordem chamada *antropológica*, a partir da qual o indivíduo assume posição central por ver reconhecidos para si um leque de direitos inatos e indisponíveis (John Locke). Esta última teorização referente aos direitos inatos e inalienáveis do indivíduo influenciou não apenas as tentativas de entender o fenômeno jurídico, mas influenciou, também, o contexto político, chegando a dar sua contribuição para o desenrolar de movimentos revolucionários, especialmente no contexto francês do final do século XVIII (Revolução Francesa – 1789).[7]

A legislação então vigente, como se vê, seria válida apenas à medida que adequada à determinado ideal de justiça. Vale dizer, sob a perspectiva do direito natural (jusnaturalismo), um sistema

---

5. BEDIN, Gilmar Antônio. Direito Natural. Em: BARRETO, Vicente Paulo [Coord.]. *Dicionário de Filosofia do Direito*. São Leopoldo: Unisinos, 2009, p. 241.
6. KELSEN, Hans. Direito natural e direito positivo. Uma investigação de sua relação recíproca. [trad. Waldir Alves]. Em: HECK, Luís Afonso [Org.]. *Direito natural, direito positivo, direito discursivo*. Porto Alegre: Livraria do Advogado, 2010, p. 25.
7. BEDIN, Gilmar Antônio. Direito Natural. Em: BARRETO, Vicente Paulo [Coord.]. *Dicionário de Filosofia do Direito*. São Leopoldo: Unisinos, 2009, p. 241-242.

normativo com validade autoproclamada[8] e superior ao homem confere validade ao direito positivo posto pelo homem terreno.[9]

As caraterísticas do direito natural, portanto, podem ser sintetizadas, conforme propõe Gilmar Bedin,[10] em três pontos complementares. Primeiro na circunstância de que o direito positivo deve ser sempre analisado a partir de sua concordância com conteúdos superiores (naturais e pressupostos); em segundo, no fato de que esses conteúdos decorrem de uma fonte universal, superior e imutável (que, como visto, decorrem da natureza, de Deus, de um ideal de justiça ou outro similar); e, em terceiro, o compromisso de que esses conteúdos superiores, universais e pressupostos sempre prevaleçam (devem prevalecer) sob o direito positivo terreno que com ele seja dissonante.[11-12]

---

8. MÖLLER, Max. *Teoria geral do neoconstitucionalismo*: bases teóricas do constitucionalismo contemporâneo. Porto Alegre: Livraria do Advogado, 2011, p. 55-ss.
9. BEDIN, Gilmar Antônio. Direito Natural. Em: BARRETO, Vicente Paulo [Coord.]. *Dicionário de Filosofia do Direito*. São Leopoldo: Unisinos, 2009, p. 240-241; COELHO, Luiz Fernando. Aulas de introdução ao direito. Barueri-SP: Manole, 2004, p. 124.
10. BEDIN, Gilmar Antônio. Direito Natural. Em: BARRETO, Vicente Paulo [Coord.]. *Dicionário de Filosofia do Direito*. São Leopoldo: Unisinos, 2009, p. 241.
11. Uma das melhores representações literárias do direito natural fica por conta do grego Sófocles que, na tragédia *Antígone*, ilustra o desespero de uma personagem que, visceralmente irresignada com a injustiça (legalmente estabelecida pela autoridade legítima, o rei de Tebas) de não poder enterrar o próprio irmão, invocou a lei divina e imutável que dá direito às famílias de enterrar os seus e que, dessa forma, sobrepujava a proibição legal. Ver: SÓFOCLES. *Édipo Rei – Antígona*. São Paulo: Martin Claret, 2007. Sobre o contraste entre a dureza da lei posta e o direito divino (vivificado pelo sentimento "quase cristão" de Antígone), as palavras de Carpeaux: "Lirismo é o verdadeiro nome da ordem divina e humana no mundo de Sófocles; sintomas de um equilíbrio precário, porque puramente estético. Na *Antígone*, não existe mediação dramática possível entre a lei cruel e inelutável que impõe a Creon, tirano contra a vontade, a perseguição do inimigo para além da morte, e, por outro lado, o sentimento íntimo, quase cristão, da Antígone." Ver: CARPEAUX, Otto Maria. *A antiguidade greco-latina por Carpeaux*. História da literatura ocidental, v. 1, São Paulo: Leyla, 2012, p. 49.
12. Nos chama atenção a semelhança entre as características e postulados do direito natural com aqueles defendidos pela teoria neoconstitucional brasileira, cujos arautos falam em mais princípios e menos regras e mais Judiciário e menos Legislativo. Sobre essa questão, as palavras de Möller: "[...] ainda que a teoria iusnaturalista admita a presença do direito positivo, não o tem como elemento indispensável para a aplicabilidade do direito, uma vez que as normas podem ser 'descobertas' a partir dos preceitos estabelecidos no direito natural. Esse pode, portanto, ainda que não traga uma consequência jurídica predeterminada, ser diretamente aplicado. O procedimento de aplicação é, portanto, muito semelhante ao que propõe o neoconstitucionalismo em relação a algumas normas constitucionais. Na ausência de normas positivadas, caberia ao julgador criar a solução

Uma outra característica do direito natural que ajuda não apenas a melhor compreendê-lo, mas também a diferenciá-lo, por contraste, com o positivismo jurídico, é o que se chama de *caráter dualista* do jusnaturalismo.[13] A teorização do direito natural não apenas aceita, mas antes pressupõe a existência de um outro sistema normativo terreno para, devidamente subjugado, dar concreção e funcionamento cotidiano aos seus respectivos ideais de elevada justiça.[14]

É esse dualismo[15] jusnaturalista que contrastando de forma clara com a feição *monista* do positivismo jurídico ajuda a

---

adequada a partir do direito natural, comprovando o acerto da solução estabelecida ao caso concreto em relação aos postulados do direito natural." Em: MÖLLER, Max. *Teoria geral do neoconstitucionalismo* ... , 2011, p. 59; avaliação similar é feita de há tempos por Inocêncio Mártires Coelho que, de forma muito percuciente, considera que os neoconstitucionalistas brasileiros são "jusnaturalistas envergonhados". Em: COELHO, Inocêncio Mártires. Disciplina "Cultura Política e Direitos" ministrada no PPG/ Direito no UniCEUB, 2014. Notas de aula.

13. BEDIN, Gilmar Antônio. Direito Natural. Em: BARRETO, Vicente Paulo [Coord.]. *Dicionário de Filosofia do Direito*. São Leopoldo: Unisinos, 2009, p. 241; MÖLLER, Max. *Teoria geral do neoconstitucionalismo* ... , 2011, p. 79; ABBOUD, Georges; CARNIO, Henrique Garbellini; OLIVEIRA, Rafael Tomaz. *Introdução à teoria e à filosofia do direito*. 2 ed., rev., atual. e ampl. São Paulo: Revista dos Tribunais, 2014, p. 68-69.

14. Nas palavras de Abboud *et alli*: "Esse ponto é de suma importância: a ideia de um direito natural não exclui a existência de um direito positivo (positivo, aqui, quer significar posto pelo homem). O que é peculiar ao jusnaturalismo é submeter esse direito positivo, historicamente determinado e construído pelo homem, a uma ordem de justiça que fica num ambiente transcendente." Em: ABBOUD, Georges; CARNIO, Henrique Garbellini; OLIVEIRA, Rafael Tomaz. *Introdução à teoria e à filosofia do direito*. 2 ed., rev., atual. e ampl. São Paulo: Revista dos Tribunais, 2014, p. 68.

15. O caráter dualista do direito natural sofreu consistente crítica de Hans Kelsen, nos seguintes termos: "Essa necessidade do direito positivo como uma ordem válida, isto é, vinculativa, é uma posição, dentro da teoria do direito natural, não posta em dúvida, sim, fundamental. Da ideia fundamental que o direito positivo – pelo menos, como todo, salvo a vinculatividade de algumas proposições suas, possivelmente injustas –, é um sistema de normas que estão em validez de dever, às quais aquele que tem de obedecer, cuja conduta é regulada por elas, e não da validez de uma ordem "natural", toma ela sua partida. Quando a teoria do direito natural, ao lado dessa ordem positiva, também afirma um direito natural, então isso ocorre, fundamentalmente, no sentido de um dualismo consciente. Que um tal é logicamente impossível, auxilia nada. Pois reage contra o ideal teórico da unidade lógica, aqui, um interesse político-prático, que é forte o suficiente para não deixar ficar completamente consciente o ideal teórico. O direito positivo, por isso, ao lado do direito natural, não é reconhecido como logicamente impossível e não como supérfluo ou até prejudicial, porque para a teoria do direito natural trata-se, em primeiro lugar, da validez desse direito positivo, de seu asseguramento e legitimação. Naturalmente, não se deixa oprimir completamente a tendência, imanente a todo conhecimento, por unidade do objeto a ser conhecido, isso significa, porém, por unidade

melhor compreender ambas as doutrinas. Se diz monismo pois procura reduzir o Direito àquele posto pela ordem estabelecida. A fonte do direito é apenas uma. Ou seja, direito é apenas e tão somente direito positivo. Essa feição monista do pensamento juspositivista – que, se bem entendida, acaba reduzindo em uma expressão um tanto do que já se escreveu sobre essa doutrina – tem por escopo possibilitar certeza e previsibilidade ao sistema jurídico, realizando assim o valor segurança com pretensões de se direcionar ao extremo oposto da insegurança e do pluralismo axiológico jusnaturalista. É nesse contexto que a doutrina positivista se lançou na busca da construção de um conceito autônomo de Direito que não dependesse, tal como na doutrina natural, de um teste de validade superior e externo a si próprio.[16]

Eros Grau afirma que a fuga do direito natural em direção ao direito positivo deve ocorrer não (apenas) pela extrema insegurança e pluralismo axiológico que caracterizam a doutrina jusnaturalista, mas pela razão de que esse direito derivado da (ou validado pela) natureza, em sendo o inverso da autodeterminação racional dos homens, é arbítrio e violência e não Direito. Nas palavras do autor:

> A ideia de Direito Natural repousa sobre a concepção de que ele seria encontrado no mundo da natureza, não na sociedade e no Estado. Ocorre que a sociedade civil e o Estado trazem consigo precisamente a limitação da liberdade natural e dos chamados direitos naturais. A *determinação-da-natureza*, diz Hegel, é substituída pela *autodeterminação* dos homens, o que

---

do sistema. Ela impõe-se – ao professor de direito natural talvez inconscientemente – na doutrina, quase universalmente propagada, que o direito positivo tem sua validez do direito natural. [...] É a tentativa, já mencionada em outras conexões, de entender o direito positivo como delegado pelo direito natural. Também a contradição interna, que ela contém, é aqui já mostrado. [...] O direito positivo converte-se, assim, em um tipo de grau de realização do direito natural e ganha, desse modo, com a "validez", o valor que ele, em si, não tem." Em: KELSEN, Hans. Direito natural e direito positivo. Uma investigação de sua relação recíproca. [trad. Waldir Alves]. Em: HECK, Luís Afonso [Org.]. *Direito natural, direito positivo, direito discursivo*. Porto Alegre: Livraria do Advogado, 2010, p. 38-39.

16. MÖLLER, Max. *Teoria geral do neoconstitucionalismo*: bases teóricas do constitucionalismo contemporâneo. Porto Alegre: Livraria do Advogado, 2011, p. 77-ss.

nos leva à conclusão de que o Direito da natureza, sendo o ser-aí da força e o fazer-valer da violência – o não-direito – *é preciso sair dele*; na sociedade, somente o Direito [= Direito Positivo] tem efetividade: o que se tem de sacrificar é justamente o arbítrio e a força-bruta do estado de natureza.[17]

Sob uma perspectiva histórica, a maior ou menos ascendência de uma doutrina sobre a outra acaba ajudando a determinar (ou especificar) as respectivas concepções jusnaturalista e juspositivista.[18] Desse modo é que, segundo ensina Bobbio,[19] o discurso acerca do positivismo jurídico começa a robustecer-se quando o direito natural e o direito positivo já não são considerados direito sob o mesmo sentido, pois, então, somente se consideraria direito aquele que fosse positivado (posto) pela legítima autoridade estatal.[20]

Há, portanto, um processo histórico, gradual e de transição[21] entre o jusnaturalismo e o positivismo jurídico, no qual passa a

---

17. GRAU, Eros Roberto. Direito. Em: BARRETO, Vicente Paulo [Coord.]. *Dicionário de Filosofia do Direito*. São Leopoldo: Unisinos, 2009, p. 225-226.
18. Esse raciocínio parece, em alguma medida, encontrar guarida na seguinte reflexão de Hans Kelsen: "O direito natural não pode – pelo menos, na particularidade de sua ideia que exclui, certamente, completamente o direito positivo – ser mantido. Todas as suas modificações variadas, que a ideia do direito natural experimenta nas doutrinas do direito natural distintas – modificações que levam a uma eliminação, mais ou menos coberta, do direito natural –, elas têm sua origem na postura fundamental que a teoria do direito natural assume para com o direito positivo e – de fundamentos que se situam fora do âmbito da teoria – tem de assumir." Cf. KELSEN, Hans. Direito natural e direito positivo. Uma investigação de sua relação recíproca. [trad. Waldir Alves]. Em: HECK, Luís Afonso [Org.]. *Direito natural, direito positivo, direito discursivo*. Porto Alegre: Livraria do Advogado, 2010, p. 34.
19. BOBBIO, Norberto. *O positivismo jurídico*: lições de filosofia do direito. trad. e notas Márcio Publiesi, Edson Bini, Carlos Rodrigues. São Paulo: Ícone, 2006, p. 15-52.
20. MÖLLER, Max. *Teoria geral do neoconstitucionalismo*: bases teóricas do constitucionalismo contemporâneo. Porto Alegre: Livraria do Advogado, 2011, pp. 74-75.
21. Com "transição" histórica do pensamento jusnaturalista às doutrinas do positivismo jurídico não se está querendo dizer que a teorização do direito natural e as reflexões sobre essa importante doutrina tenham se tornado obsoletas. Longe disso. Sobre o ponto basta que se reconheça a fortíssima influência da doutrina do direito natural no movimento neoconstitucionalista brasileiro que, além da grande repercussão e aceitação nos bancos acadêmicos, tem um de seus principais expoentes, quiçá o principal (Luís Roberto Barroso), ocupando uma cadeira no Supremo Tribunal Federal desde 2013. Sobre a atualidade do direito natural também é pertinente o alerta que, nos seguintes termos, faz Gilmar Bedin: "[...] é importante destacar que em seus embates com o Direito Positivo a doutrina do Direito Natural tem sido acusada de várias insuficiências que a descaracterizaria como uma proposta teórica defensável [...] Apesar da relevância das

haver uma identificação entre o Direito e suas fontes oficiais. Ou, em outras palavras: no positivismo jurídico o Estado passa a deter o monopólio da produção do Direito.[22] Esse processo histórico, segundo informa Möller, tem início no século XVII e serve como forma de unificação dos sistemas jurídicos, o que viabilizava a unificação política de regiões conturbadas da Europa continental.[23]

Temos aí um movimento que ficou conhecido como *legicentrismo*, e que não pode ser considerado propriamente como o surgimento do positivismo jurídico, mas sim como um momento antecedente a ele. O nascimento do positivismo jurídico, conforme Bobbio, ocorre com o advento das *codificações*, momento em que com os estatutos se procurou absorver a totalidade daquele direito baseado nos costumes e na lei natural.[24] Ou, nas palavras de Lenio Streck, "o fato é que essa imanência em torno do *sujeito racional* acabou por tornar a doutrina moderna do Direito natural despicienda, na medida em que seus sistemas foram assimilados pelo primeiro grande marco daquilo que se convencionou chamar de positivismo jurídico: o *movimento codificador*."[25]

---

objeções, é importante observar que as mesmas não são suficientes para retirarem da doutrina do Direito Natural o seu caráter questionador, pois alerta, de forma recorrente, para a tensão existente entre direito e justiça. Com isso, é possível perceber que a doutrina do Direito Natural possui uma função essencial e que, apesar de todas as certidões de óbito que recebeu no transcurso da história, tem sempre renascido e ainda goza, na atualidade, de uma boa dose de saúde." Em: BEDIN, Gilmar Antônio. Direito Natural. Em: BARRETO, Vicente Paulo [Coord.]. *Dicionário de Filosofia do Direito*. São Leopoldo: Unisinos, 2009, p. 242-243.

22. MÖLLER, Max. *Teoria geral do neoconstitucionalismo*: bases teóricas do constitucionalismo contemporâneo. Porto Alegre: Livraria do Advogado, 2011, p. 75.

23. Nas palavras do autor: "No plano político, a lei foi de grande importância para a transição de um direito baseado nos costumes para um modelo de direito de produção estatal, pois, na concepção original rousseauniana, apresentava a possibilidade de reunir justiça e autoridade, ou seja, Estado e sociedade." Em: *Teoria geral do neoconstitucionalismo*: bases teóricas do constitucionalismo contemporâneo. Porto Alegre: Livraria do Advogado, 2011, pp. 75-76, nota de rodapé 113.

24. BOBBIO, Norberto. *O positivismo jurídico*: lições de filosofia do direito. trad. e notas Márcio Publiesi, Edson Bini, Carlos Rodrigues. São Paulo: Ícone, 2006, p. 37-ss; MÖLLER, Max. *Teoria geral do neoconstitucionalismo*: bases teóricas do constitucionalismo contemporâneo. Porto Alegre: Livraria do Advogado, 2011, pp. 76-77; ABBOUD, Georges; CARNIO, Henrique Garbellini; OLIVEIRA, Rafael Tomaz. *Introdução à teoria e à filosofia do direito*. 2 ed., rev., atual. e ampl. São Paulo: Revista dos Tribunais, 2014, p. 69.

25. STRECK, Lenio. O direito como um conceito interpretativo. *Pensar Revista de Ciências Jurídicas*. Fortaleza, v. 10, n. 2, jul./dez., 2010, p. 504.

Olhando para fora do desenvolvimento das doutrinas dogmático-jurídicas, Barzotto cita, analisando o contexto histórico e político do surgimento do positivismo jurídico, que houve uma ruptura na "cosmovisão ocidental", notadamente em razão da Reforma Protestante, ocasião na qual já não se encontravam valores objetivos e universais que pudessem ser compartilhados por todos. Ou seja, a modernidade trouxe consigo uma sociedade pluralista na qual era possível observar, num mesmo espaço geográfico, a convivência de uma polifonia axiológica.[26]

É na modernidade, portanto, que, numa sociedade pluralista, o recurso a critérios de justiça (típico da doutrina do direito natural) como forma de validação de textos normativos consiste em fonte de insegurança jurídica, de imprevisibilidade. E é nesse contexto que o Estado Moderno, em sua feição absolutista, tinha como principal função oferecer um padrão objetivo de resolução de conflitos, a lei. O critério de validação da lei era, então, a força do soberano.[27] Assim, a lei "é identificada como jurídica pela sua origem, e não pelo conteúdo. Ou seja, ela pode ser justa ou injusta sem que isso afete a sua qualificação jurídica."[28]

Tendo o Estado Absolutista cumprido o papel de manter a coexistência pacífica em sociedades plurais e de servir como resposta "às incertezas da sociedade de mercado emergente",[29] o Estado Moderno, sempre em busca de segurança e previsibilidade, conhece a sua segunda feição: o Estado Liberal, articulação institucional na qual a ordem jurídica protege o indivíduo das ingerências do poder estatal. Nessa configuração de Estado Liberal, o Direito, que é criado pelo poder instituído, também limita e condiciona esse mesmo poder. Assim, todo ato do poder exercido fora dos limites da legalidade e da constitucionalidade é tido como

---

26. BARZOTTO, Luis Fernando. *O positivismo jurídico contemporâneo*: uma introdução a Kelsen, Ross e Hart. São Leopoldo: Unisinos, 1999, p. 13-14.
27. BARZOTTO, Luis Fernando. *O positivismo jurídico contemporâneo* ..., 1999, p. 14-ss.
28. BARZOTTO, Luis Fernando. *O positivismo jurídico contemporâneo* ..., 1999, p. 14.
29. BARZOTTO, Luis Fernando. *O positivismo jurídico contemporâneo* ..., 1999, p. 14.

um ato ilegítimo, um ato de força.³⁰ O que fica claro, portanto, é que enquanto a configuração do Estado Absolutista se propôs a afastar o subjetivismo dos juízos de valor impondo um império da lei, o seu sucessor Estado Liberal vai adiante e procura garantir que o poder constituído também se sujeite ao direito do qual ele mesmo é a fonte. É de se notar que já nos primeiros momentos do Estado Liberal a criação do Direito deve ocorrer na forma prevista pelo próprio sistema, como forma de afastar o quanto possível o arbítrio de quem seja que exerça o poder. Assim, ao passo que, como conquista do estado absoluto o direito já não se submete a nenhum ideal de justiça, com o Estado Liberal o direito procura desvencilhar-se do arbítrio do poder político.³¹ O direito é, então, finalmente, previsível. Desse modo, Barzotto arremata o raciocínio apontando que "é esse direito que será tematizado pelo positivismo, movimento jusfilosófico que surge juntamente com o Estado Liberal, no século XIX."³²

O positivismo jurídico, portanto, estava imbuído pelo mesmo ideal que levou à consolidação do Estado Liberal, qual seja: a busca pela segurança.³³ Assim, se em sede de ciência política a busca

---

30. Esse postulado de direito público permanece atual em qualquer Estado de Direito a partir dos conteúdos do princípio da legalidade. No nosso sistema constitucional, em especial no inc. II do art. 5º, no *caput* do art. 37, e no inc. IV do art. 84, todos da Constituição Federal. Em sede doutrinária, ver: BANDEIRA DE MELLO, Celso Antônio. *Curso de direito administrativo*. 30 ed., São Paulo: Malheiros, 2013, p. 102-109.
31. Sobre o Estado de direito de configuração liberal, Bobbio afirma que: "[...] quando se fala de Estado de direito no âmbito da doutrina liberal do Estado, deve-se acrescentar à definição tradicional uma determinação ulterior: a constitucionalização dos direitos naturais, ou seja, a transformação desses direitos em direitos juridicamente protegidos, isto é, em verdadeiros direitos positivos. Na doutrina liberal, Estado de direito significa não só subordinação dos poderes públicos de qualquer grau às leis gerais do país, limite que é puramente formal, mas também subordinação das leis ao limite material do reconhecimento de alguns direitos fundamentais considerados constitucionalmente, e portanto em linha de princípio "invioláveis" (esse adjetivo se encontra no art. 2º da constituição italiana)." Em: BOBBIO, Norberto. *Liberalismo e democracia*. Trad. Marco Aurélio Nogueira. São Paulo: Brasiliense, 2013, p. 18-19.
32. BARZOTTO, Luis Fernando. *O positivismo jurídico contemporâneo* ..., 1999, p. 17.
33. Além de ser umas das teses centrais do primeiro capítulo da obra de Barzotto (*O positivismo jurídico contemporâneo*..., 1999), a questão da necessidade de segurança no Estado Moderno também é abordada por Tércio Sampaio Ferraz Jr. nos seguintes termos: "O positivismo jurídico, na verdade, não foi apenas uma tendência científica, mas também esteve ligado, inegavelmente, à necessidade de segurança da sociedade burguesa. O

por segurança passou pela evolução do feudalismo para o estado de direito absolutista e, posteriormente, para o estado liberal, em sede de teorização do fenômeno jurídico a busca por segurança passou pela tentativa de imprimir previsibilidade e objetividade na identificação do direito, questões essas que dependem inexoravelmente de um direito autônomo (livre/protegido) da política (poder) e da moral (valores). [34]

Na sua busca por autonomia, o positivismo jurídico refuta a eficácia e a axiologia como critérios de juridicidade da norma.[35] O critério de juridicidade passa a ser, então, a validade; desse modo, pouco importa se justa ou eficaz, será jurídica (válida) a norma que pertença ao ordenamento jurídico, pertencimento no sentido de que seja produto desse mesmo ordenamento.[36] É, nas palavras de Barzotto, uma "questão genética".[37]

E é dessa forma, utilizando da categoria *validade*, que o positivismo jurídico pretendeu haver isolado o fenômeno jurídico da política e da moral; isso porque, com a validade, o que é (ou não) jurídico é, como dito, determinado pelo próprio sistema normativo, e não por um critério de justiça (moral) ou de poder (política/ eficácia). O afastamento da política pelo critério da validade, por

---

período anterior à Revolução Francesa caracterizara-se pelo enfraquecimento da justiça, mediante arbítrio inconstante do poder da força, provocando a insegurança das decisões judiciárias. A primeira crítica a esta situação veio do círculo dos pensadores iluministas. A exigência de uma sistematização do Direito acabou por impor aos juristas a valorização do preceito legal no julgamento de fatos vitais decisivos. Daí surgiu, na França, já no século XIX, a poderosa École de l'Exégèse, de grande influência nos países em que o espírito napoleônico predominou, correspondendo, no mundo germânico, à doutrina dos pandectistas. A tarefa do jurista circunscreve-se, a partir daí, cada vez mais à teorização e sistematização da experiência jurídica, em termos de uma *unificação construtiva dos juízos normativos* e do *esclarecimento dos seus fundamentos*, descambando, por fim, para o chamado positivismo legal (*Gesetzpositivismus*), com a autolimitação da Ciência do Direito ao estudo da lei positiva e o estabelecimento da tese da estabilidade do direito." Em: FERRAZ JR., Tércio Sampaio. *A ciência do direito*. 3 ed., São Paulo: Atlas, 2014, p. 34-35.

34. BARZOTTO, Luis Fernando. *O positivismo jurídico contemporâneo* ..., 1999, p. 18-ss.
35. O positivismo jurídico é, na "unidade mínima de conceito" de Billier, "a vontade de excluir o justo da noção de direito". Em: BILLIER, Jean-Cassien; MAYIOLI, Aglaé. *História da filosofia do direito*. Lisboa: Instituto Piaget, 2001, p. 169.
36. BOBBIO, Norberto. *O positivismo jurídico* ..., 2006, p. 142; BARZOTTO, Luis Fernando. *O positivismo jurídico contemporâneo* ..., 1999, p. 18-20.
37. BARZOTTO, Luis Fernando. *O positivismo jurídico contemporâneo* ..., 1999, p. 20.

exemplo, ocorre à medida que a doutrina positivista advoga que apenas é jurídico o poder exercido com base em normas jurídicas válidas. Ou seja, é indiferente a circunstância de que o direito é produzido pelo Poder constituído, se esse Poder apenas pode ser considerado como "legitimamente constituído" pelo próprio direito. O Direito em si acaba sendo o fundamento anterior e legitimador do exercício do poder e da política.[38] O afastamento da moral, do mesmo modo, se dá em razão de que o positivismo jurídico considera direito como um fato, e não um valor; como consequência desse pressuposto epistemológico temos que ao se afirmar a validade (juridicidade) de uma norma o jurista deve se abster de formular qualquer juízo de valor.[39]

Ou, em outras palavras: o "verdadeiro fundamento de validade de uma norma não é o poder, mas outra norma. [...] O direito não é contaminado pela política na medida em que não é produzido pelo "mero" poder, mas pelo poder constituído pelo próprio direito." [40]

Ainda sobre o tema da validade, recorremos a Mário Losano que, com base em Karl Bergbohm, aponta dois princípios elementares comuns a todas as vertentes de positivismo jurídico. O primeiro é o de que apenas e exclusivamente direito positivo é Direito, devendo ser produzido por autoridade devidamente constituída e por meio de procedimentos previamente determinados ou pelo que chamou de *procedimento externamente reconhecível*;[41]

---

38. BARZOTTO, Luis Fernando. *O positivismo jurídico contemporâneo* ..., 1999, p. 21-22.
39. BOBBIO, Norberto. *O positivismo jurídico* ..., 2006, p. 131.
40. BARZOTTO, Luis Fernando. *O positivismo jurídico contemporâneo* ..., 1999, p. 22.
41. Nas palavras de Lonsano: "A expressão *äuferlich erkennbarer Vorgang* ("procedimento externamente reconhecível") é extraída da obra de Karl Bergbohm (1849-1927), considerado o representante clássico do positivismo jurídico: "condição indispensável" (*unerläfliche Bedingung*) para uma norma jurídica é "que ela tenha adquirido, além do essencial conteúdo normativo, a igualmente essencial forma jurídica. E isso pode ter ocorrido apenas de um modo: a qualidade de norma lhe é atribuída por um poder dotado da competência para emanar direito mediante um procedimento externamente reconhecível que, enquanto tal, existe historicamente e constitui a fonte formal da norma em questão." Em ausência dessa característica formal, encontramo-nos diante de um "direito não histórico ou não positivo, ou de um direito natural" (*ein ungeschichtliches oder nicht-positives oder Naturrecht*), ou seja, diante de algo que "do ponto de vista jurídico

o segundo princípio elementar presente em todas as formas de positivismo jurídico é o de que o direito posto pela autoridade competente e devidamente constituída e que tenha obedecido aos procedimentos formais pertinentes – a norma juridicamente válida, portanto – deve ser obedecido acima de qualquer questionamento, de modo que sob essa perspectiva apenas a reforma legislativa seria o meio juridicamente viável de superar o dissenso em relação ao direito positivo posto.[42] É o que Bobbio denomina de *teoria da obediência*: *Gesetz ist Gesetz* (lei é lei).[43] A questão de relevo, como se vê, é a adequação da forma da norma, e não do conteúdo ético, sociológico ou ideológico.[44] Há, portanto, uma cisão teórica entre *validade* e quaisquer considerações acerca da *legitimidade* (nos referimos ao sentido material, por evidente) dos textos normativos.[45]

Em paralelo com o conceito de validade, *norma fundamental* também consiste em categoria imprescindível na empreitada positivista de teorizar um direito autônomo. A norma fundamental é concebida como uma norma jurídica postada no cume do ordenamento jurídico e cuja função primordial é determinar a forma (modo, método ou procedimento) de produção das normas positivas.[46] Ou seja, é a doutrina da norma fundamental que determina, enfim, o critério de validade das normas; é o critério último e *jurídico* de identificação do direito e cujo objetivo é depurar a noção de validade de quaisquer considerações acerca

---

não é absolutamente direito." (*juristich gar kein Recht ist*): Karl Bergbohm, *Jurisprudenz und Rechtsphilosofie. Kritische Abhandlungen*, Auvermann, Glashütten im Taunus, 1973, XVI-566 pp;" Em: LOSANO, Mário G. *Sistema e estrutura no direito*: o século XX. Vol. II. Tradução de Luca Lamberti, rev. de trad. de Carlos Alberto Dastoli. São Paulo: Editora WMF Martins Fontes, 2010, p. 33, nota de rodapé n. 50.

42. LOSANO, Mário G. *Sistema e estrutura no direito*: o século XX. Vol. II. Tradução de Luca Lamberti, rev. de trad. de Carlos Alberto Dastoli. São Paulo: Editora WMF Martins Fontes, 2010, p. 33-34.
43. BOBBIO, Norberto. *O positivismo jurídico* ..., 2006, p. 133.
44. COELHO, Luiz Fernando. *Aulas de introdução ao direito*. Barueri-SP: Manole, 2004, p. 75.
45. STRECK, Lenio. O direito como um conceito interpretativo. *Pensar Revista de Ciências Jurídicas*. Fortaleza, v. 10, n. 2, jul./dez., 2010, p. 503-ss.
46. BARZOTTO, Luiz Fernando. *O positivismo jurídico contemporâneo* ..., 1999, p. 22.

de uma força metafísica, cogente e absoluta.[47] Desse modo, as categorias *validade* e *norma fundamental* cumprem a função de permitir que o direito se autofundamente, afastando-se da moral e da política.[48] Em suma, a pretensão da doutrina positivista é a de "reduzir todos os fenômenos jurídicos a uma dimensão exclusiva e própria, capaz de ordená-los coerentemente."[49]

Indo além desses dois conceitos fundamentais da doutrina positivista, é de se indicar as principais teses dessa doutrina, levando-se em consideração, antes de mais nada, o fato de que, como bem assevera Eugenio Bulygin, por se tratar de uma doutrina que trouxe adesão de autores heterogêneos entre si, nem todos aqueles ditos (ou autoproclamados) positivistas teriam por bem subscrever a integralidade dessas *tesi centrali* do positivismo, quais sejam: i) a distinção entre ser e dever-ser no Direito, tese sustentada inicialmente por Bentham; ii) a negação de uma conexão necessária entre Direito e moral (Bentham, Kelsen e outros); iii) a ideia de que a existência e o conteúdo do direito dependem dos fatos sociais – tese das fontes sociais de Raz; iv) o ceticismo ético (Kelsen e Ross); v) a negação do direito natural, pois todo direito é direito positivo (Kelsen e Ross); vi) a concepção de teoria jurídica como ciência (Kelsen); vii) a concepção da filosofia como análise conceitual (H. Hart); e, por fim, viii) a ideia de que os juízes dispõem de poder discricionário na solução de casos dúbios (H. Hart).[50]

---

47. Nas palavras de Pierluigi Chiassoni: "One is that presupposing the basic norm is an *option*; the presupposition is a condition on which the very possibility of the understanding law as a system of valid norms depends: but law can also be looked as solely in terms of will and (de facto) power relationships. A second point is that the presupposition of the basic norm is an epistemological option, rather than an ideological one; the doctrine of the basic norm is meant to depurate the notion of validity of any idea of an absolute, intrinsic, metaphysical binding force." CHIASSONI, Pierluigi. Wiener Realism. Em: Luís Duarte d'Almeida; John Gardner; Leslie Green [edit.]. Kelsen Revisited: New Essays on the Pure Theory of Law. Oxford and Portland, Oregon: Hart Publishing, 2013, p. 137-138.
48. BARZOTTO, Luis Fernando. *O positivismo jurídico contemporâneo* ..., 1999, p. 24.
49. FERRAZ JR., Tércio Sampaio. *A ciência do direito*. 3 ed., São Paulo: Atlas, 2014, p. 42.
50. BULYGIN, Eugenio. *Il positivismo giuridico*. A cura di Pierluigi Chiassoni, Ricardo Guastini e Giovani Ratti. Milano: Dott. A. Giuffrè Editore, 2007, p. 3-5.

Semelhante é a formulação das teses centrais do positivismo jurídico apresentada por Ronald Dworkin. Nela consta o seguinte: i) o direito consiste numa série de normas especiais utilizadas por uma coletividade específica de modo a determinar quais comportamentos o poder público deverá punir e quais deverá impor coercitivamente; ii) essas normas especiais devem ser passíveis de identificação por critérios específicos que digam respeito às fontes, e não ao conteúdo dessas normas;; iii) o direito está circunscrito com exclusividade nessa série de normas válidas; iv) se um caso concreto não se encaixa em uma das normas válidas de determinada comunidade (seja por antinomias, por questões referentes à indeterminação, ou qualquer outro motivo), um "funcionário judicial" deverá resolver a questão utilizando sua discricionariedade, o que significa que o referido funcionário irá guiar-se por pautas extrajurídicas; e, ainda, v) dizer que determinada pessoa tem uma obrigação legal equivale a dizer que a situação dessa pessoa está prevista em uma norma legal válida que o obriga a fazer ou a deixar de fazer algo, de modo que na ausência de uma norma válida, não há que se falar em obrigatoriedade de qualquer tipo.[51]

Enfim logramos chegar, sob o recorte temático do positivismo jurídico, ao primeiro dos pontos fundamentais desta obra, qual seja: a circunstância de que, conforme indicado por Eugenio Bulygin (tese viii) e Ronald Dworkin (tese iv), a discricionariedade judicial é parte elementar da doutrina positivista. Circunstância que se explica, conforme visto acima, em razão cisão *validade* e *legitimidade* do direito, levada a efeito pela linha mais autorizada pensamento positivista tradicional. E essa é a questão central: conforme aponta Lenio Streck, as questões de validade deveriam ser resolvidas, em sede de teoria jurídica positivista, por uma análise lógico-semântica dos textos normativos, ao passo

---

51. DWORKIN, Ronald. ¿*Es el derecho um sistema de normas?* Em: *La filosofia del derecho*. Ronald Dworkin (comp.), Miguel Carbonell (pról.), Javier Sáinz de los Terreros (trad.), 2 ed., México: FCE, 2014, p. 107-109. Esse artigo foi traduzido no Brasil por Wladimir Lisboa: DWORKIN, Ronald. É o Direito um Sistema de Regras? Trad. Wladimir Barreto Lisboa, *Revista do Centro de Ciências Jurídicas e Sociais da Universidade do Vale do Rio dos Sinos*, n. 92, vol. 34, set/dez, 2001.

que questões referentes à legitimidade (na qual estão incluídos problemas morais) deveriam ficar sob análise da teoria política. Como consequência dessa posição teórica, todo contexto prático a partir do qual as questões jurídicas emergem acabava ficando completamente isolado;[52] assim, "ironicamente, a pretensão estabilizadora e cientificizante do positivismo jurídico acabou por criar uma babel resultante da separação produzida entre questões teóricas e questões práticas, entre validade e legitimidade, entre teoria do Direito e teoria política."[53]

E é precisamente o caso concreto, o contexto prático, que, ficando isolado das preocupações da teoria jurídica positivista, serve como escusa pragmatista para o surgimento e aceitação das teses da discricionariedade judicial.[54] Mais que aceitação, a questão da discricionariedade judicial é tratada por (alguns) autores positivistas com certo diletantismo, tal como faz Eugenio Bulygin que justifica o uso da discricionariedade judicial fazendo referência, inicialmente, aos valores morais que normalmente estão dispostos nas constituições modernas; assim, afirma que nas hipóteses em que a solução para o caso concreto estabelecida pela norma geral seja indeterminada, não resta ao juiz outra saída que não a de decidir discricionariamente. O que lhe permite concluir que não parece "excessivamente escandaloso defender que, em alguns casos, de resto excepcionais, os juízes possam se afastar do texto normativo."[55] Vejam que Bulygin não se refere a mera falta ou falha de fundamentação adequada, vai além para, doutrinariamente, autorizar a própria desconsideração do texto legal. O afastamento do texto legal sem o respaldo de consistentes

---

52. STRECK, Lenio. O direito como um conceito interpretativo. *Pensar Revista de Ciências Jurídicas*. Fortaleza, v. 10, n. 2, jul./dez., 2010, p. 506-ss.
53. STRECK, Lenio. O direito como um conceito interpretativo. *Pensar Revista de Ciências Jurídicas*. Fortaleza, v. 10, n. 2, jul./dez., 2010, p. 507.
54. STRECK, Lenio. O direito como um conceito interpretativo. *Pensar Revista de Ciências Jurídicas*. Fortaleza, v. 10, n. 2, jul./dez., 2010, p. 511.
55. Tradução livre do seguinte trecho: "Di modo che non mi sembra eccessivamente scandaloso sostenere che in alcuni casi, del resto eccezionali, i giudici si discostano dalle norme giuridiche." Em: BULYGIN, Eugenio. *Il positivismo giuridico*. A cura di Pierluigi Chiassoni, Ricardo Guastini e Giovani Ratti. Milano: Dott. A. Giuffrè Editore, 2007, p. 80.

justificativas constitucionais é circunstância inaceitável sob a perspectiva do Constitucionalismo Contemporâneo, aqui considerado como um movimento jurídico e político no qual se busca, por mecanismos legais e constitucionais, garantir tanto o exercício da cidadania como a limitação do exercício do Poder.[56]

Ainda, antes de seguir em frente e abordar o tema da discricionariedade no pensamento positivista de Hans Kelsen, Herbert Hart e outros, é necessário, para facilitar a compreensão e a contextualização das críticas que virão a seguir, apresentar a tradicional classificação (ou diferenciação) entre dois "momentos" da doutrina positivista: o *positivismo exegético* e o *positivismo normativista*.

O *positivismo exegético* (também conhecido como *positivismo legalista*), que compreendeu movimentos tais como a Escola da Exegese francesa[57] e a Jurisprudência dos Conceitos alemã,[58] se desenvolveu a partir da análise da codificação. Nesse caso, partindo da análise sintática, um quadro conceitual sólido e a determinação

---

56. STRECK, Lenio Luiz. *Verdade e Consenso*: constituição, hermenêutica e teorias discursivas. 5 ed. rev. mod. e ampl. São Paulo: Saraiva, 2014, p. 47; sobre Constitucionalismo latino-americano, ver: STRECK, Lenio Luiz. *Jurisdição constitucional e decisão jurídica*. São Paulo: Revista dos Tribunais, 2014, p. 428-450.
57. A Escola da Exegese foi um movimento teórico francês (1804 – final do séc. XIX) que teve sua origem vinculada advento do Código Civil francês (Code Napoleón) e que pretendeu regular e estruturar racionalmente as relações jurídicas da sociedade pós-revolucionária. Foi um movimento marcado não apenas por ter como objeto quase exclusivo a explicação do código napoleônico, mas também pelo apego à sua literalidade. A despeito das críticas que hoje se faz, a Escola da Exegese ficou conhecida por desempenhar um papel central na consolidação da terminologia oficial do Direito Privado. Seu desgaste e declínio estão ligados ao imobilismo doutrinário e à saturação com o legalismo. Ver: SALDANHA, Nelson. Escola da Exegese. Em: BARRETO, Vicente Paulo [Coord.]. *Dicionário de Filosofia do Direito*. São Leopoldo: Unisinos, 2009, p. 271-272.
58. A Jurisprudência dos Conceitos (alemã) foi um movimento que manteve franca similaridade com a Escola da Exegese pois, para ambas, o Direito era tão somente reflexo daquilo estabelecido por lei, de modo que a jurisprudência ocupava um papel subalterno de discorrer sobre algo dado (legislação). Ainda, a Jurisprudência dos Conceitos foi composta por um conjunto de teorias cuja pretensão era a construção de um caminho pelo qual o Direito poderia obter a forma de um sistema lógico que, em razão de sua generalidade, permitiria que todos os demais conceitos jurídicos fossem dele subsumidos. Em havendo um conceito primeiro e basilar, todos os demais seriam deles deduzidos, numa formação piramidal. Em: DANTAS, Marcus. Jurisprudência dos conceitos. Em: BARRETO, Vicente Paulo [Coord.]. *Dicionário de Filosofia do Direito*. São Leopoldo: Unisinos, 2009, p. 482-485.

rigorosa da conexão lógica dos signos dispostos nas codificações seriam suficientes para resolver questões atinentes à interpretação do direito. Em um segundo momento há o chamado *positivismo normativista* que, pretendendo ao aperfeiçoamento das posições teóricas anteriores, constata que o problema da interpretação do direito está mais vinculado à questões de semântica do que sintática. E é nesse cenário que aparece Hans Kelsen, não apenas um dos grandes nomes do *positivismo normativista*, mas "o grande filósofo do Direito do século XX."[59]

Nos tópicos abaixo nos ocuparemos de analisar, sob o estreito recorte temático da discricionariedade judicial, o positivismo jurídico de Hans Kelsen (a questão *moldura da norma*), de Herbert Hart (a questão *textura aberta*), e do positivismo inclusivo e positivismo exclusivo, vertentes mais recentes do pensamento positivista; nesse último caso utilizaremos Jules Coleman e Joseph Raz como referência.

1.2. Hans Kelsen: a discricionariedade judicial no positivismo jurídico kelseniano

Aqui nos ocuparemos em específico do capítulo oitavo da *Teoria Pura do Direito* de Hans Kelsen, no qual aborda a questão da interpretação do direito e apresenta suas considerações sobre o que chamou de *moldura da norma*.

Mantendo-se em sua concepção de estrutura piramidal para a ciência do Direito, Hans Kelsen afirma que a interpretação é uma "operação mental que acompanha o processo de aplicação do Direito no seu progredir de um escalão superior para um escalão inferior." [60]

---

59. DIAS TOFFOLI, José Antônio; RODRIGUES JUNIOR, Otavio Luiz. Estudo introdutório. Em: *Autobiografia de Hans Kelsen*. Gabriel Nogueira Dias e José Ignácio Coelho Mendes Neto (trad.). 4 ed., Rio de Janeiro: Forense Universitária, 2012, p. XIV.
60. KELSEN, Hans. *Teoria pura do direito*. João B. Machado (trad.), 8 ed., São Paulo: WMF Martins Fontes, 2009, p. 387.

Assim, sob a perspectiva kelseniana, há, no processo legislativo e em outros atos constitucionais imediatos, a interpretação da Constituição; há, também, a interpretação de tratados internacionais quando de sua aplicação por governos, Tribunais ou órgãos internacionais; há a interpretação do Direito, não por aplicação, mas por observância e prática, por parte dos indivíduos; há a interpretação da lei pela sentença judicial que deduz a norma geral a um caso concreto; e, por fim, há também a interpretação levada a efeito pela ciência jurídica ao descrever o Direito positivo. Independente das possibilidades e ocasiões em que o Direito é interpretado, Hans Kelsen classifica a interpretação em duas espécies: a interpretação *autêntica*, que é aquela realizada pelo órgão jurídico competente ao aplicar o Direito ao caso concreto, e a interpretação *inautêntica*, que é aquela realizada por particulares e, em especial, pela ciência jurídica. A interpretação realizada pelo órgão judiciário competente é sempre *autêntica*, pois cria Direito. A interpretação realizada pela ciência jurídica é *inautêntica*, pois não cria Direito.[61]

Há, portanto, uma diferenciação radical operada por Hans Kelsen entre Direito, onde se dá a interpretação *autêntica*, e ciência do Direito, onde se dá a interpretação *inautêntica*; e a adequada compreensão da teoria da interpretação kelseniana passa pela necessidade de compreensão dessa cisão. Nas palavras de Leonel Rocha, "na teoria pura, uma coisa é o Direito, outra distinta é a ciência do direito. O Direito é a linguagem objeto, e a ciência do Direito a metalinguagem: dois planos linguísticos diferentes."[62] Na busca pela purificação e por neutralidade da ciência do Direito, Hans Kelsen reduziu tudo à análise de categorias de funcionalidade

---

61. KELSEN, Hans. *Teoria pura do direito*. Trad. João Baptista Machado, 8 ed., São Paulo: WMF Martins Fontes, 2009, p. 394-395.
62. ROCHA, Leonel Severo. Epistemologia do Direito: revisitando as três matrizes jurídicas. *Revista de Estudos Constitucionais, Hermenêutica e Teoria do Direito* (RECHTD), 5 (2):141-149, jul./dez., 2013, p. 144; no mesmo sentido, ver: STRECK, Lenio Luiz. *Verdade e Consenso*: constituição, hermenêutica e teorias discursivas. 5 ed. rev. mod. e ampl. São Paulo: Saraiva, 2014, p. 34-37; também abordando essa questão, porém de forma mais adjacente, ver: ALBUQUERQUE, Paulo Antônio de Menezes. Hans Kelsen (1881-1973). Em: BARRETO, Vicente Paulo [Coord.]. *Dicionário de Filosofia do Direito*. São Leopoldo: Unisinos, 2009, p. 506-507.

das estruturas legais em vigor.⁶³ Ou seja, a ciência do direito kelseniana, bem como a interpretação (*inautêntica*) das normas realizada pela ciência do direito, estão no nível ("purificado") da metalinguagem.

A interpretação jurídico-científica (*inautêntica*) fica adstrita à determinação dos possíveis sentidos, significações de uma norma jurídica. Trata-se de uma atividade de "pura determinação cognoscitiva do sentido das normas jurídicas."⁶⁴

Rigorosamente distinta – para usar uma expressão kelseniana –, é a interpretação *autêntica* do Direito operada pelos órgãos judiciários competentes. Essa interpretação do Direito realizada pelos órgãos judiciários não configura *pura determinação cognoscitiva*, mas, ao contrário, configura ato de política do Direito levado a efeito pelo signo da vontade. Vontade livre de determinar, dentre todos os possíveis sentidos contidos na "moldura" da norma, aquele que fará incidir ao caso concreto. A ideia de moldura⁶⁵ da norma diz respeito ao que chamamos de indeterminação dos textos legais. Sobre essa questão, veja-se o que diz Hans Kelsen:

---

63. SCHWARTZ, Germano André Doederlein. Considerações sobre a teoria kelseniana. *Revista do Curso de Direito*, Cruz Alta: Unicruz, v. 5, n. 5, 2000, p. 98; no mesmo sentido: TRINDADE, André Fernando dos Reis. *Os direitos fundamentais em uma perspectiva autopoiética*. Porto Alegre: Livraria do Advogado, 2007, p. 22-23.
64. KELSEN, Hans. *Teoria pura do direito*. Trad. João Baptista Machado, 8 ed., São Paulo: WMF Martins Fontes, 2009, p. 395.
65. Sobre a questão "moldura da norma" é pertinente apontar, a partir de Lenio Streck, algumas considerações acerca da tradução do termo original (*Bild*) contido na *Reine Rechtslehre*. Assim: "É importante registrar que a palavra em alemão *Bild* pode ser traduzida de vários modos. Tradicionalmente, na obra *Teoria pura do direito*, tem sido vertida como "moldura". Mas também significa imagem ou ideia. Lendo o texto original de Kelsen, veremos que "ideia" ou "imagem" podem se tornar coerentes com o contexto. Não esqueçamos o paradigma filosófico no qual está inserido Hans Kelsen e como ele via a relação cognitiva. Ora, Kelsen não era um positivista exegético. Sua obra vem para superar essa concepção de positivismo. O seu positivismo é normativista. Ele não separa o direito da moral, mas, sim, a ciência do direito da moral. Para Kelsen, o cientista faz um ato de conhecimento, descritivo, não prescritivo; já o aplicador da lei faz um ato de vontade (acrescento, poder). Juiz não faz ciência e, sim, política jurídica. Sua preocupação com relação à ciência do direito é de que o intérprete tem uma ideia (ou imagem) da lei (do seu texto)". Em: STRECK, Lenio Luiz. *Verdade e Consenso*: constituição, hermenêutica e teorias discursivas. 5 ed. rev. mod. e ampl. São Paulo: Saraiva, 2014, p. 35, nota 7.

A relação entre um escalão superior e um escalão inferior da ordem jurídica, como a relação entre Constituição e lei, ou lei e sentença judicial, é uma relação de determinação ou vinculação. [...] Esta determinação nunca é, porém, completa. A norma do escalão superior não pode vincular em todas as direções (sob todos os aspectos) o ato através do qual é aplicada. Tem sempre de ficar uma margem, ora maior, ora menor, de *livre apreciação*, de tal forma que a norma do escalão superior tem sempre, em relação ao ato de produção normativa ou de execução que a aplica, o caráter de um *quadro* ou *moldura* a preencher por este ato. Mesmo uma ordem o mais pormenorizada possível tem de deixar àquele que a cumpre ou executa uma pluralidade de determinações a fazer.[66] [itálicos nossos]

Assim, conclui Hans Kelsen que "é conforme ao Direito todo ato que se mantenha dentro deste quadro ou moldura, que preencha esta moldura em qualquer sentido possível."[67] Mas não apenas isso, a interpretação *autêntica* realizada pelos órgãos judiciários também pode resultar de uma atribuição de sentido situada "completamente fora da moldura que a norma a aplicar representa;"[68] nessa hipótese, desde que a decisão judicial interpretativa (sentença ou acórdão) já não seja mais passível de reforma ou anulação, ela estará em conformidade ao Direito. Em outras palavras, será conforme o Direito o ato judicial que, independentemente de seu conteúdo, tenha atingido o trânsito em julgado.

É por essa razão que Olivier Jouanjan afirma que, em Kelsen, a ciência do direito está purificada, mas não a prática.[69] Relegando o ato de interpretação *autêntica* a um segundo plano, como mera

---

66. KELSEN, Hans. *Teoria pura do direito*. Trad. João Baptista Machado, 8 ed., São Paulo: WMF Martins Fontes, 2009, p. 388.
67. KELSEN, Hans. *Teoria pura do direito*. Trad. João Baptista Machado, 8 ed., São Paulo: WMF Martins Fontes, 2009, p. 390.
68. KELSEN, Hans. *Teoria pura do direito*. Trad. João Baptista Machado, 8 ed., São Paulo: WMF Martins Fontes, 2009, p. 394.
69. JOUANJAN, Olivier. De Hans Kelsen a Friedrich Müller – método jurídico sob o paradigma pós-positivista. Em: MÜLLER, Friedrich. O novo paradigma do direito: introdução à teoria e metódica estruturantes. 3 ed., rev. atual. e ampl. São Paulo: Revista dos Tribunais, 2013, p. 215.

"política do Direito",⁷⁰ o normativismo kelseniano, como bem adverte Jouanjan, abre a porta para o mais puro decisionismo, transformando-se, neste ponto crucial da teoria contemporânea do direito, "em um realismo jurídico radical."⁷¹

No mesmo sentido é a reflexão de Pierluigi Chiassoni, que destaca que as questões relativas à adequada interpretação de textos legais, ou a forma adequada de solução de conflitos normativos, são tidas por Hans Kelsen como política jurídica (*legal politics*).⁷² Não por outra razão é que, fazendo um elenco das principais características do realismo jurídico (*realistic jurisprudence*) – dentre as quais se encontra, por evidente, a discricionariedade judicial⁷³ –, Chiassoni acaba por concluir que Kelsen é um realista, chegando inclusive a cunhar o termo *Wiener Realism*.⁷⁴

Tem razão Lenio Streck quando afirma que Hans Kelsen abandonou o principal problema do Direito, qual seja, a interpretação concreta da norma no nível da aplicação.⁷⁵ Hans Kelsen chega a

---

70. KELSEN, Hans. *Teoria pura do direito*. Trad. João Baptista Machado, 8 ed., São Paulo: WMF Martins Fontes, 2009, p. 393.
71. JOUANJAN, Olivier. De Hans Kelsen a Friedrich Müller – método jurídico sob o paradigma pós-positivista. Em: MÜLLER, Friedrich. *O novo paradigma do direito*: introdução à teoria e metódica estruturantes. 3 ed., rev. atual. e ampl. São Paulo: Revista dos Tribunais, 2013, p. 216.
72. "[...] proposals regarding the correct way to interpret some given statutory clause or as to the correct way to solve, under existing law, a normative conflict. Such proposals, although concerned of existing law (rather then with how the law *should* be), belong nonetheless, to the domain of practical reaseon and legal politics." Em: CHIASSONI, Pierluigi. Wiener Realism. Em: Luís Duarte d'Almeida; John Gardner; Leslie Green [edit.]. *Kelsen Revisited:* New Essays on the Pure Theory of Law. Oxford and Portland, Oregon: Hart Publishing, 2013, p. 152.
73. "I shall take the following as the eight characteristic tenets of a realistic jurisprudence: 1. *Positive law as institutionalised ideology*; 2. *Natural law as ideology in search of institutionalisation*; 3. *Law's changeability*; 4. *Laws instrumentality*; 5. *Rule-scepticism, judicial discretion, interpretative non-cognitivism, fact-scepticism*; 6. *Law's lack of intrinsic systematicity*; 7. *Empiricism and meta-ethical non-cognitivism*; 8. *Realistic epistemology*." Em: CHIASSONI, Pierluigi. Wiener Realism. Em: Luís Duarte d'Almeida; John Gardner; Leslie Green [edit.]. *Kelsen Revisited:* New Essays on the Pure Theory of Law. Oxford and Portland, Oregon: Hart Publishing, 2013, p. 134-135.
74. CHIASSONI, Pierluigi. Wiener Realism. Em: Luís Duarte d'Almeida; John Gardner; Leslie Green [edit.]. *Kelsen Revisited:* New Essays on the Pure Theory of Law. Oxford and Portland, Oregon: Hart Publishing, 2013.
75. STRECK, Lenio Luiz. *Verdade e Consenso ...*, 2014, p. 36.

chamar de "esforço inútil"[76] a tentativa de justificar juridicamente qual seja o melhor (ou mais adequado) sentido de uma norma em detrimento dos demais sentidos possíveis.

Há, conforme se pretende demonstrar mais em frente, uma latente atualidade nesse ceticismo jurídico kelseniano, bem como na solução encontrada para o problema da interpretação realizada pelos órgãos judiciários como sendo de política do Direito, como um ato de *livre apreciação*.

1.3. Herbert Hart: a discricionariedade judicial no positivismo jurídico hartiano

Herbert Hart deixa claro já no início do seu *O Conceito de Direito* que a obra não tem por objetivo apresentar uma definição precisa e clara do que seja o Direito mas, antes, apresentar uma análise apurada das estruturas distintivas do sistema jurídico, viabilizando assim a indicação das semelhanças e diferenças do Direito em relação a outros fenômenos sociais, tais como a moral e com a coerção.[77] Assim, Hart apresenta como sinal distintivo da estrutura do sistema jurídico a união entre normas primárias e normas secundárias. As normas primárias são aquelas que referem comportamentos básicos, já as secundárias são espécie de metarregras, ou seja, regras sobre regras.[78]

Essas regras secundárias são dividias em: regra de reconhecimento (*rules of recognition*), que viabilizam a identificação das demais regras do sistema, estabelecendo assim um critério de validade; regras de alteração (*rules of change*), que outorgam poderes a órgãos ou pessoas para que excluam, acrescentem ou modifiquem o conjunto de regras de dado sistema jurídico; regras

---

76. KELSEN, Hans. *Teoria pura do direito* ..., 2009, p. 392.
77. HART, Herbert. *O conceito de direito*. 6 ed., A. Ribeiro Mendes (trad.), Lisboa: Fundação Calouste Gulbenkian, 2011, 21-22; *El concepto de derecho*. Genaro Carrió (trad.), Buenos Aires: Abeledo-Perrot, p. 20-21.
78. HART, Herbert. *O conceito de direito*. 6 ed., A. Ribeiro Mendes (trad.), Lisboa: Fundação Calouste Gulbenkian, 2011, 90-91; *El concepto de derecho*. Genaro Carrió (trad.), Buenos Aires: Abeledo-Perrot, p. 101.

de julgamento (*rules of adjudication*), que outorgam poderes jurisdicionais a determinados órgãos para que o Direito possa ser aplicado.[79]

No que se refere à aplicação do Direito, Herbert Hart parte da premissa que há um limite na capacidade de comunicação da linguagem natural e, portanto, da linguagem estritamente jurídica. Há, em qualquer signo linguístico, uma infinidade de sentidos possíveis e cuja determinação, como bem aponta Kozicki,[80] estão além de questões sintáticas ou semânticas. Assim, referindo-se tanto à legislação como aos precedentes, aponta que independentemente da facilidade com que são aplicados a maioria dos casos concretos, "revelar-se-ão como indeterminados em certo ponto em que a sua aplicação esteja em questão; possuirão aquilo que foi designado como *textura aberta*."[81]

A solução encontrada por Herbert Hart para a questão da textura aberta da linguagem jurídica e, em especial, para os casos "realmente difíceis", é a assunção da discricionariedade judicial. Ou, nas palavras do autor: "nestes casos, é claro que a autoridade autora do regulamento deve exercer um poder discricionário, e não há possibilidade de tratar a questão suscitada pelos variados casos, como se houvesse uma única resposta correcta a descobrir." [82]

De fato a questão da discricionariedade judicial teve destacada relevância no pensamento hartiano, assumindo posição de uma das três teses positivistas de Herbert Hart, quais sejam: a tese da separação conceitual entre Direito e Moralidade; a

---

79. HART, Herbert. *O conceito de direito*. 6 ed., A. Ribeiro Mendes (trad.), Lisboa: Fundação Calouste Gulbenkian, 2011,104-107; *El concepto de derecho*. Genaro Carrió (trad.), Buenos Aires: Abeledo-Perrot, p. 117-121.
80. KOZICKI, Kátya. Herbert Lionel Adolphus Hart. Em: BARRETO, Vicente Paulo [Coord.]. *Dicionário de Filosofia do Direito*. São Leopoldo: Unisinos, 2009, p. 410-411.
81. HART, Herbert. *O conceito de direito*. 6 ed., A. Ribeiro Mendes (trad.), Lisboa: Fundação Calouste Gulbenkian, 2011, 140-141; *El concepto de derecho*. Genaro Carrió (trad.), Buenos Aires: Abeledo-Perrot, p. 159.
82. HART, Herbert. *O conceito de direito*. 6 ed., A. Ribeiro Mendes (trad.), Lisboa: Fundação Calouste Gulbenkian, 2011, 144; *El concepto de derecho*. Genaro Carrió (trad.), Buenos Aires: Abeledo-Perrot, p. 164.

tese das Fontes Sociais; e, por fim, a tese da Discricionariedade Judicial, a partir da qual, como visto, se em todo sistema jurídico existem casos não previstos ou plenamente regulados, nessas hipóteses o juiz deve exercitar sua discricionariedade e criar direito novo para o caso.[83]

Essa tese da discricionariedade judicial alcançou grande divulgação e alcance não apenas em razão da dimensão de seu autor – um dos grandes entre os filósofos do direito do séc. XX, sem dúvida –, mas, também, em grande medida pelas severas críticas "de largo alcance"[84] – para utilizar uma expressão de H. Hart – contra essa tese apresentada por Ronald Dworkin.

De fato, Ronald Dworkin se propõe ao exercício crítico afirmando expressamente que quer "lançar um ataque geral contra o positivismo e usar[á] a versão de H. L. A. Hart como alvo." [85] A crítica apresentada por R. Dworkin pode ser sintetizada em três questões principais: a) o Direito é um sistema de regras e princípios, e não apenas de regras; b) a noção de discricionariedade judicial defendida pelo positivismo hartiano é indevida e acaba por autorizar aos juízes o exercício arbitrário de seu poder jurisdicional; e c) é possível que exista uma obrigação jurídica mesmo na ausência de uma regra válida.[86]

Nada obstante o esforço empreendido por Ronald Dworkin e outros que se posicionaram contra as teses positivistas, notadamente contra a discricionariedade judicial, o positivismo jurídico segue recebendo novos adeptos.

É o que veremos no tópico a seguir.

---

83. HART, Herbert. El nuevo desafío del positivismo jurídico. F. Laporta, L. Hierro y J.R. de Páramo (trad). *Sistema*, n. 36, 1980.
84. HART, Herbert. *O conceito de direito*. 6 ed., A. Ribeiro Mendes (trad.), Lisboa: Fundação Calouste Gulbenkian, 2011, 300.
85. DWORKIN, Ronald. *Levando os direitos a sério*. Nelson Boeira (trad. e notas). São Paulo: Martins Fontes: 2002, p. 35.
86. DWORKIN, Ronald. ¿Es el derecho un sistema de normas? Em: *La filosofia del derecho*. Ronald Dworkin (comp.), Miguel Carbonell (pról.), Javier Sáinz de los Terreros (trad.), 2 ed., México: FCE, 2014, p. 117-159.

1.4. Positivismo Inclusivo e Positivismo Exclusivo: a discricionariedade judicial nas vertentes mais recentes do positivismo jurídico

Nada obstante as duríssimas críticas desenvolvidas por Ronald Dworkin contra o positivismo jurídico, em especial contra o positivismo hartiano, há, conforme aponta Henrique Abel,[87] uma espécie de sobrevida teórica do pensamento juspositivista. Referimo-nos à distinção feita por Jules Coleman[88] entre positivismo inclusivo, no qual o próprio Coleman se inclui, e o positivismo exclusivo, cujo principal representante é Joseph Raz.[89] Veremos agora brevemente a posição dessas duas linhas teóricas do positivismo jurídico em relação à discricionariedade judicial.

O positivismo inclusivo de Jules Coleman se afasta da tradicional e radical cisão positivista entre direito e moral. Esse positivismo aceita a inclusão de critérios morais na identificação do direito válido, mas apenas quando a comunidade jurídica tenha adotado uma *convenção* nesse sentido. Sob a perspectiva dessa postura teórica, configura uma *convenção* a constatação do hábito reiterado de aplicação de uma regra; vale dizer, a própria existência da regra depende de sua aplicação reiterada. Mas não só, pois Coleman adota um conceito "alargado" de convenção para nele incluir todas as considerações morais, implícitas ou explícitas, que surgirem pela aplicação reiterada de uma regra.[90]

E é essa postura teórica de aceitação de critérios morais que acaba por pautar o posicionamento do positivismo inclusivo em

---

87. ABEL, Henrique. *Positivismo jurídico e discricionariedade judicial*: a filosofia do direito na encruzilhada do constitucionalismo contemporâneo. Rio de Janeiro: Lumen Juris, 2015, especialmente p. 31-76.
88. COLEMAN, Jules. *The practice of principle*: in defense of a pragmatist approach to the Legal Theory. Oxford: Oxford University Press, 2010.
89. RAZ, Joseph. *Between authorty and interpretation*. New York: Oxford University Press, 2009.
90. ABEL, Henrique. *Positivismo jurídico e discricionariedade judicial*: a filosofia do direito na encruzilhada do constitucionalismo contemporâneo. Rio de Janeiro: Lumen Juris, 2015, p. 40; 57.

relação à discricionariedade judicial. Quer-se dizer que o positivismo inclusivo aceita a discricionariedade judicial, porém numa forma fraca ou mitigada, pois os critérios morais incluídos por essa postura no momento de determinação do direito (via convenção) serviriam, segundo Coleman, para limitar as possibilidades de escolha dos juízes no momento da decisão. Nesse caso, pergunta Lenio Streck: "Mas, fica uma questão em aberto: como detectar o ingresso dos fatores morais no direito? De que modo isso é controlado?" [91]

Já o positivismo exclusivo de Joseph Raz, diferente de Jules Coleman, e a partir de uma perspectiva forte de fontes sociais, defende a cisão radical entre direito e moral. Para essa postura teórica, a juridicidade de uma norma é aferida sem qualquer relação com critérios de moralidade; além disso, como aponta Lenio Streck, o positivismo exclusivo incorpora a tese da discricionariedade ao afirmar que a imprevisibilidade dos fatos sociais impõem limites ao direito, de modo que "o juiz mantém para si poder discricionário para decidir, segundo os critérios que lhe parecerem mais convenientes."[92]

Assim, na dicção de Eugenio Bulygin, os positivistas exclusivos (Joseph Raz) apoiam uma tese da discricionariedade judicial forte, de modo que quando o direito aborda questões morais, os juízes têm, necessariamente, ampla discricionariedade. Já os positivistas inclusivos (Jules Coleman) apoiam uma versão fraca (*debole*) da tese da discricionariedade judicial, tendo em vista que, ao menos em alguns casos nos quais o direito aborda questões morais, haverá uma regra incidindo de modo claro na conduta, hipótese em que não haverá que se falar em discricionariedade.[93]

---

91. STRECK, Lenio Luiz. *Verdade e Consenso*: constituição, hermenêutica e teorias discursivas. 5 ed. rev. mod. e ampl. São Paulo: Saraiva, 2014, p. 42.
92. STRECK, Lenio Luiz. *Verdade e Consenso*: constituição, hermenêutica e teorias discursivas. 5 ed. rev. mod. e ampl. São Paulo: Saraiva, 2014, p. 42.
93. BULYGIN, Eugenio. *Il positivismo giuridico*. A cura di Pierluigi Chiassoni, Ricardo Guastini e Giovani Ratti. Milano: Dott. A. Giuffrè Editore, 2007, p. 77-78.

1.5. Fecho: conclusões parciais

Para além de configurar própria característica inerente a essa escola do pensamento jurídico, a questão fundamental a explicar a razão da manutenção da tese da discricionariedade judicial em todas as linhas do positivismo jurídico, parece residir no fato de que todos seus esforços foram ou estão empenhados na questão da interpretação do Direito como um sistema normativo diverso e independente de outros sistemas, tais como o político e o moral. Sob essa perspectiva, uma teoria jurídica positivista se encaminharia para responder *a partir de onde deve o juiz decidir*, e a questão de *como deve o juiz decidir dentro do sistema* passa ao largo das principais preocupações.[94]

Ou seja, conforme salienta Marco Marrafon, os debates travados pelo pensamento positivista estavam invariavelmente inseridos na "analítica da norma e do ordenamento, versando especialmente sobre características abstratas que diferem normas jurídicas de outras ordens normativas."[95]

Não por outra razão é que Ronald Dworkin observa que os autores positivistas não envidam quaisquer esforços no sentido de "associar sua filosofia do direito tanto à filosofia política em geral quanto à prática jurídica, à erudição e à teorias substantivas."[96] À ciência do positivismo jurídico estavam vedadas, pois despiciendas, considerações sobre a *vida* do Direito.[97] É precisamente esse o cerne da questão, é daí que decorre – dentre outras questões, evidente –, a insuficiência desse modelo. Cenário que move o

---

94. STRECK, Lenio Luiz. *Verdade e Consenso*: constituição, hermenêutica e teorias discursivas. 5 ed. rev. mod. e ampl. São Paulo: Saraiva, 2014, p. 43
95. MARRAFÓN, Marco Aurélio. *O caráter complexo da decisão em matéria constitucional*: discursos sobre a verdade, radicalização hermenêutica e fundação ética na práxis jurisdicional. Rio de Janeiro: Lumen Juris, 2010, p. 128.
96. DWORKIN, Ronald. *A justiça de toga*. São Paulo: Martins Fontes, 2010, p. 300.
97. A expressão *vida* é utilizada por Ovídio Baptista na seguinte passagem: "Como dissera Iheing, há cento e cinquenta anos, ao jurista que esteja a fazer "ciência", é-lhe vedado sequer pronunciar a palavra *vida*. A distância entre realidade e a construção conceitual deve ser intransigentemente observada." Em: SILVA, Ovídio A. Baptista da. *Processo e ideologia*: o paradigma racionalista. Rio de Janeiro: Forense, 2004, p. 302.

pensamento jurídico em busca de soluções mais adequadas ao mundo contemporâneo.

Nesse contexto, encerremos este primeiro capítulo com a advertência de Lenio Streck que, segundo entendemos, sintetiza bem a questão de fundo que inviabiliza a aceitação das doutrinas positivistas:

> Isso porque existe, na atual quadra da história, a necessidade de colocar de forma justaposta o problema da teoria do direito com as questões políticas, de teoria democrática. Os positivistas – exclusivos ou inclusivos – não se deram conta disso. Continuaram a tratar o fenômeno jurídico como se este fosse independente do político. Ora, definitivamente não é! E este é um dado civilizatório. Afirmar, a esta altura dos acontecimentos, que a discricionariedade judicial é um fato empírico indiscutível – como que a repristinar a velha teoria aristotélica dos argumentos autoevidentes – é rasgar, de um ponto a outro, a teoria democrática e toda tradição constitucional que se seguiu às ondas de redemocratização do pós-guerra e, nas últimas décadas, estendeu-se para países da África, América Latina e Leste Europeu.[98]

---

98. STRECK, Lenio Luiz. *Verdade e Consenso*: constituição, hermenêutica e teorias discursivas. 5 ed. rev. mod. e ampl. São Paulo: Saraiva, 2014, p. 43.

CAPÍTULO II

A CRÍTICA HERMENÊUTICA DO DIREITO (CHD) E A DISCRICIONARIEDADE JUDICIAL

Diante das considerações e do cenário apresentado no capítulo primeiro, com a demonstração das insuficiências do modelo positivista, notadamente em razão da assunção da discricionariedade judicial como espécie de circunstância inevitável do fenômeno jurídico, se mostra necessária uma abordagem pós-positivista do fenômeno jurídico. Conceito de pós-positivismo que, frise-se, deve partir dos termos propostos de forma pioneira por Friedrich Müller (1971) que, fazendo a devida distinção entre texto e norma e deixando claro que a decisão é um coconstitutivo, promoveu a aposentadoria dos "dualismos irrealistas do passado do direito, tais como 'norma/caso', 'direito/realidade', assim como a ilusão da 'aplicação' do direito enquanto subsunção puramente lógica."[1]

É a partir desse primeiro passo dado por Friedrich Müller que será possível superar alguns pontos idiossincráticos das matrizes positivistas de Hans Kelsen e Herbert Hart, pois já é possível apresentar o conceito de norma sob uma nova perspectiva que rejeita, por inexistente, a cisão entre o estudo do direto e a própria realidade.[2] Registre-se que a expressão pós-positivismo é aqui usada tendo por base exatamente a concepção de Friedrich Müller, no sentido de que, para ultrapassar o positivismo se faz necessário

---

1. MÜLLER, Friedrich. *O novo paradigma do direito*: introdução à teoria e metódica estruturantes. 3 ed., rev. atual. e ampl. São Paulo: Revista dos Tribunais, 2013, p. 11.
2. Sobre essa questão ver ABBOUD, Georges. *Discricionariedade administrativa e judicial*: o ato administrativo e a decisão judicial. São Paulo: Revista dos Tribunais, 2014, p. 53-101.

enfrentar principalmente os problemas relativos à concretização do direito – *e, nesta obra, com a devida rejeição da discricionariedade judicial* – e não abstrações referentes especialmente à analítica da norma e do ordenamento.³

Em paralelo à evolução do pensamento jurídico tal como em Friedrich Müller, a filosofia também sofreu mutações paradigmáticas que, por sua vez, acabariam por influenciar de forma determinante o estudo do fenômeno jurídico. Referimo-nos à posição central assumida pela linguagem a partir de Heidegger e de Gadamer. É nesse contexto e dentro desse paradigma conhecido como giro linguístico que se desenvolve a Crítica Hermenêutica do Direito. E esse é o fundamento filosófico que permite a superação do positivismo jurídico. Para além dele, mas a partir dele, iremos abordar os parâmetros que orientam a teoria da decisão judicial da CHD, tal como seu posicionamento perante a inevitável indeterminação e polissemia dos textos legais, o papel dos princípios e seus elementos fundamentais. Em suma, nas próximas páginas iremos refletir "acerca das condições de possibilidade de sentenças intersubjetivamente válidas."⁴

2.1. Bases filosóficas da CHD: uma questão de paradigma

Sempre que se fala em discricionariedade judicial vem ao centro do debate a faca de dois gumes composta, por um lado, pela fragmentação axiológica das sociedades modernas que, aliada pelo outro lado, o da subjetividade particularíssima de cada um de nós, inviabilizariam a proposta de superação de decisões

---

3. MÜLLER, Friedrich. *O novo paradigma do direito*: introdução à teoria e metódica estruturantes. 3 ed., rev. atual. e ampl. São Paulo: Revista dos Tribunais, 2013. Sobre o uso do termo pós-positivismo partindo dessa mesma concepção, ver também: OLIVEIRA, Rafael Tomaz de. *Decisão judicial e o conceito de princípio*: a hermenêutica e a (in)determinação do direito. Porto Alegre: Livraria do Advogado, 2008, p. 27-36; 170-190; ABBOUD, Georges. *Discricionariedade administrativa e judicial*: o ato administrativo e a decisão judicial. São Paulo: Revista dos Tribunais, 2014, p. 53-ss.
4. STRECK, Lenio. *Hermenêutica Jurídica e(m) crise*: uma exploração hermenêutica da construção do Direito. 11 ed. rev. atual. e ampl. Porto Alegre: Livraria do Advogado, 2014, p. 260.

discricionárias. É como se ao cogitar acerca das ciências espirituais fôssemos todos como as ostras de Herman Melville que *observam o sol através da água e julgam que essa água espessa é a mais tênue das atmosferas*.[5] Ou seja, se somos reféns da "lente deformadora da subjetividade",[6] a única conclusão possível é a de que não haveria condições que permitissem decisões judiciais não discricionárias.

Em sede de filosofia, a questão do fundamento da verdade transitou entre a *coisa* objeto do conhecimento e o *sujeito* que conhece, sempre de forma absoluta. Ou seja, a questão do fundamento da verdade em sede filosófica sempre habitou o extremo do objetivismo ou o extremo do subjetivismo. E foi em busca de resolver as problemáticas que decorriam dessa questão que a filosofia do século XX promove, a partir de Martin Heidegger e Hans-Georg Gadamer, o que ficou conhecido como giro linguístico (*linguistic turn*), paradigma partir do qual as questões referentes ao fundamento da verdade foram deslocadas para a linguagem.[7] Como alerta Fernando Luiz, o objetivismo (metafísica clássica) se equivoca ao assimilar como verdade um determinado enunciado linguístico completamente dissociado da facticidade e, do mesmo modo é o equívoco do subjetivismo (filosofia da consciência) que, delegando a construção da compreensão ao sujeito cognoscente, desconsidera a facticidade.[8] Assim, nos termos propostos pela CHD, o giro linguístico permite uma terceira via que se coloca entre os extremos do objetivo e do subjetivo, viabilizando assim a superação das posições positivistas.[9] E é a partir dessa virada operada pela filosofia que será possível superar as questões referentes

---

5. MELVILLE, Herman. *Moby dick*, vol. I. Berenice Xavier (trad.), São Paulo: Abril, 2010, p. 82.
6. COELHO, Inocêncio Mártires. *Da hermenêutica filosófica a hermenêutica jurídica*: fragmentos. São Paulo: Saraiva, 2010, p. 89.
7. ABBOUD, Georges. *Discricionariedade administrativa e judicial*: o ato administrativo e a decisão judicial. São Paulo: Editora Revista dos Tribunais, 2014, p. 58-59.
8. LUIZ, Fernando Vieira. *Teoria da decisão judicial*: dos paradigmas de Ricardo Lorenzetti à resposta adequada à constituição de Lenio Streck. Porto Alegre: Livraria do Advogado, 2013, p. 94-95.
9. STRECK, Lenio Luiz. *Verdade e Consenso*: constituição, hermenêutica e teorias discursivas. 5 ed. rev. mod. e ampl. São Paulo: Saraiva, 2014, p. 221-235.

à lente deformadora da subjetividade. É aí que descobrimos que não somos reféns de uma consciência assujeitadora, não somos como as ostras de Herman Melville.

Em sede de teoria jurídica, a viabilidade de uma teoria capaz de superar o positivismo jurídico deve partir, como dito, da proposta de Friedrich Müller no sentido de que norma não se equipara mais ao texto legal, não existindo, pois, em abstrato. Ou seja, se, na expressão de Müller, a norma é um produto coconstitutivo a ser derivado no decurso temporal da decisão judicial, é necessário que a linguagem não seja mais vista como um instrumento que viabiliza o acesso do sujeito aos objetos.[10] A linguagem deve assumir posição central nas discussões acerca do fenômeno jurídico.

Como se vê, o giro linguístico traz para o centro das indagações acerca do fenômeno jurídico a questão da linguagem, questão bem assimilada por Friedrich Müller. A linguagem agora assume posição central, e não é mais um terceiro elemento interposto entre o sujeito e o objeto, agora é condição de possibilidade. No dizer de Hans-Georg Gadamer, todo pensar já foi sempre alcançado pela linguagem.[11] A questão que se coloca, portanto, é indagar sobre as condições de acesso ao universo da linguagem. Assim, a primeira conclusão é a de que, se todo pensar já foi sempre alcançado pela linguagem, em todo pensar jurídico já estaremos tomados pela dimensão linguística do Direito. Ou seja, não é possível ignorar toda gama histórico-interpretativa que acompanha cada categoria jurídica.[12]

A compreensão dessa guinada (ou ajuste, se preferirmos) proporcionada pelo *linguistic turn* tem por premissa dois teoremas

---

10. ABBOUD, Georges. *Discricionariedade administrativa e judicial*: o ato administrativo e a decisão judicial. São Paulo: Editora Revista dos Tribunais, 2014, p. 56.
11. GADAMER, Hans-Georg. *Verdade e método II*: complementos e índice. Ênio Paulo Giachini (trad.), Márcia Sá Cavalcanti Schuback (ver.), 5 ed., Petrópolis: Vozes, 2010, 176.
12. ABBOUD, Georges. *Discricionariedade administrativa e judicial*: o ato administrativo e a decisão judicial. São Paulo: Editora Revista dos Tribunais, 2014, p. 59.

fundamentais do pensamento hermenêutico: a diferença ontológica e o círculo hermenêutico.¹³

Ao falar em círculo hermenêutico estamos nos referindo ao fato de que ao perquirir o significado de um texto, a interpretação de uma parte exige a compreensão prévia do todo no qual a parte se insere, e a interpretação do todo demanda a compreensão prévia das suas partes. O círculo hermenêutico, portanto, consiste num elemento estrutural da compreensão que expressa a interdependência que existe entre texto e contexto, entre fato e norma, entre sujeito e objeto, entre passado e presente, etc. Há aí um mútuo condicionamento entre essas categorias, bem como o ato de explicar (exteriorizar) e compreender. Ou seja, a compreensão de um texto normativo já leva em si uma expectativa de sentido¹⁴ de modo que "o fato de podermos dizer que algo *é*, já pressupõe que tenhamos dele uma compreensão, ainda que incerta ou mediana."¹⁵

Mas não apenas isso, a concepção de círculo hermenêutico vai além, pois não é estática. Consiste num processo de permanente evolução, que não se esgota. É uma circularidade em movimento que movimenta tanto a compreensão do texto quanto a própria compreensão e experiência que o intérprete tem de si. E isso pois, conforme a reflexão de Inocêncio Coelho, "todo compreender é um autocompreender."¹⁶ E só nos compreendemos em nossa facticidade, considerada um selo histórico (passado) imprimido em nosso ser.¹⁷

---

13. STRECK, Lenio. Hermenêutica jurídica. Em: BARRETO, Vicente Paulo [Coord.]. *Dicionário de Filosofia do Direito*. São Leopoldo: Unisinos, 2009, p. 430-ss.
14. COELHO, Inocêncio Mártires. *Da hermenêutica filosófica a hermenêutica jurídica*: fragmentos. São Paulo: Saraiva, 2010, p. 79.
15. STRECK, Lenio. *Hermenêutica Jurídica e(m) crise*: uma exploração hermenêutica da construção do Direito. 11 ed. rev. atual. e ampl. Porto Alegre: Livraria do Advogado, 2014, p. 272.
16. COELHO, Inocêncio Mártires. *Da hermenêutica filosófica a hermenêutica jurídica*: fragmentos. São Paulo: Saraiva, 2010, p. 79-83.
17. STRECK, Lenio. *Hermenêutica Jurídica e(m) crise*: uma exploração hermenêutica da construção do Direito. 11 ed. rev. atual. e ampl. Porto Alegre: Livraria do Advogado, 2014, p. 271.

Assim o círculo hermenêutico viabiliza a superação do esquema sujeito-objeto, pois, como visto, o intérprete não compreende o objeto em si, mas antes está junto com o objeto inserido na circularidade da compreensão. Não por outra razão é que quando se fala em legalidade constitucional – no sentido de que todo texto normativo deve manter adequação formal e material com a Constituição –, ou em garantias processuais, ou em direitos reais, ou, ainda, que todo ato jurisdicional deve ter como primeira condição de possibilidade o texto constitucional, há sempre uma estrutura de sentido que antecipa e viabiliza a expressão e compreensão dessas categorias jurídicas. Não há, portanto, um "grau zero" de sentido; [18] o que há é uma cadeia de significados históricos que não apenas condiciona a interpretação, mas, se devidamente respeitados, também ajuda a sufocar as possibilidades de manifestação da discricionariedade judicial.

O segundo teorema hermenêutico no contexto do giro linguístico é a diferença ontológica. É a partir dela que pensamos as diferenças entre ser e ente. Ela se baseia, segundo Ernildo Stein, na máxima heideggeriana de que o ser é sempre o ser de um ente e o ente apenas pode ocorrer no seu ser.[19] Assim, um não existe sem o outro e, não sendo iguais, tampouco são completamente diferentes. Essa diferença é constituidora de sentido e se mostra essencial para a compreensão de um paradigma pós-positivista.[20] É dela que decorre a concepção de diferença ontológica entre texto e norma, e essa circunstância é determinante para as possibilidades de superação da discricionariedade judicial.

Se há uma diferença ontológica entre o ente e o ser, é necessário admitir que também existe uma diferença entre o texto

---

18. ABBOUD, Georges. *Discricionariedade administrativa e judicial*: o ato administrativo e a decisão judicial. São Paulo: Editora Revista dos Tribunais, 2014, p. 61
19. STEIN, Ernildo. *Compreensão e finitude. Estrutura e movimento na interrogação heideggeriana.* Ijuí: Unijuí, 2001, p. 280-281.
20. ABBOUD, Georges. *Discricionariedade administrativa e judicial*: o ato administrativo e a decisão judicial. São Paulo: Editora Revista dos Tribunais, 2014, p. 64-ss.

(ente) e o sentido que esse texto assume em determinada hipótese de aplicação, ou seja, há uma diferença entre o texto e a norma (ser do texto). Mas essa é uma diferença meramente ontológica, vale dizer, se entre ambas "não há equivalência, tampouco há autonomização."[21]

Insista-se, se a diferença ontológica deixa claro que não há identidade entre texto normativo e norma, é imperativo reconhecer que a norma, como sentido do ser do ente texto, não é independente deste.[22] Ou seja, há um vínculo necessário é indissociável entre o texto normativo e a norma que dele decorre. E isso é de suma importância para compreender as razões pelas quais não é possível aceitar nem posições objetivistas que pretendem fundir texto normativo com norma, nem as posições subjetivistas que pretendem desvincular por completo o texto normativo e a norma que dele deriva.[23]

Daí que a partir desses dois teoremas hermenêuticos – círculo hermenêutico e diferença ontológica – é de se concluir pela necessidade de respeitar a alteridade do texto. Ou seja, se queremos

---

21. STRECK, Lenio. Hermenêutica jurídica. Em: Em: BARRETO, Vicente Paulo [Coord.]. Dicionário de Filosofia do Direito. São Leopoldo: Unisinos, 2009, p. 431-432.
22. LUIZ, Fernando Vieira. Teoria da decisão judicial: dos paradigmas de Ricardo Lorenzetti à resposta adequada à constituição de Lenio Streck. Porto Alegre: Livraria do Advogado, 2013, p. 103.
23. De modo a facilitar a compreensão dos argumentos, veja-se o que diz Lenio Streck sobre o círculo hermenêutico e sobre diferença ontológica: "O acompanhamento dessa rápida exposição por si só já dá conta da estrutura circular em que se movimenta o pensamento heideggeriano. Essa estrutura circular é o Círculo Hermenêutico, não mais ligado à interpretação de textos, mas à compreensão do Ser-aí. É preciso notar que o homem só compreende o ser na medida em que pergunta pelo ente. Vejamos o nosso caso: colocamos em movimento uma reflexão sobre o processo na perspectiva de que, ao final, possamos dizer algo sobre o seu ser (uma definição sobre o processo começaria com: o processo é...). Mas ninguém negaria que o processo se trata de um ente. Um ente que é interrogado em seu ser, pois toda pergunta pelo processo depende disso: O que é processo? Como é processo? Assim, embora o ser e o ente se deem numa unidade que é a compreensão que o homem (Ser-aí) tem do ser, há entre eles uma diferença. Esta diferença Heidegger chama de diferença ontológica e se dá pelo fato de que todo ente só é no seu ser. Em outras palavras, a pergunta se dirige para o ente, na perspectiva de o compreendermos em seu ser." Em: STRECK, Lenio. Hermenêutica Jurídica e(m) crise: uma exploração hermenêutica da construção do Direito. 11 ed. rev. atual. e ampl. Porto Alegre: Livraria do Advogado, 2014, p. 272-273.

compreender um texto, devemos, antes de mais nada, estar abertos ao que o texto diz. Devemos deixar que o texto nos diga algo.[24] Só assim será possível falar em legitimidade na aplicação do direito, pois o intérprete que "*honestamente* se disponha a respeitar a alteridade do texto e a conhecer o que este lhe tem a dizer, por certo não brigará para manter suas pré-compreensões, sobretudo se for 'surpreendido' pela mensagem do texto."[25]

Aí que a diferença ontológica e o círculo hermenêutico operam em perfeita sintonia, tendo em vista que é a partir da deferência ao que diz o texto que se chegará a uma norma (sentido) que dele é diferente, porém dele dependente; e é pelo movimento do círculo hermenêutico que sujeito (intérprete) e objeto (texto) fundem seus horizontes em sua historicidade.[26]

Esse é o essencial da base filosófica da teoria da decisão proposta pela Crítica Hermenêutica do Direito. O que de mais importante decorre dessas considerações filosóficas é abertura de nossos olhos acerca das possibilidades e condições nas quais se dá o conhecimento, ou seja, tomamos conhecimento acerca quais são as possibilidades de justificação da verdade *pela* e *na* linguagem. E já conscientes desses teoremas hermenêuticos, podemos seguir em frente para ingressar nas considerações acerca da teoria da decisão.

2.2. A abordagem da CHD sobre a (in)determinabilidade do Direito e o papel dos princípios

De modo a facilitar o contraste e tornar mais clara a crítica e a posição adotadas nesta obra, faremos uma abordagem da doutrina de Vilajosana e de Ródenas no que for pertinente ao tópico para, após, tecer comentários críticos a partir da nossa perspectiva. A opção pela abordagem do pensamento desses dois

---

24. STRECK, Lenio. *Hermenêutica Jurídica e(m) crise* ..., 2014, p. 296-297.
25. COELHO, Inocêncio Mártires. *Da hermenêutica filosófica a hermenêutica jurídica*: fragmentos. São Paulo: Saraiva, 2010, p. 147.
26. STRECK, Lenio. *Hermenêutica Jurídica e(m) crise* ..., 2014, p. 297-299.

autores para fins de contraste reside, conforme se verá, no fato de que, se por um lado Ródenas mantém uma orientação mais moderada, socorrendo-se do que chama de *derecho implícito*, por outro lado, Vilajosana se mantém mais fiel ao paradigma positivista, pois, diante do primeiro sinal de que o caso posto sob exame apresentará maiores complexidades, delega ao juiz a liberdade suficiente para que construa a decisão que lhe aprouver. Vale dizer, segundo entendemos, ambos são herdeiros, assumidos ou não, dos grandes positivistas (Kelsen e Hart) mencionados no capítulo anterior.

É lugar comum falar que a tese da atividade meramente mecânica do juiz é superada no debate jurídico contemporâneo. Iniciando com Josep Vilajosana, que procura ir além dessa questão mais rasa, é de se afirmar que o estudo dos problemas decorrentes da indeterminação do direito é uma das tendências mais importantes e instigantes da filosofia do direito contemporânea.[27]

Desse modo, abordaremos as perspectivas de alguns juristas contemporâneos sobre o tema da indeterminação e das lacunas do Direito para, ato contínuo, fazer o devido contraponto a partir da Crítica Hermenêutica do Direito.

¿ESTÁ EL DERECHO DETERMINADO? – é esse o título do capítulo terceiro da obra de Josep Vilajosana que, já nas primeiras linhas de seu ensaio, procura responder a pergunta inaugural lembrando que apenas se todos os elementos necessários à solução dos problemas concretos por parte dos juízes e Tribunais estivessem pré-determinados por normas gerais e abstratas editadas pelo legislador é que se poderia dizer que a atividade dos juízes é exclusivamente mecânica, não supondo inovação criativa, mas simples aplicação do direito já existente. [28]

---

27. VILAJOSANA, Josep M. *Identificación y justificación del derecho*. Madrid: Marcial Pons, 2007, p. 89.
28. VILAJOSANA, Josef M. *Identificación y justificación del derecho*. Madrid: Marcial Pons, 2007, p. 89.

Lançando mão da literatura jurídica de autores como Ródenas e Josep Vilajosana, é possível sistematizar os principais casos de indeterminação do direito da seguinte forma: (i) indeterminação decorrente de defeitos lógicos no sistema jurídico – lacunas e antinomias; (ii) indeterminação decorrente de problemas de linguagem – ambiguidade e imprecisão (*vaguedad*); e por fim, (iii) indeterminação decorrente da derrogabilidade (*derrotabilidad*) das regras.[29]

Quando se fala de indeterminação decorrente de problemas lógicos nos sistemas normativos (lacunas e antinomias), nos sistemas jurídicos, Josep Vilajosana e Ródenas partem da premissa de que se trabalha com um modelo normativo voltado à justificação (motivação) das decisões judiciais.[30] Dessa forma, o Direito será indeterminado nas hipóteses em que o fato não esteja relacionado a nenhuma consequência jurídica (*subdeterminación*[31]), ou seja, quando não se mostra possível determinar com precisão qual o *status* jurídico de determinada ação.[32] Será indeterminado ainda, nas hipóteses em que determinado fato encontra pelo menos duas soluções normativas incompatíveis (*sobredeterminación*[33]). Nessas duas hipóteses (lacunas e antinomias, respectivamente), afirmam os autores, a justificação da decisão judicial se vê prejudicada, seja pela falta, seja pelo excesso de elementos normativos.

Para tratar das questões das lacunas normativas conforme apresentado por Josep Vilajosana abordaremos inicialmente a tese da plenitude do direito. De acordo com essa teoria, todos os

---

29. RÓDENAS, Ángeles. *Los intersticios del derecho*. Indeterminación, validez y positivismo jurídico. Madrid, Marcial Pons, 2012, pp. 22-ss; VILAJOSANA, Josef M. *Identificación y justificación del derecho*. Madrid: Marcial Pons, 2007, pp. 91-ss.
30. RÓDENAS, Ángeles. *Los intersticios del derecho*. Indeterminación, validez y positivismo jurídico. Madrid, Marcial Pons, 2012, p. 23.
31. VILAJOSANA, Josef M. *Identificación y justificación del derecho*. Madrid: Marcial Pons, 2007, pp. 100-ss.
32. RÓDENAS, Ángeles. *Los intersticios del derecho*. Indeterminación, validez y positivismo jurídico. Madrid, Marcial Pons, 2012, p. 23.
33. VILAJOSANA, Josef M. *Identificación y justificación del derecho*. Madrid: Marcial Pons, 2007, pp. 114-ss.

comportamentos teriam uma solução previamente estabelecida pelo sistema normativo – não havendo espaço, portanto, para os casos de *subdeterminación* do direito. Josep Vilajosana faz uma refutação dessa tese argumentando,[34] em síntese, que a plenitude do direito estaria fundada num princípio de ordem lógica de acordo com o qual todos os comportamentos que não estão proibidos por determinado sistema, são por ele permitidos. Na visão desse autor, a tese é perfeitamente compatível com as hipóteses de lacunas no direito e só será apta a demonstrar, de fato, a sua plenitude, circunstancialmente. Ou seja, o direito será pleno apenas quando for constatado no sistema normativo a presença de uma norma que expressamente autorize todos os comportamentos não proibidos por ele. Cita, para exemplificar, o princípio da legalidade na esfera penal, segundo o qual todo comportamento não previsto em lei como ilícito penal está penalmente autorizado, ressalvando que outros ramos do mesmo ordenamento não possuem uma norma desse jaez.

Superado esse ponto, indicam duas das principais "espécies" de lacunas: a lacuna normativa e a lacuna axiológica. De acordo com Ródenas,[35] estar-se-á diante de uma lacuna normativa apenas quando o sistema jurídico não contenha uma norma aplicável ao caso, e quando a ponderação dos princípios pertinentes exija uma regra específica para esse caso; e diante de uma lacuna axiológica quando a despeito de possuir uma regra apta a solucionar o caso, essa regra não leva em consideração uma circunstância que, de acordo com os princípios aplicáveis, deveria ter sido observada.

A solução dessas imperfeições vai depender, de acordo com Ródenas, de qual o modelo de direito adotado. Observe-se, por exemplo, as soluções oferecidas pela visão de Alchourrón y Bulygin,

---

34. VILAJOSANA, Josef M. *Identificación y justificación del derecho*. Madrid: Marcial Pons, 2007, pp. 110-111.
35. RÓDENAS, Ángeles. *Los intersticios del derecho*. Indeterminación, validez y positivismo jurídico. Madrid, Marcial Pons, 2012, pp. 25-26.

visão que Ródenas chamou de irrenunciavelmente positivista.[36] Sob essa perspectiva, verificando uma lacuna normativa o juiz estaria livre para decidir em favor de qualquer das partes, e em casos de lacuna axiológica o juiz deveria aplicar a regra independente das circunstâncias que ficaram de fora da previsão normativa. A ilustração das consequências dessa tese ficou a cargo do caso *Riggs vs. Palmer*[37], em que o neto pleiteava a posse da herança do avô que ele havia assassinado, e a norma aplicável não previa essa circunstância como relevante para fins sucessórios. Nessa hipótese, e de acordo com esse olhar chamado positivista, o Tribunal andou mal ao não atender o pleito do neto.

De outro lado, pode-se adotar – como nos parece que faz Ródenas – "*una imagen del derecho que no reduzca ésta a directivas de conduta en forma de reglas, sino que integre su vertiente de protección y promoción de bienes y valores, en forma de principios.*" [38] Sob essa perspectiva, Ródenas entende que se mostra perfeitamente possível verificar decisões judiciais devidamente motivadas mesmo na ausência de regra aplicável (lacuna normativa), e mesmo contra regras que seriam em princípio aplicáveis (lacuna axiológica), desde que, para tanto, o juiz se socorra daqueles princípios destinados à proteção e promoção de bens e valores.[39]

Por fim, sabendo o grau de criação judicial exigido por essa hipótese de indeterminação, Josep Vilajosana afirma, sob influência evidentemente positivista, que em se tratando de integração de lacunas a atividade jurisdicional será sempre discricionária.[40]

---

36. RÓDENAS, Ángeles. *Los intersticios del derecho*. Indeterminación, validez y positivismo jurídico. Madrid, Marcial Pons, 2012, p. 24.
37. ESTADOS UNIDOS DA AMÉRICA. *Court of Appeals of New York*. Riggs v Palmer. 115 NY 506 (1889).
38. RÓDENAS, Ángeles. *Los intersticios del derecho*. Indeterminación, validez y positivismo jurídico. Madrid, Marcial Pons, 2012, p. 25.
39. RÓDENAS, Ángeles. *Los intersticios del derecho*. Indeterminación, validez y positivismo jurídico. Madrid, Marcial Pons, 2012, p. 26.
40. VILAJOSANA, Josep M. *Identificación y justificación del derecho*. Madrid: Marcial Pons, 2007, p. 114.

Buscando comprovar essa afirmação aponta as principais técnicas de colmatação de lacunas: o *argumento a contrário* e o *argumento analógico*.[41]

O argumento a contrário aponta que havendo uma consequência jurídica específica para um grupo específico de sujeitos, apenas a eles se aplica essa consequência. Vilajosana cita como exemplo a interpretação dada pelo Tribunal Constitucional espanhol ao artigo 25.3 daquela Constituição que afirma "*La Administración Civil no podrá imponer sanciones que, directa o subsidiariamente, impliquen privación de libertad.*". A contrario sensu, o Tribunal entendeu que a Administração Militar (a respeito da qual se constatou uma lacuna normativa) possui o poder de impor essa classe de sanção.[42]

O argumento analógico aponta para o sentido oposto. Verificado um fato que não recebe atenção normativa e outro devidamente regulado e que com o primeiro guarde "semelhança relevante" (o termo é de Josep Vilajosana, que o retira do Código Civil espanhol), a previsão normativa deve ser estendida ao caso omisso. Aqui, o exemplo oferecido é o de um decreto municipal que determina a vacinação obrigatória de todos os cachorros do município. Havendo discussão acerca da obrigatoriedade da vacinação dos gatos, a colmatação dessa lacuna pode ser tanto no sentido de que estes animais também são obrigados à vacinação (*argumento analógico*) como no de que eles não são alcançados pela obrigação (*argumento a contrário*). [43]

Feitas essas considerações, Josep Vilajosana conclui:

> *Un somero vistazo a su estructura basta para darse cuenta de que el argumento analógico, al igual que sucedía con el argumento a contratio, es un argumento creador de normas, siempre que*

---

41. VILAJOSANA, Josef M. *Identificación y justificación del derecho*. Madrid: Marcial Pons, 2007, pp. 112-114.
42. VILAJOSANA, Josef M. *Identificación y justificación del derecho*. Madrid: Marcial Pons, 2007, p. 112.
43. VILAJOSANA, Josef M. *Identificación y justificación del derecho*. Madrid: Marcial Pons, 2007, p. 113.

lo utilice un juez dentro de sus competencias. Precisamente, es a través de la creación judicial de una norma que se puede colmar la laguna que previamente se ha detectado.[44]

As hipóteses de *sobredeterminación* do Direito, em que o mesmo fato encontra no sistema normativo duas ou mais soluções incompatíveis entre si, desafiam o ideal racional de consistência dos modelos de direito.[45] Como defende Josep Vilajosana, a teoria do direito desenvolveu alguns critérios básicos capazes de solver a maior parte das antinomias.[46] O referido autor defende que os critérios hierárquico, cronológico e da especialidade, se mostram aptos a resolver apenas as antinomias aparentes.

Para as antinomias reais, ou antinomias de segundo grau, ocasião em que os próprios critérios de aplicação entram em conflito, Ródenas entende – ou parece entender – que o juiz, a despeito de criar direito *ex novo*, não está livre para selecionar qualquer das normas em conflito, mas está obrigado a justificar sua decisão com base nas razões subjacentes das normas em conflito, devendo adequar-se ao *derecho implícito*.[47] Já Josep Vilajosana, entende que nas hipóteses de insuficiência dos critérios básicos, "*de nuevo se abre paso la discrecionalidad del juez para determinar la norma aplicable al supuesto de que se trate.*"[48]

---

44. VILAJOSANA, Josef M. *Identificación y justificación del derecho*. Madrid: Marcial Pons, 2007, p. 113.
45. RÓDENAS, Ángeles. *Los intersticios del derecho*. Indeterminación, validez y positivismo jurídico. Madrid, Marcial Pons, 2012, p. 27; VILAJOSANA, Josef M. *Identificación y justificación del derecho*. Madrid: Marcial Pons, 2007, p. 115.
46. VILAJOSANA, Josef M. *Identificación y justificación del derecho*. Madrid: Marcial Pons, 2007, p. 114.
47. RÓDENAS, Ángeles. *Los intersticios del derecho*. Indeterminación, validez y positivismo jurídico. Madrid, Marcial Pons, 2012, p. 27.
48. VILAJOSANA, Josef M. *Identificación y justificación del derecho*. Madrid: Marcial Pons, 2007, p. 115-116. Nesse mesmo sentido, a seguinte manifestação de COELHO, Inocêncio: "Como o Direito, enquanto *ordenamento* ou *sistema*, não tolera *antinomias* ou contradições, ao longo dos séculos tanto a legislação quanto a doutrina e a jurisprudência foram elaborando algumas regras, de aceitação generalizada, para resolver os conflitos entre normas, pelo menos aqueles simplesmente *aparentes*, já que as antinomias *reais* permanecem insolúveis ou têm sua resolução confiada ao poder discricionário do intérprete, como assinala Bobbio." Cf. COELHO, Inocêncio, et al. *Curso de Direito Constitucional*. 2 ed. rev. e atual. São Paulo: Saraiva, 2008. p. 32.

Agora, tratando-se da indeterminação do direito decorrente de um dos atributos da linguagem, a sua textura aberta, Josep Vilajosana anota que, essa particularidade da linguagem natural – de que sua textura aberta implica na dificuldade em determinar com precisão o significado de uma expressão – é imediatamente sentida pela interpretação jurídica, por consistir exatamente na atribuição de significados aos textos normativos.[49]

O referido autor afirma que, aquele que se propor a explicitar a conotação de uma palavra, poderá fazê-lo dentro do limite de um certo número de propriedades, mas o uso da palavra em si é (relativamente) aberto tornando-se impossível *"agotar la descripción de un objeto"*[50] com a enumeração precisa de todas as suas propriedades. O argumento principal é o de que não há um critério apto a incluir ou excluir todas as conotações possíveis de um termo, sendo ainda, impossível prever a aparição de novas propriedades desconsideradas, ou tidas por irrelevante, no momento da escolha da respectiva expressão.[51] Para ilustrar seu entendimento, o exemplo oferecido por Josep Vilajosana é o da geladeira e sua mudança de classificação segundo a utilidade. Lembra que quando da previsão normativa dos *bienes de lujo* e dos *bienes necesarios*, a geladeira era tida como um bem de luxo, e hoje não há quem duvide tratar-se de um bem necessário e, como consequência dessa nova conotação, insuscetível de penhora para o pagamento de dívida.[52]

---

49. VILAJOSANA, Josef M. *Identificación y justificación del derecho*. Madrid: Marcial Pons, 2007, p. 93.
50. VILAJOSANA, Josef M. *Identificación y justificación del derecho*. Madrid: Marcial Pons, 2007, p. 97.
51. Sobre a problemática da atribuição de significados aos termos: "Não existe absolutamente qualquer método – capaz de ser classificado como de direito positivo – segundo o qual, das várias significações verbais de uma norma, apenas uma possa ser destacada como a "correta", desde que, naturalmente, se trate de significações possíveis, no confronto com todas as outras normas da lei ou da ordem jurídica." Cf. COELHO, Inocêncio Mártires. *Da hermenêutica filosófica a hermenêutica jurídica*: fragmentos. São Paulo: Saraiva, 2010. p. 175.
52. VILAJOSANA, Josef M. *Identificación y justificación del derecho*. Madrid: Marcial Pons, 2007, pp. 97-98.

Sobre o ponto é possível acompanhar Josep Vilajosana no seu argumento – *mas apenas neste* – de que a imprecisão inerente à linguagem natural não se mostra necessariamente prejudicial. Ao contrário, a despeito da insegurança que acompanha a pluralidade de significados de um mesmo termo, essa circunstância permite que a mesma formulação normativa sobreviva por longos lapsos acolhendo, em diferentes ocasiões, diferentes conotações da mesma palavra.[53]

A indeterminação pode decorrer também de características específicas da linguagem, tal como a ambiguidade. Segundo o dicionário Laurosse, ambíguo é aquilo que: *1. Apresenta duas naturezas diferentes. 2. Que pode ser tomado em mais de um sentido. 3. Incerto, duvidoso.*[54] Ou seja, será ambígua uma expressão linguística quando tenha mais de um significado ou conceito, do que se infere que "*no hay que confundir, pues, 'palavra' y 'concepto'*".[55]

Para fazer a divisão da ambiguidade nas suas subcategorias, faremos referência a duas das principais formas de ambiguidade citadas por Ródenas [56]. O autor aponta: (i) ambiguidade semântica, que afeta ao termo propriamente dito. Seria o exemplo de um dispositivo que determine a imunidade parlamentar aos deputados sem especificar, dentre federais e estaduais, quais que gozam desse benefício; (ii) ambiguidade sintática, que afeta a estrutura lógica do enunciado. O exemplo dado seria o do Código Civil espanhol que determina "*son bienes privativos de cada uno de los cónyuges: las ropas y objetos de uso personal que no sean de extraordinario valor*". A redação do normativo, segundo Ródenas, deixaria dúvida se apenas os objetos de uso pessoal ou também

---

53. VILAJOSANA, Josef M. *Identificación y justificación del derecho*. Madrid: Marcial Pons, 2007, p. 98.
54. *Dicionário da Língua Portuguesa Laurosse Cultural*. São Paulo: ed. Universo, 1992, verbete: "ambíguo".
55. VILAJOSANA, Josef M. *Identificación y justificación del derecho*. Madrid: Marcial Pons, 2007, p. 93.
56. RÓDENAS, Ángeles. *Los intersticios del derecho*. Indeterminación, validez y positivismo jurídico. Madrid, Marcial Pons, 2012, p. 28-29.

as roupas de extraordinário valor estariam excluídos dos bens privativos de cada cônjuge.

E, tratando acerca da possibilidade de superação das hipóteses de ambiguidade, Vilajosana afirma – mantendo-se coerente dentro de seu raciocínio estritamente positivista – que quando o contexto não se mostra suficiente para tanto, a questão será resolvida pela tomada de decisão discricionária pelo juiz.[57]

Já a imprecisão (*vaguedad*) como espécie de indeterminação linguística, de acordo com Ródenas, é o defeito que se atribui não ao termo em si, mas ao seu conceito.[58] Dessa forma haveria duas formas: a *vaguedad intensional* e a *vaguedad extensional*. Termos que entendemos podem ser demonstrados com um único exemplo. Observe-se, no caso brasileiro, a Lei 11.343/06, que em seu art. 28, § 1º, afirma: "*Às mesmas medidas submete-se quem, para seu consumo pessoal, semeia, cultiva ou colhe plantas destinadas à preparação de **pequena quantidade** de substância ou produto capaz de causar dependência física ou psíquica*.". Desse texto, a conotação de "pequena quantidade" é intencionalmente imprecisa, e em razão dessa abertura, também se mostra impossível determinar (*vaguedad extensional*) com exatidão, com base nesse elemento, as condutas que serão tipificadas como tráfico ou como uso pessoal de drogas e afins.

Enquanto Ródenas aponta que a decisão nesses casos será baseada no *derecho implícito*,[59] Josep Vilajosana entende que essa a solução dessas hipóteses será novamente "*un acto de voluntad y no supone un acto de conocimiento basado en un saber linguístico.*" [60]

---

57. VILAJOSANA, Josef M. *Identificación y justificación del derecho*. Madrid: Marcial Pons, 2007, p. 94.
58. RÓDENAS, Ángeles. *Los intersticios del derecho*. Indeterminación, validez y positivismo jurídico. Madrid, Marcial Pons, 2012, p. 29.
59. RÓDENAS, Ángeles. *Los intersticios del derecho*. Indeterminación, validez y positivismo jurídico. Madrid, Marcial Pons, 2012, p. 29.
60. VILAJOSANA, Josef M. *Identificación y justificación del derecho*. Madrid: Marcial Pons, 2007, p. 96.

Observa-se que, se por um lado Ródenas mantém uma orientação mais moderada, socorrendo-se usualmente do que chama de *derecho implícito* – que, mal comparando, teriam uma função semelhante à dos princípios gerais no Direito brasileiro (art. 4º da LINDB) que viabilizam ao juiz uma fuga do sistema codificado (legal e constitucional) para construir decisões judiciais de modo solipsista –, por outro, Josep Vilajosana se mantém fiel ao paradigma positivista que, diante do primeiro sinal de que o caso posto sob exame apresentará alguma complexidade, delega ao juiz a liberdade suficiente para que construa a decisão que lhe aprouver. A interpretação como ato de vontade é uma constante nas reflexões de Josep Vilajosana, indicando, a não mais poder, sua filiação intelectual ao pensamento kelseniano.

A Crítica Hermenêutica do Direito pretende superar não apenas a posição derrotista (pois delegatória[61]), positivista e antidemocrática de Josep Vilajosana, mas também aquela defendida pelo moderado Ródenas. Para tanto, já a título de princípio é que afirmamos, com Lenio Streck, que não há "fechamento" da linguagem ou clareza semântica que dispense a interpretação.[62] Autores como Ródenas e Josep Vilajosana seguem perquirindo os textos legais em busca de uma essência que lhes possa antecipar o "real sentido" da lei. Exatamente aí reside o equívoco de autores que defendem teses que, ao final, recorrem à discricionariedade judicial: elas se limitam dos domínios do texto procurando nele um sentido que fatalmente ainda não tem pois ainda é órfão de facticidade. [63]

---

61. A expressão "delegatória" pretende fazer referência ao fato de que autores positivistas *delegam* o ato de interpretação à vontade discricionária (ato de vontade) do órgão julgador. Sobre essa questão, como dito acima, o exemplo mais claro e influente é o capítulo oitavo da Teoria Pura de Kelsen, cf. KELSEN, Hans. *Teoria pura do direito*. Trad. João Baptista Machado, 8 ed., São Paulo: WMF Martins Fontes, 2009, especialmente p. 392-395.
62. STRECK, Lenio Luiz. *Verdade e Consenso*: constituição, hermenêutica e teorias discursivas. 5 ed. rev. mod. e ampl. São Paulo: Saraiva, 2014, p. 403.
63. Sobre essa questão, é pertinente citar a literatura filosófica de Gadamer: "Ao contrário, todo aquele que "aplica" o direito se encontra em uma posição bem diferente. É verdade que na situação concreta ele se vê obrigado a atenuar o rigor da lei. Mas se o faz, não é porque não seja possível fazer melhor, mas porque senão estaria come-

As reflexões dos autores espanhóis acabam se circunscrevendo ao campo das teorias semânticas da legislação, que, nos que se refere à questão interpretativa, desde Hans Kelsen e Herbert Hart sempre tiveram em sua alça de mira o problema da indeterminação do direito, como se a solução desse "problema" fosse o bálsamo da aplicação do Direito. É como se pretendessem que o sujeito apreendesse a essência do objeto (texto) e assim descobrir o sentido em si do texto. Configuração clássica do paradigma da filosofia da consciência.[64]

Essa busca pela exatidão da linguagem também é feita pela doutrina brasileira. Lenio Streck cita[65] o entendimento de Maria Helena Diniz, que aponta os métodos de interpretação como meio para desvendar as possibilidades de aplicações da norma,[66] ou o entendimento de Paulo Dourado Gusmão, para quem o intérprete deve proceder por etapas para descobrir o sentido objetivo da lei. Ocorre que, conforme bem assentado pela CHD, a questão da aplicação do Direito não se resume, nem poderia se resumir, ao problema da validade prévia do texto jurídico.[67] Essa busca pela exatidão, pela essência, pelo sentido prévio do texto se mostra

---

tendo injustiça. Atenuando a lei não faz reduções à justiça, mas encontra um direito melhor. Em sua análise da *epieikeia*, a "equidade", Aristóteles formula isso com a mais precisa das expressões: *epieikeia* é a correção da lei. Aristóteles mostra que toda lei é geral e não pode conter em si a realidade prática em toda sua concreção, na medida em que se encontra numa tensão necessária com relação ao concreto da ação. Já assinalamos essa problemática quando falamos a respeito da análise do juízo. Fica claro que o problema da hermenêutica jurídica encontra aqui seu verdadeiro lugar. A lei é sempre deficiente, não em si mesma, mas porque, frente ao ordenamento a que se destinam as leis, a realidade humana é sempre deficiente e não permite uma aplicação simples das mesmas." GADAMER, Hans Georg. *Verdade e método*. Tradução de Flávio Paulo Meurer. 13 ed., Petrópolis, RJ: Vozes, 2013, p. 419.

64. STRECK, Lenio Luiz. *Verdade e Consenso*: constituição, hermenêutica e teorias discursivas. 5 ed. rev. mod. e ampl. São Paulo: Saraiva, 2014, p. 404.
65. STRECK, Lenio. *Hermenêutica Jurídica e(m) crise*: uma exploração hermenêutica da construção do Direito. 11 ed. rev. atual. e ampl. Porto Alegre: Livraria do Advogado, 2014, p. 160.
66. DINIZ, Maria Helena. *Compêndio de Introdução à Ciência do Direito*. São Paulo: Saraiva, 1988, p. 388-ss.
67. STRECK, Lenio Luiz. *Verdade e Consenso*: constituição, hermenêutica e teorias discursivas. 5 ed. rev. mod. e ampl. São Paulo: Saraiva, 2014, p. 405.

inócua, inclusive porque a indeterminação (textura aberta) é característica inerente da linguagem natural.

Lembramos aqui, com M. Villey, que já em Hobbes – *fundador do movimento positivista*,[68] *conforme vimos no capítulo primeiro*[69] – havia a preocupação de que a lei civil fosse límpida e breve. [70] O que não quer dizer que a boa redação da técnica legislativa não seja desejável. Pelo contrário.[71] Evidente que as disposições

---

68. VILLEY, Michel. *A formação do pensamento jurídico moderno*. Trad. de Cláudia Berliner; notas revistas por Eric Desmons; revisão técnica Gildo Sá Leitão Rios; texto estabelecido, revisto e apresentado por Stéphane Rials. 2 ed., São Paulo: Editora WMF Martins Fontes, 2009, p. 745.
69. Ainda que, segundo entendemos, seja questão secundária, é interessante observar que, a propósito de saber quem foi o fundador do positivismo jurídico, Jean-Cassien Billier diverge de Villey (*A formação do pensamento jurídico moderno* ..., 2009, p. 745) e de Bobbio (*O positivismo jurídico* ..., 2006, p. 34) e concede a Bentham, e não a Hobbes, o "título" de fundador do positivismo: "A doutrina de Bentham teve um destino contraditório. Favoravelmente acolhida pelos pensadores do velho Continente, não teve, todavia, qualquer sucesso prático, visto que nenhuma das nações às quais Bentham dirigira o seu sistema legislativo o adotou. Por seu lado, a Inglaterra permaneceu hermética a esta vontade de importar a codificação continental para o sistema da *common law*. Mas o verdadeiro sucesso de Bentham foi outro: no fundo, foi ele o iniciador da teoria do positivismo, no sentido em que procurou expurgar o conceito de direito de qualquer elemento extrajurídico, com o intuito de construir uma ciência do direito totalmente autônoma." Em: BILLIER, Jean-Cassien; MAYIOLI, Aglaé. *História da filosofia do direito*. Lisboa: Instituto Piaget, 2001, p. 169.
70. VILLEY, Michel. *A formação do pensamento jurídico moderno* ..., pp. 741-742.
71. Nesse sentido é a *Lei Complementar n.º 95 de 1988*, na qual se lê, em favor da clareza gramatical, o seguinte: "Art. 11. As disposições normativas serão redigidas com clareza, precisão e ordem lógica, observadas, para esse propósito, as seguintes normas: I – para a obtenção de clareza: a) usar as palavras e as expressões em seu sentido comum, salvo quando a norma versar sobre assunto técnico, hipótese em que se empregará a nomenclatura própria da área em que se esteja legislando; b) usar frases curtas e concisas; c) construir as orações na ordem direta, evitando preciosismo, neologismo e adjetivações dispensáveis; d) buscar a uniformidade do tempo verbal em todo o texto das normas legais, dando preferência ao tempo presente ou ao futuro simples do presente; e) usar os recursos de pontuação de forma judiciosa, evitando os abusos de caráter estilístico; II – para a obtenção de precisão: a) articular a linguagem, técnica ou comum, de modo a ensejar perfeita compreensão do objetivo da lei e a permitir que seu texto evidencie com clareza o conteúdo e o alcance que o legislador pretende dar à norma; b) expressar a idéia, quando repetida no texto, por meio das mesmas palavras, evitando o emprego de sinonímia com propósito meramente estilístico; c) evitar o emprego de expressão ou palavra que confira duplo sentido ao texto; d) escolher termos que tenham o mesmo sentido e significado na maior parte do território nacional, evitando o uso de expressões locais ou regionais; e) usar apenas siglas consagradas pelo uso, observado o princípio de que a primeira referência no texto seja acompanhada de explicitação de seu significado; f) grafar por extenso quaisquer referências feitas, no texto, a números e percentuais; f) grafar por extenso quaisquer

legais devem ser redigidas da forma clara e escorreita. Mas não é disso que se trata. Não será debruçados sobre essa questão que encontraremos soluções atuais e constitucionalmente adequadas para a individualização do Direito.

A solução, portanto, sob a perspectiva adotada no marco teórico desta obra (CHD), passa necessariamente pela máxima gadameriana de que só é possível compreender um texto a partir da situação concreta na qual ele foi produzido ou no contexto que embasa a incidência do texto normativo. Nas palavras do filósofo: "o jurista toma o sentido da lei a partir de e em virtude de um determinado caso dado."[72]

Ou, ainda, pelas palavras de um aluno de Gadamer: "a tradução literal por si só não garante a transmissão do significado visado pelo texto original; este só se revela através da referência ao contexto (leia-se "com-texto", isto é, junto ao texto tomado como um todo)." [73] Essa é uma circunstância observada inclusive por Norberto Bobbio, um positivista, quando afirma que "dependendo do contexto em que esteja inserida, a mesma palavra assume significados diferentes (e podemos até dizer que um termo tem tantos significados quantos são os contextos em que pode ser usado)." [74]

Vale dizer, pouco ou nada importa, sob a perspectiva da CHD, se há precisão ou indeterminação do texto normativo. Por

---

referências a números e percentuais, exceto data, número de lei e nos casos em que houver prejuízo para a compreensão do texto; (Redação dada pela Lei Complementar nº 107, de 26.4.2001) g) indicar, expressamente o dispositivo objeto de remissão, em vez de usar as expressões 'anterior', 'seguinte' ou equivalentes; (Incluída pela Lei Complementar nº 107, de 26.4.2001) III – para a obtenção de ordem lógica: a) reunir sob as categorias de agregação – subseção, seção, capítulo, título e livro – apenas as disposições relacionadas com o objeto da lei; b) restringir o conteúdo de cada artigo da lei a um único assunto ou princípio; c) expressar por meio dos parágrafos os aspectos complementares à norma enunciada no caput do artigo e as exceções à regra por este estabelecida; d) promover as discriminações e enumerações por meio dos incisos, alíneas e itens.

72. GADAMER, Hans Georg. *Verdade e método*. Tradução de Flávio Paulo Meurer. 13 ed., Petrópolis, RJ: Vozes, 2013, p.428
73. FLICKINGER, Hans-Georg. *Gadamer & a educação*. Belo Horizonte: Autêntica Editora, 2014, p. 14.
74. BOBBIO, Norberto. *O positivismo jurídico*: lições de filosofia do direito. trad. e notas Márcio Publiesi, Edson Bini, Carlos Rodrigues. São Paulo: Ícone, 2006, p. 213.

se tratar de enunciado, este apenas atingirá (alcançará) seu sentido quando do caso concreto a partir do movimento operado pelo círculo hermenêutico e atenção à diferença meramente ontológica entre texto e norma – conforme visto no tópico acima; sentido que se sedimentará diante de uma sequência de atos concretos. Pela mesma razão é que Lenio Streck afirma que "a integridade na aplicação do direito significa reconstrução histórica da cadeia de casos interpretados/julgados (doutrina e jurisprudência)." [75] A teoria da decisão proposta pela CHD é, portanto, uma teoria da decisão da ou na facticidade.

A temporalidade como acumuladora de facticidade, é, portanto, condição de viabilidade da formação legítima dos significados e de significantes.[76] Desse modo, não há um método seguro ou exatidão linguística possível que garantam a adequada individualização do direito.[77] O argumento pode ser resumido na feliz expressão de Fernández-Lago: "*El compreender es histórico porque histórico es el existente humano y porque histórico es el mundo circundante*"[78], e – é possível complementar –, não há método capaz de aprisionar essa historicidade.

No que se refere às lacunas, Lenio Streck alerta que a discussão sobre a existência ou não dessas lacunas assume alguma importância na nossa dogmática jurídica, pois acaba servindo como elemento norteador e como sustentáculo do Direito visto como um sistema controlável e circular, e que se auto complementa dinamicamente via autorreferência.[79]

---

75. STRECK, Lenio Luiz. *Verdade e Consenso*: constituição, hermenêutica e teorias discursivas. 5 ed. rev. mod. e ampl. São Paulo: Saraiva, 2014, p. 406.
76. STRECK, Lenio Luiz. *Verdade e Consenso* ..., 2014, p. 406.
77. STRECK, Lenio Luiz. *Verdade e Consenso* ..., 2014, p. 404.
78. FERNÁNDEZ-LARGO, Antonio Osuna. *Hermenéutica Jurídica: em torno a la hermenéutica de Hans-Georg Gadamer*. Valladolid: Secretariado Publicaciones, Universidad, 1992, p. 45.
79. STRECK, Lenio. *Hermenêutica Jurídica e(m) crise*: uma exploração hermenêutica da construção do Direito. 11 ed. rev. atual. e ampl. Porto Alegre: Livraria do Advogado, 2014, p. 156.

O art. 4º da LINDB (Lei n.º 12.367/2010), que pretende superar a questão das lacunas na legislação brasileira tem franca inspiração positivista,[80] pois, diante da dificuldade em se encontrar a resposta ao problema posto, delega ao juiz poder discricionário para que subjetivamente construa a decisão do caso concreto.

A questão central que se coloca quanto ao estudo das lacunas é a de que, conforme entendemos na esteira da CHD, não é dado ao magistrado, na vigência da nossa democracia constitucional, suprimir lacunas por juízos meramente discricionários. Não se pode lançar mão dos princípios gerais do direito do art. 4º da Lei de Introdução para justificar que o juiz saia do sistema codificado.[81] Inclusive por esse motivo que Lenio Streck defende a tese de que, tecnicamente, o referido dispositivo é inconstitucional (não recepcionado).[82]

A solução se dá (sempre) pela via dos princípios que se apresentam, pela CHD, resistência contra a discricionariedade judicial de modo a evitar as delegações de poder discricionário e arbitrário – delegações que, insista-se, constavam no pensamento de Hans Kelsen e Herbert Hart. Não por outra razão é que Faccini Neto afirma que a concepção de discricionariedade positivista surge em um modelo em que os princípios não faziam parte do manejo corriqueiro dos juristas.[83]

A CHD rejeita a concepção de princípios como mandados de otimização ou de postulado, pois essa postura reaviva uma perspectiva estritamente abstrata – típica da doutrina positivista – e ignora por completo a facticidade e o mundo prático que é inerente ao direito concretizado por princípios. Assim, os princípios servem como limites ao ato de aplicação do direito, e não como numa perspectiva abstratizante na qual os enunciados assertóricos

---

80. STRECK, Lenio. *Hermenêutica Jurídica e(m) crise* ..., 2014, p. 164.
81. STRECK, Lenio. *Hermenêutica Jurídica e(m) crise* ..., 2014, p. 166.
82. STRECK, Lenio. *Hermenêutica Jurídica e(m) crise* ..., 2014, p. 164.
83. FACCINI NETO, Orlando. *Elementos de uma teoria da decisão judicial*: hermenêutica, constituição e respostas corretas em direito. Porto Alegre: Livraria do Advogado, 2011, p. 24.

são elaborados previamente.[84] O argumento de princípio, portanto, não está(rá) circunscrito nos limites dos enunciados ou textos normativos, mas irá remeter à totalidade referencial de categorias jurídicas, tal como a Constituição, o precedente, etc.[85] Assim, a resposta dada através dos princípios é sempre um problema de compreensão, um problema hermenêutico. É por isso que se afirma que o mundo vivido, como parte incindível do processo de compreensão pelo círculo hermenêutico, é fundamental à aplicação do direito por princípios.[86] E estamos sempre no mesmo paradigma filosófico do giro linguístico a partir do qual, com o duplo teorema hermenêutico – diferença ontológica e círculo hermenêutico –, é possível afirmar que sempre existirão razões por trás dos textos legais que direcionam a interpretação, e essas razões são os princípios que, nesse contexto, nessa perspectiva desenvolvida pela CHD, ajudam a sufocar a discricionariedade judicial.[87] Vale dizer: o sentido (ser) do texto legal se dá junto ao princípio no círculo hermenêutico. Daí se afirmar que não há regra sem um princípio instituidor, pois são os princípios que balizam a formação da história institucional do Direito. Ou, dito de outra forma: "existência é sempre *travessia*. Travessia é *caminho* e esse caminho se torna percorrível a partir das marcas que são nele impressas pela tradição. Os princípios são, portanto, estas marcas que balizam a formação legítima de algo como uma decisão judicial."[88]

Assim, ao julgar por princípios o intérprete reconhece que aquele direito que exsurgiu da aplicação ao caso concreto está

---

84. STRECK, Lenio Luiz. *Verdade e Consenso* ..., 2014, p. 485; ABBOUD, Georges. *Discricionariedade administrativa e judicial* ..., 2014, p. 471.
85. FACCINI NETO, Orlando. *Elementos de uma teoria da decisão judicial*: hermenêutica, constituição e respostas corretas em direito. Porto Alegre: Livraria do Advogado, 2011, p. 167; OLIVEIRA, Rafael Tomaz de. *Decisão judicial e o conceito de princípio*: a hermenêutica e a (in)determinação do direito. Porto Alegre: Livraria do Advogado, 2008, p. 216.
86. STRECK, Lenio. *Jurisdição constitucional e decisão jurídica*. 4 ed., São Paulo: Revista dos Tribunais, 2014, p. 306.
87. FACCINI NETO, Orlando. *Elementos de uma teoria da decisão judicial*: hermenêutica, constituição e respostas corretas em direito. Porto Alegre: Livraria do Advogado, 2011, p. 167.
88. STRECK, Lenio Luiz. *Verdade e Consenso* ..., 2014, p. 552.

inscrito num contexto mais amplo de moralidade da nossa comunidade política.[89] Essa perspectiva se coaduna, por evidente, com a concepção dworkiana de que o Direito é um conceito interpretativo. É o que se observa na seguinte passagem:

> Ninguém imagina que os juízes possam ou devam decidir casos por meio de um algoritmo que pretenda fazê-los chegar, ao longo de um processo lógico ou formal ou de outra natureza, a Uma Decisão Correta, utilizando apenas materiais canônicos da tomada de decisões judiciais como o texto legal ou constitucional e decisões judiciais anteriores. Essa representação da decisão judicial é, e sempre foi, de uma inconsistência flagrante. Não há dúvida de que os juízes devem levar em consideração as consequências de suas decisões, mas eles só podem fazê-lo na medida em que forem guiados por princípios inseridos no direito como um todo, princípios que ajudem a decidir quais consequências são pertinentes e como se deve avaliá-las, e não por suas preferências pessoais ou políticas.[90]

Seguindo com Ronald Dworkin – matriz teórica da qual decorre a concepção acerca do papel dos princípios na teoria da decisão proposta pela CHD – é possível visualizar de modo mais ilustrativo a forma na qual os princípios fecham a interpretação com a leitura de uma entrevista concedida por Ronald Dworkin em 2007 e na qual, ao ser perguntado acerca da questão das cotas universitárias no sistema político brasileiro, oferece uma resposta em que se percebe a *operacionalização* dos princípios como fechamento do sistema, vejamos:

> Pergunta: Atualmente a sociedade brasileira está dividida entre os favoráveis e os contrários a dois projetos de lei (Lei das Cotas e O estatuto da igualdade racial) que tornarão obrigatórias algumas ações afirmativas na forma de cotas para pessoas da raça negra (20%) em educação, cargos públicos,

---

89. STRECK, Lenio. O Supremo Tribunal deve julgar por princípios ou por políticas?. Em: NOVELINO, Marcelo; FELLET, André (orgs.). *Constitucionalismo e democracia*. Salvador: Editora Juspodivm, 2013, pp. 260.
90. DWORKIN, Ronald. *A justiça de toga*. São Paulo: Martins Fontes, 2010, p. 148.

empresas privadas, programas de televisão e propagandas. Ambos os lados usam o ideal da igualdade como principal argumento para aceitar ou repudiar os projetos. Em A virtude soberana você discute o assunto no contexto americano, mas a igualdade surpreendentemente não figura como argumento favorável ou contrário. Você defende a ação afirmativa nas universidades como necessária para alcançar a diversidade e a justiça social, no futuro, não para compensar os negros por discriminação presente ou passada. E sustenta que os brancos não têm direito a um sistema de alocação de vagas universitárias que desconsidere a raça do candidato. O debate brasileiro está mal colocado ou você buscou minimizar a importância da igualdade devido às circunstâncias particulares dos Estados Unidos?

R.D.: Não posso comentar o caso brasileiro. Não conheço bem as circunstâncias e os argumentos. Mas penso que é um grande erro tentar defender a ação afirmativa como uma compensação para injustiças do passado. Não encaixa: quem se beneficia não é quem sofreu no passado. E creio ser um equívoco supor que uma parte da população em vez de indivíduos possa ser detentora de direitos, como o direito à compensação. *Porém, é claro que a igualdade está presente no meu argumento prospectivo para a ação afirmativa. Eu defendo que uma sociedade sem preconceito racial e sem estereótipos tem probabilidade maior de ser justa na distribuição de riquezas e também tem maior probabilidade de ser melhor para todas as pessoas, em muitos outros aspectos. Parece-me que a questão ao Brasil é se as cotas em discussão tornariam a sociedade melhor no futuro, nesses aspectos.* Não acho que um suposto direito à compensação deveria figurar no argumento.[91] [g.n.]

É sob essa mesma perspectiva que Lenio Streck vai afirmar que não há questão judicial na qual o princípio da igualdade não se faça presente. Isso porque uma decisão jurisdicional, de qualquer tipo que seja, sempre acaba se debruçando sobre alguma

---

91. DWORKIN, Ronald. Igualdade como ideal. *Novos estudos.* – *CEBRAP*, São Paulo, n. 77, p. 233-240, mar. 2007. Disponível em: http://www.scielo.br/scielo.php?script=sci_arttext&pid=S0101-33002007000100012&lng=en&nrm=iso . Acesso em: 26/02/2017.

circunstância discriminatória.[92] Assim, exemplificadamente, em hipótese de concessão ou negação de um pleito liminar o juiz está obrigado e justificar as razões do tratamento diferenciado, seja em favor de quem pede o provimento liminar (concessão), seja em favor daquele contra quem se pediu a liminar (negação). O princípio da igualdade estará sempre presente na circularidade hermenêutica a partir da qual se dá o processo de compreensão do direito aplicável ao caso concreto. Do mesmo modo o princípio do devido processo legal sempre irá, de forma expressa ou não, balizar (fechar) o processo de compreensão em qualquer processo judicial.[93]

Enfim, os princípios são padrões interpretativos deontológicos que operam como garantias contra decisões meramente teleológicas, seja pela perspectiva política, econômica, moral ou outra.[94] Em uma última palavra: "como parece sintomático, há algo para além da lei e que a funda." [95]

2.3. Elementos fundamentais da teoria da decisão judicial constitucionalmente adequada: os cinco princípios e o teste das seis hipóteses

Os elementos fundamentais da teoria da decisão judicial constitucionalmente adequada operam sob suas perspectivas. Por um lado, são apresentados cinco princípios, ou padrões interpretativos, a partir dos quais se tem a condição de possibilidade de uma

---

92. A concepção de que as circunstâncias discriminatórias sempre fazem parte da concretização do princípio da igualdade fica bastante clara em: MELLO, Celso Antônio Bandeira de. *O conteúdo jurídico do princípio da igualdade*. 3 ed., São Paulo: Malheiros, 2011, *passim*; e em se procurando uma abordagem exauriente das questões todas referentes aos conteúdos do conceito de igualdade, da sua perspectiva normativa e histórica, é imprescindível a obra de GUEDES, Jefferson Carús. *Igualdade e desigualdade*: introdução conceitual, normativa e histórica dos princípios. São Paulo: Revista dos Tribunais, 2014.
93. STRECK, Lenio Luiz. *Verdade e Consenso ...*, 2014, p. 553-554.
94. STRECK, Lenio. *O que é isto – o senso incomum?* Porto Alegre: Livraria do Advogado, 2016, p. 112-115.
95. COUTINHO, Jacinto Nelson de Miranda. O lugar do poder do juiz em *Portas Abertas*, de Leonardo Sciascia. Em: STRECK, Lenio; TRINDADE, André (orgs.) *Os modelos de juiz*: ensaios de direito e literatura. São Paulo: Atlas, 2015, p. 219.

decisão judicial válida. Esses padrões indicam um conjunto mínimo a ser atendido pelo intérprete, ou seja, um *minimum applicandi*. Por outro lado, o teste das seis hipóteses na qual o intérprete pode afastar a aplicação da legislação democraticamente promulgada opera como uma espécie de limite, um "teto hermenêutico", por assim dizer. Há, nessa perspectiva, uma barreira da qual não é possível ultrapassar sob pena de entendermos a respectiva decisão como discricionária, ou seja: estando fora do Direito, a decisão será considerada como mero ato de força e, portanto, ilegítima.

O primeiro princípio determina que a decisão judicial deve preservar a *autonomia* do direito, ou seja, não pode ser pautada por critérios extrajurídicos, tais como a moral ou a política; desse princípio decorrem como corolários materiais a necessidade de respeito à rigidez do texto constitucional e da necessidade de se preservar a força normativa da Constituição.

O segundo princípio determina que a decisão judicial deve possibilitar a realização de um *controle hermenêutico*, no sentido de que todas as razões sejam devidamente expostas em demonstração clara de que os sentidos atribuídos pelo órgão julgador estão de acordo com a reconstrução da história institucional que deriva da doutrina e jurisprudência referente ao caso em questão.

O terceiro princípio determina que a decisão judicial deve garantir o respeito à *integridade* e à *coerência* do Direito; ou seja, as decisões judiciais devem se manter por seus argumentos numa forma integrada ao conjunto do Direito de determinada comunidade, e, devem, de forma coerente, aplicar os mesmos padrões interpretativos aos casos que sejam semelhantes entre si; ainda, é a partir desse princípio que deve ser observado se a decisão dada ao caso pode ser aplicada aos casos semelhantes, se tem caráter de universalidade. Enfim, em se tratando de princípio de matriz francamente dworkiana, é de se observar que obteve relevante reforço institucional em razão do advento do CPC/2015, por força do art. 926.

O quarto princípio determina que a decisão judicial deve ser proferida sob a perspectiva de que a fundamentação é um dever fundamental de juízes e tribunais, devendo ir além para reconhecer a necessidade de *fundamentar a fundamentação*; assim, nos termos do inc. IX do art. 93 da Constituição, o juiz deve explicitar as razões pelas quais compreendeu o Direito aplicável daquela forma em específico.

O quinto princípio determina que deve ser garantido que cada cidadão terá sua causa julgada em conformidade com a Constituição brasileira; ou, em outras palavras: há um direito fundamental a uma *resposta constitucionalmente adequada*; devendo ser feita referência expressa ao fato de que não se trata da melhor ou da única resposta, mas sim da resposta constitucionalmente adequada.[96]

Além desses cincos princípios elementares, também opera como elemento fundamental da teoria da decisão judicial constitucionalmente adequada o teste das seis hipóteses nas quais o julgador pode se afastar da lei. Esse teste funciona como espécie de filtro final ao momento da *applicatio*. Assim, o intérprete julgador poderá afastar a lei ou um dispositivo legal, nas seguintes hipóteses.

Em um primeiro momento, quando a *lei (o ato normativo) for inconstitucional*, caso em que o juiz deixará de aplicá-la pela via do controle de constitucionalidade difuso, ou o ato normativo deverá ser declarado inconstitucional pela via do controle concentrado.

Numa segunda hipótese, quando for o caso de aplicação dos critérios de resolução de *antinomias*. Na hipótese é necessário atentar-se com a questão constitucional, porque, *v.g.*, a *lex specialis*, que derroga a *lex generali*, pode ser inconstitucional, com o que as antinomias deixam de ser relevantes.

Numa terceira hipótese, quando for o caso de *interpretação conforme a Constituição*, ocasião em que será necessária uma adição de sentido ao texto normativo para que se tenha a plena adequação ao texto constitucional. Nesses casos, o texto normativo

---

96. STRECK, Lenio. *Verdade e Consenso*: constituição, hermenêutica e teorias discursivas. 5 ed. rev. mod. e ampl. São Paulo: Saraiva, 2014, p. 591-620; STRECK, Lenio. *Jurisdição constitucional e decisão jurídica*. 4 ed., São Paulo: Revista dos Tribunais, 2014, p. 330-347.

será integralmente mantido; a técnica da interpretação opera não sobre o texto, mas sobre a norma, ou seja, sobre o sentido do texto, adequando-o à Constituição e aos seus princípios.

Numa quarta hipótese, quando for o caso de se utilizar a técnica da *nulidade parcial sem redução de texto*, pela qual o texto normativo também será integralmente mantido, sendo alterada/ excluída apenas alguma ou algumas de suas hipóteses de sua incidência.

Numa quinta hipótese, quando for o caso de *inconstitucionalidade com redução de texto*, técnica a partir da qual a exclusão de uma palavra ou um trecho do texto normativo conduz à manutenção da constitucionalidade do dispositivo.

E, numa sexta hipótese, quando for o caso de *afastar uma regra em face de um princípio*; ressalvando-se que essa hipótese não pode ser operada num contexto de panprincipiologismo, ou seja, não há que se falar em afastamento de uma regra em face a enunciados meramente retóricos. Aqui os princípios são entendidos em sua feição gravemente deontológica. Como já dito, a partir da Crítica Hermenêutica do Direito a aplicação principiológica sempre ocorrerá, pois não há que se falar em regra sem princípio, assim como o princípio só existe a partir de uma regra. Desse modo, essa hipótese apenas se viabiliza num contexto de compromisso da comunidade jurídica na medida em que, a partir de uma exceção, casos similares exigirão, como consequência da integridade e coerência do Direito, aplicação semelhante.[97]

Fica claro, assim, o compromisso da posição teórica aqui adotada com a necessidade de se respeitar a legalidade constitucional.[98] De todo modo, é de se ressaltar que não estamos a tratar de nenhuma forma de *absolutismo legislativo*, especialmente em razão de que, conforme será abordado com vagar ao final

---

97. STRECK, Lenio. *Verdade e Consenso* ..., 2014, p. 604-605; STRECK, Lenio. *Jurisdição constitucional e decisão jurídica* ..., 2014, p. 347-348.
98. STRECK, Lenio Luiz. *Verdade e Consenso* ..., 2014, p. 604-605.

do capítulo terceiro, há nas democracias contemporâneas uma convivência sem maiores sobressaltos entre constitucionalismo e sistema democrático, de modo que não há novidade alguma em se falar que o Poder Legislativo está limitado não apenas pelas respectivas Constituições, mas também pelos tribunais que, a depender do sistema, exercem o controle de constitucionalidade das leis.[99] Desse modo, defender com plena convicção o respeito à legalidade constitucional não se confunde com qualquer tipo de absolutismo. Os elementos fundamentais da teoria da decisão judicial constitucionalmente adequada se encaixam no que podemos chamar de *sombra institucional* que decorre da convivência entre as instituições democráticas e os instrumentos de controle e garantia do constitucionalismo.

2.4. A CHD ao Positivismo: pós-positivismo[100] brasileiro?

Chamamos aqui de "pós-positivismo à brasileira" o pensamento dominante nos últimos anos no cenário jurídico brasileiro denominado neoconstitucionalismo. O objetivo do tópico é apresentar criticamente algumas das características desta linha de pensamento que se autodenomina pós-positivista, sem – conforme entendemos – enfrentar o principal traço distintivo do positivismo: a discricionariedade. Tanto pelo contrário. O neoconstitucionalismo brasileiro "aposta" boa parte das suas "fichas" no protagonismo judicial. Não por outra razão utilizamos a expressão "pós-positivismo à brasileira" que, cunhada por Lenio

---

99. STRECK, Lenio Luiz. *Verdade e Consenso* ..., 2014, p. 84-90.
100. Como já visto nas primeiras páginas deste capítulo segundo, utilizamos o conceito de pós-positivismo a partir dos termos propostos de forma pioneira por Friedrich Müller (1971) que, fazendo a devida distinção entre texto e norma viabiliza a superação das principais idiossincrasias do pensamento positivista. Sobre essa questão, ver: MÜLLER, Friedrich. *O novo paradigma do direito*: introdução à teoria e metódica estruturantes. 3 ed., rev. atual. e ampl. São Paulo: Revista dos Tribunais, 2013; adotando e comentando a posição de F. Müller, ver: OLIVEIRA, Rafael Tomaz de. *Decisão judicial e o conceito de princípio*: a hermenêutica e a (in)determinação do direito. Porto Alegre: Livraria do Advogado, 2008, p. 27-36; 170-190; ver também: ABBOUD, Georges. *Discricionariedade administrativa e judicial*: o ato administrativo e a decisão judicial. São Paulo: Revista dos Tribunais, 2014, p. 53-ss.

Streck, pretende designar posturas teóricas que colocam "o rótulo de novo em questões velhas, já bastante desgastadas."[101]

Nesse contexto, assumem o uso indiscriminado de princípios, chamado panprincipiologismo, e o decisionismo ou ativismo judicial, que são signos pelos quais reconhecemos posturas discricionárias. Como se verá, existe entre essas duas "categorias" uma relação de causa e efeito. Ou seja, o uso indiscriminado de princípios jurídicos, notadamente no âmbito da jurisdição constitucional, funciona como forma de operacionalizar o ativismo judicial e sua miríade de decisões discricionárias (arbitrárias).[102]

Antes de seguirmos em frente é necessário abrir um parêntese: o termo *ativismo judicial* é utilizado de forma bastante diversa por Lenio Streck e por Luís Roberto Barroso[103] – homenageado com a crítica de Lenio Streck em razão da uma entrevista que concedeu à *Folha de S. Paulo*.[104] Roberto Barroso entende que o ativismo judicial nada mais é que um modo proativo de interpretar a Constituição Federal e que, no caso brasileiro, essa atitude decorre naturalmente da retração do Poder Legislativo e do descompasso entre a classe política e a sociedade civil, circunstância que impede "que determinadas demandas sociais sejam atendidas

---

101. STRECK, Lenio Luiz. *Verdade e Consenso*: constituição, hermenêutica e teorias discursivas. 5 ed. rev. mod. e ampl. São Paulo: Saraiva, 2014, p. 48-49.
102. STRECK, Lenio Luiz. *O que é isto – decido conforme minha consciência?* 4 ed. rev. Porto Alegre: Livraria do Advogado Editora, 2013, p. 24; STRECK, Lenio Luiz. *Compreender direito:* desvelando as obviedades do discurso jurídico. São Paulo: Editora Revista dos Tribunais, 2013;
103. A crítica que aqui apresentamos com base na CHD é à *posição acadêmica* do ministro do Supremo Tribunal Federal Luís Roberto Barroso. Sua doutrina já mereceria um diálogo crítico e qualificado pela posição de liderança que ocupa entre os doutrinadores neoconstitucionalistas. Circunstância que recebe maior dimensão quando o referido autor assume uma cadeira no Supremo Tribunal Federal, o que traz suas posições acadêmicas ainda mais ao centro do debate crítico. Feito esse apontamento, reiteramos: eventual crítica é ao professor Barroso. Em havendo posicionamento diferente faremos referência expressa.
104. BARROSO, Luís Roberto. Inércia do Congresso traz riscos para a democracia. Folha de São Paulo. Disponível em: http://www1.folha.uol.com.br/poder/poderepolitica/2013/12/1388727-entrevista-com-luis-roberto-barroso.shtml. Acesso em 26 de maio de 2014.

de maneira efetiva".[105] Lenio Streck, por outro lado, emprega conotação pejorativa ao termo *ativismo judicial*, entendendo-o como uma forma de atuação inadequada da jurisdição constitucional porque – descumprindo seu papel dentro do Estado Democrático de Direito e de forma ilegítima –, usurpa as funções do Poder Legislativo. O *ativismo judicial*, pela CHD de Lenio Streck, implica a "falta de limites no processo interpretativo", [106] possibilitando a conclusão de que "o-direito-é-aquilo-que-os-tribunais-dizem--que-é" – postura tipicamente realista.[107]

Ainda no parêntese, um último comentário. Quando Roberto Barroso afirma que o antônimo de *ativismo judicial* é *autocontenção judicial*, argumentando que essa autocontenção se caracteriza pela "forte deferência às ações e omissões" dos poderes políticos,[108] ele parece estar atestando a tese de Lenio Streck de que o *ativismo judicial* configura, em maior ou menor medida, uma "corrupção na relação entre os Poderes",[109] ou seja, uma usurpação de poder político. Nesse sentido basta lembrar a opinião de Roberto Barroso sobre o Poder Judiciário como *motor da história* na entrevista à *Folha de S. Paulo*. E aqui fechamos o parêntese.

Assim, sobre o pós-positivismo à brasileira e o uso indiscriminado de princípios, Lenio Streck afirma que a "era dos princípios constitucionais" é decorrência não só do surgimento de novos textos e ordens constitucionais, mas também da positivação dos valores, circunstância que "facilita a 'criação' de todo

---

105. BARROSO, Luís Roberto. *O controle de constitucionalidade no direito brasileiro*: exposição sistemática da doutrina e análise crítica da jurisprudência. 5. ed. rev. e atual. São Paulo: Saraiva, 2011, p. 363-366.
106. STRECK, Lenio Luiz. *Verdade e Consenso*: constituição, hermenêutica e teorias discursivas. 5 ed. rev. mod. e ampl. São Paulo: Saraiva, 2014, p. 64.
107. STRECK, Lenio Luiz. O Realismo ou "Quando Tudo Pode Ser Inconstitucional". *Revista Consultor Jurídico*. Disponível em http://www.conjur.com.br/2014-jan-02/senso-incomum--realismo-ou-quando-tudo-inconstitucional. Acesso em: 26 de maio de 2014.
108. BARROSO, Luís Roberto. Inércia do Congresso traz riscos para a democracia. Folha de São Paulo. Disponível em: <http://www1.folha.uol.com.br/poder/poderepolitica/2013/12/1388727-entrevista-com-luis-roberto-barroso.shtml>. Acesso em 26 de maio de 2014.
109. STRECK, Lenio Luiz. *Verdade e Consenso* ..., 2014, p. 65.

tipo de princípio."[110] Essa proliferação representa o aumento na dificuldade de se reconhecer o DNA jurídico de diversos princípios, o que acarreta uma fragilização do direito e dificulta a busca pela sua autonomia. A criação de um princípio serve como álibi para decisões que violam os limites semânticos do texto constitucional; ou seja, "na falta de um 'princípio' aplicável, o próprio intérprete pode criá-lo."[111] São enunciados criados *ad hoc*, tautológicos, com pretensões de correção do Direito e a partir dos quais qualquer resposta pode ser correta. Nesse contexto, Lenio Streck apresenta um elenco de trinta e nove princípios que servem de exemplo do "estado das coisas".[112] Dentre eles, o princípio da não surpresa, o princípio da afetividade, o princípio do processo tempestivo, o princípio da alteridade e o princípio da humanidade.[113]

A questão referente ao abuso de princípios pela jurisdição constitucional também recebeu atenção de Marcelo Neves que,

---

110. STRECK, Lenio Luiz. Verdade e Consenso ..., 2014, p. 525.
111. STRECK, Lenio Luiz. *Verdade e Consenso* ..., 2014, p. 545.
112. STRECK, Lenio Luiz. *Verdade e Consenso*: constituição, hermenêutica e teorias discursivas. 5 ed. rev. mod. e ampl. São Paulo: Saraiva, 2014, p. 526-541.
113. A Lista completa apresentada por Lenio Streck em seu *Verdade e Consenso*: princípio da simetria, princípio da efetividade da Constituição, princípio da precaução, princípio da não surpresa, princípio da confiança, princípio da absoluta prioridade dos direitos da criança e do adolescente, princípio da afetividade, princípio do processo tempestivo, princípio da ubiquidade, princípio do fato consumado, princípio do deduzido e do dedutível, princípio da instrumentalidade processual, princípio da delação impositiva, princípio protetor no direito do trabalho (e seus subprincípios: da norma mais favorável, da imperatividade das normas trabalhistas, da indisponibilidade dos direitos trabalhistas, da condição mais benéfica, da inalterabilidade contratual lesiva, da intangibilidade contratual objetiva, da intangibilidade salarial, da primazia da realidade sobre a forma, da continuidade da relação de emprego, do *in dubio pro operario*, e o princípio do maior rendimento), princípio da alteridade, princípio da tipicidade fechada, princípio da cooperação processual, princípio da confiança no juiz da causa, princípio da humanidade, princípio da benignidade, princípio da não ingerência, princípio da paternidade responsável, princípio do autogoverno da magistratura, princípio da moderação, princípio da situação excepcional consolidada, princípio da jurisdição equivalente, princípio da felicidade, princípio da indenizabilidade irrestrita, princípio lógico no processo civil, princípio da recursividade, princípio da dialeticidade, princípio da elasticidade ou adaptabilidade processual, princípio da continuidade do serviço público, princípio da cortesia, princípio da inalterabilidade ou da inviolabilidade da sentença, princípio da adequação, princípio da pureza ou da exclusividade orçamentária, princípio da beneficência de Hipócrates, princípio da autonomia universitária. Ver: *Verdade e Consenso* ... 2014, p. 524-541.

em ácido artigo publicado pelo Observatório Constitucional, citou o caso da declaração de inconstitucionalidade de lei estadual que autorizava briga de galos[114] (ADI 1.856/RJ), e o caso da delimitação de competências do Conselho Nacional de Justiça, ocasião em que se debateu acerca da constitucionalidade dos dispositivos da Lei Orgânica da Magistratura que impunham o julgamento secreto dos magistrados (ADI 4.638/DF). Ambos os casos decididos com base no princípio da dignidade da pessoa humana. Segundo Marcelo Neves, o primeiro caso deveria ser solvido com base no artigo 225, parágrafo 1º, inciso VII, da Constituição Federal, e o segundo permite inferir que "a dignidade da pessoa humana pertence aos magistrados, não aos cidadãos comuns, julgados publicamente." Assim, defende a tese de que o deslumbre das categorias do "neoconstitucionalismo" e a consequente trivialização e banalização no trato dos princípios constitucionais servem, inclusive, "para encobrir decisões orientadas à satisfação de interesses particularistas", tendo em vista que o uso e a criação indiscriminada de princípios jurídicos justificam sua aplicação "a qualquer situação, comportando todos os sentidos, conforme o contexto do ritual ou da magia, sem critérios."

A hermenêutica tem como tarefa principal preservar a força normativa da constituição e a autonomia do direito.[115] Assim, servindo para a utilização de argumentos *ad hoc* que se prestam à pior das arbitrariedades que é o afastamento da legislação democraticamente promulgada e, sua versão qualificada, que é o afastamento e desconsideração do próprio texto legal, o panprincipiologismo não apenas fragiliza a autonomia do Direito como se coloca em posição de violação da própria democracia. Nesse contexto é que, quanto às ameaças à autonomia do direito

---

114. NEVES, Marcelo. Abuso de princípios no Supremo Tribunal Federal. Disponível em: http://www.conjur.com.br/2012-out-27/observatorio-constitucional-abuso-principios--supremo-tribunal Acesso em: 27 de maio de 2014. Abordando essa mesma questão, ver: NEVES, Marcelo. *Entre Hidra e Hércules*: princípios e regras constitucionais. São Paulo: WMF Martins Fontes, 2013, p. IX-XIII.
115. STRECK, Lenio Luiz. *Verdade e Consenso* ..., 2014, p. 600.

trazidas pelo pós-positivismo à brasileira, Lenio Streck aponta para duas espécies: a) *predadores endógenos* – o senso comum teórico acrítico da dogmática jurídica; o panprincipiologismo; os embargos de declaração; as teses que relativizam a coisa julgada; e a aposta na discricionariedade judicial; e b) *predadores exógenos* – o uso da moral como corretiva do direito; as constantes reformas políticas que fragilizam os direitos fundamentais; e o discurso *law economics*, que pretende colocar o direito como caudatário de decisões pragmatistas.[116]

Desse modo é que, dentro do que vimos neste tópico e recorrendo às lições de Andrea Ferreira de que "para Jerome Frank, um dos corifeus do movimento norte-americano, as normas legais não constituem a base para a decisão judicial, que estão, em verdade, condicionadas por emoções (o fator primordial para a decretação da sentença são a personalidade do magistrado e as suas convicções pessoais – aspecto psicológico)",[117] nos parece razoável fazer um paralelo aproximativo entre o pós-positivismo à brasileira (neoconstitucionalismo) com o Realismo Jurídico para, desse modo, enquadrá-los como predadores exógenos à autonomia do Direito, conforme mencionado acima.

Posições essas francamente antagonistas ao marco teórico aqui adotado, e a partir do qual o respeito à legalidade constitucional é uma questão absolutamente relevante num regime democrático, não podendo ser flexibilizada pelo uso meramente retórico de princípios jurídicos. A legalidade constitucional é um avanço civilizatório que serve como forma de exclusão dos arbítrios e da prepotência de todos os poderes constituídos.[118]

---

116. STRECK, Lenio Luiz. *Verdade e Consenso* ..., 2014, p. 602.
117. ANDREA FERREIRA, Fernando Galvão de. Realismo Jurídico. *Dicionário de Filosofia do Direito*. Coord. Vicente de Paulo Barreto. São Leopoldo: Unisinos, 2009.
118. CANOTILHO, J.J. Gomes; MOREIRA, Vital Martins. *Fundamentos da Constituição*. Coimbra: Coimbra Editora, 1991, pp. 92-ss; STRECK, Lenio Luiz; BOLZAN, Jose Luis. *Ciência política e teoria do estado*. 8 ed., rev. e atual. Porto Alegre: Livraria do Advogado Ed., 2014, pp. 99-100.

2.5. Deixando evidente a importância da Crítica Hermenêutica do Direito: a "letra fria da lei" como um *case* doutrinário paradigma[119]

O presente tópico parte da leitura de uma obra específica[120] com o intuito de aferir os principais argumentos apresentados por autores de relevo na defesa de uma atuação ativista e proativa (aqui considerados sinônimos) do Poder Judiciário no contexto da judicialização de políticas públicas. A partir da exposição e análise desses argumentos tentamos apresentar um contraponto, tanto sob perspectiva estritamente jurídica, quanto trazendo argumentos e dados produzidos por pesquisadores especialistas em Saúde Pública.

Ainda, antes de ingressar no cerne do presente tópico, é pertinente que se faça uma indicação dos conceitos a partir dos quais se trava o debate e o que se entende por eles, quais sentidos se lhe atribuem. Sem prejuízo, evidentemente, de que a indicação dos conceitos (sentidos) que serão adotados aponta, já, uma tomada de posição quanto à questão do ativismo/judicialização de políticas públicas, tomada de posição que se justifica dentro do marco teórico aqui adotado.

Pois bem, ainda que as linhas divisórias entre o conceito de judicialização da política e ativismo judicial confundam-se em ambiente nebuloso, é possível afirmar, com Clarissa Tassinari,[121] que a judicialização da política é uma circunstância inevitável, altamente contingencial, decorrente de um feixe de circunstâncias e combinação de contextos que foge à atuação judicial

---

119. É de se fazer constar que algumas reflexões aqui contidas foram, muito embora revisadas e ampliadas, retiradas do nosso artigo *"Decisão judicial e políticas públicas: o juiz, a lei e o termômetro"*, disponível em: Constituição, Economia e Desenvolvimento: Revista da Academia Brasileira de Direito Constitucional. Curitiba, 2015, vol. 7, n. 13, Jul./Dez. p. 476-495.

120. GRINOVER, Ada Pellegrini; WATANABE, Kazuo (coords.). *O controle jurisdicional de políticas públicas*. 2 ed., Rio de Janeiro: Forense, 2013.

121. TASSINARI, Clarissa. *Jurisdição e ativismo judicial*: limites da atuação do Judiciário. Porto Alegre: Livraria do Advogado, 2013.

propriamente dita. A referência que se faz é ao constitucionalismo contemporâneo que propôs uma cultura (tradição) de limites ao exercício de um Poder que vincula – impondo limites e obrigações – todos seus nichos ao texto constitucional, um Executivo que se baralha e tropeça em prestar serviços públicos no tempo e modo devidos, e a uma prolixa Constituição da República que abraça a tudo e a todos e, diz-se, "só não traz a pessoa amada em três dias."[122]

Há que se concordar que esse parece ser um cenário bastante propício a uma sobrecarga de litígios perante o Judiciário cujo objeto serão políticas públicas precariamente prestadas ou não prestadas pelo Poder Público. Nas palavras de Tassinari, diferentemente do ativismo judicial, a judicialização da política é derivada "de uma série de fatores originalmente alheios à jurisdição, que possuem seu ponto inicial em um maior e mais amplo reconhecimento de direitos, passam pela ineficiência do Estado em implementá-los e desaguam no aumento da litigiosidade."[123]

Em contraponto à judicialização da política que, aqui, é considerada como o resultado de uma combinação de fatores externa ao Direito, de um "imaginário social e político"[124] alheio à atuação jurisdicional propriamente dita, o ativismo judicial é considerado, aqui, como uma questão jurídica *stricto sensu*. Ainda mais especificamente, falar em ativismo judicial é falar sobre o modo como se dá a decisão judicial, é falar em compreensão e interpretação do Direito.

---

122. Essa expressão é costumeiramente dita em entrevistas e palestras por Luís Roberto Barroso em tom de descontração. Em: FOLHA DE SÃO PAULO, Caderno Poder, Indicado ao Supremo critica excesso de emendas à Constituição, Disponível em: http://www1.folha.uol.com.br/poder/2013/05/1284313-indicado-ao-stf-barroso-critica--excesso-de-emendas-a-constituicao.shtml; CONJUR, Judicialização da Vida: "Só tema chinfrim não pode ser levado ao Supremo", Disponível em: http://www.conjur.com.br/2014-ago-09/tema-chinfrim-nao-levado-supremo-critica-barroso.
123. TASSINARI, Clarissa. *Jurisdição e ativismo judicial*: limites da atuação do Judiciário. Porto Alegre: Livraria do Advogado, 2013, p. 32.
124. TASSINARI, Clarissa. *Jurisdição e ativismo judicial*: limites da atuação do Judiciário. Porto Alegre: Livraria do Advogado, 2013, p. 55.

Roberto Barroso, como já indicado acima, entende que o ativismo judicial nada mais é que um modo proativo de interpretar a Constituição Federal e que, no caso brasileiro, essa atitude decorre naturalmente da retração do Poder Legislativo e do descompasso entre a classe política e a sociedade civil, circunstância que impede "que determinadas demandas sociais sejam atendidas de maneira efetiva."[125] De outro lado, Lenio Streck emprega carga pejorativa ao termo *ativismo judicial*, entendendo-o como uma forma de atuação inadequada da jurisdição constitucional.[126] Assim, a partir da CHD, o *ativismo judicial* implica a "falta de limites no processo interpretativo;"[127] seria, como visto no tópico anterior, uma espécie de repristinação do realismo jurídico norte-americano à brasileira que reduz o Direito ao mero elenco de decisões judiciais, a partir da máxima de que o Direito é o que os tribunais dizem que é.[128]

"Política é o universo da vontade",[129] foi o que acertadamente disse Roberto Barroso em recente palestra. Parece ser essa, igualmente, a característica de um atuar ativista do Judiciário: judicar com base na vontade político-individual (solipsista) do juiz. Sob o signo do ativismo, nos diz Garapon, o juiz atua movido pelo seu desejo de trancar ou de acelerar determinada mudança social.[130] O juiz ativista é, portanto, um personagem determinante nos caminhos políticos de uma dada comunidade dentro da qual é

---

125. BARROSO, Luís Roberto. *O controle de constitucionalidade no direito brasileiro*: exposição sistemática da doutrina e análise crítica da jurisprudência. 5. ed. rev. e atual. São Paulo: Saraiva, 2011, p. 363-366.
126. STRECK, Lenio Luiz. *Compreender direito*: desvelando as obviedades do discurso jurídico. São Paulo: Editora Revista dos Tribunais, 2013, p. 117; STRECK, Lenio Luiz. *Verdade e Consenso*: constituição, hermenêutica e teorias discursivas. 5 ed. rev. mod. e ampl. São Paulo: Saraiva, 2014, 61-66.
127. STRECK, Lenio Luiz. *Verdade e Consenso*: constituição, hermenêutica e teorias discursivas. 5 ed. rev. mod. e ampl. São Paulo: Saraiva, 2014, p. 64.
128. STRECK, Lenio Luiz. *O Realismo ou "Quando Tudo Pode Ser Inconstitucional"*. Disponível em http://www.conjur.com.br/2014-jan-02/senso-incomum-realismo-ou-quando-tudo-inconstitucional. Acesso em: 26 de maio de 2014.
129. BARROSO, Luis Roberto. Palestra UniCEUB. Exposição oral: *Judicialização e Ativismo Judicial*. Disponível em: <https://www.youtube.com/watch?v=idAWyb9QGDs>. Acesso em: 16/03/2015.
130. GARAPON, Antonie. *O guardador de promessas*. Lisboa: Instituto Piaget, 1998, p. 54.

construído um cenário de "predomínio das instâncias jurisdicionais sobre as instituições democráticas."[131] Um acréscimo se faz necessário: nessa perspectiva, o juiz é um personagem determinante dos caminhos políticos a partir de suas próprias convicções, ideologias, limites (ou falta de) morais, etc.

Feita essa diferenciação propedêutica entre judicialização de políticas públicas e ativismo judicial, passamos a expor e analisar a forma como a atuação de juízes e tribunais perante políticas públicas vem sendo colocada por teóricos de relevo.

Nesse sentido, Ada Pellegrini Grinover e Kazuo Watanabe coordenaram importante coletânea sobre o tema de fundo deste tópico intitulado "O controle jurisdicional de políticas públicas".[132] Pareceu-nos pertinente indicar alguns dos argumentos encontrados na obra e, a partir deles, tecer alguns comentários de modo a ilustrar nossas dúvidas e inquietações que surgem quando se reflete sobre a questão a partir da Crítica Hermenêutica do Direito.

Maria Tereza Sadek, em seu texto titulado *Judiciário e arena pública: um olhar a partir da Ciência Política*[133], partindo da premissa de que não pretende desenvolver uma perspectiva jurídica no sentido do "dever-ser", mas sim observar a *"verità effettuale"* das coisas como elas são,[134] chega à correta conclusão de que, hoje, os magistrados atuam de forma decisiva na arena pública; cita, como exemplos que pretendem confirmar a tese, os casos julgados pelo Supremo Tribunal Federal acerca da fidelidade partidária, da

---

131. TASSINARI, Clarissa. *Jurisdição e ativismo judicial*: limites da atuação do Judiciário. Porto Alegre: Livraria do Advogado, 2013, p. 62.
132. GRINOVER, Ada Pellegrini; WATANABE, Kazuo (coords.). *O controle jurisdicional de políticas públicas*. 2 ed., Rio de Janeiro: Forense, 2013.
133. SADEK, Maria Tereza. Judiciário e arena política: um olhar a partir da Ciência Política. *in O controle jurisdicional de políticas públicas*. 2 ed., Rio de Janeiro: Forense, 2013, pp. 1-32.
134. SADEK, Maria Tereza. Judiciário e arena política: um olhar a partir da Ciência Política. *in O controle jurisdicional de políticas públicas*. 2 ed., Rio de Janeiro: Forense, 2013, pp. 1-2

greve de servidores públicos, do nepotismo, do uso de algemas, das células-tronco e da demarcação das terras indígenas.[135]

O Poder Judiciário, portanto, tem marcado presença na arena política, aonde seus membros participam ativamente dos fatos mais relevantes da vida partidária eleitoral, econômica, social, atributiva ou restritiva de direito. No particular, não há qualquer divergência com Sadek.

A autora procura justificar essa atuação política do Judiciário indicando que essa não é uma circunstância tributária do acaso. O atuar nitidamente ativista do Poder Judiciário, segundo Sadek, é decorrência de determinações implícitas do modelo institucional.[136] Nesse sentido, explica, dois são os grandes modelos institucionais que se desenvolveram com destaque: o presidencialismo e o parlamentarismo. O modelo parlamentarista teve como propósito a transferência de poder das mãos do monarca para o Parlamento, de forma que a conclusão é a de que o poder está de fato concentrado no legislativo. O modelo presidencialista, de outra ponta, teria sido desenvolvido a partir da ideia do enfraquecimento do Poder. Aqui, o engenho central é a divisão do poder do Estado. Dentro desse modelo, diferentes polos de Poder deveriam ser (e foram) criados; premissa que permitiria a conclusão de que o Judiciário foi erigido como instituição de igual peso frente ao Executivo e ao Legislativo.[137]

Sadek evolui no raciocínio e afirma que a partir do segundo pós-guerra há um questionamento acerca da concepção meramente formal de igualdade[138] sob o argumento de que os direitos

---

135. SADEK, Maria Tereza. Judiciário e arena política: um olhar a partir da Ciência Política. in O controle jurisdicional de políticas públicas. 2 ed., Rio de Janeiro: Forense, 2013, p. 2.
136. SADEK, Maria Tereza. Judiciário e arena política: um olhar a partir da Ciência Política. in O controle jurisdicional de políticas públicas. 2 ed., Rio de Janeiro: Forense, 2013, pp. 4-ss.
137. SADEK, Maria Tereza. Judiciário e arena política: um olhar a partir da Ciência Política. in O controle jurisdicional de políticas públicas. 2 ed., Rio de Janeiro: Forense, 2013, pp. 4-6.
138. Para uma abordagem exauriente das questões todas referentes aos conteúdos do conceito de igualdade, consultar: GUEDES, Jefferson Carús. Igualdade e desigualdade: introdução conceitual, normativa e histórica dos princípios. São Paulo: Revista dos Tribunais, 2014.

sociais têm por objetivo um padrão mínimo de igualdade no que se refere ao usufruto dos bens coletivos. Esse apanhado histórico nos leva ao momento atual em que implementações de políticas afirmativas exigem que não apenas a lei, mas também o poder público interfira na redução da desigualdade concreta.[139]

É nesse contexto que, segundo a autora, o "juiz boca da lei" perde espaço e que o Poder Judiciário passa de mero leitor da letra fria da lei a ator político.[140] Essa conclusão decorre, segundo a autora, do sistema presidencialista em que se constitui o Judiciário como poder de Estado e do consequente ingresso dos magistrados na arena política; circunstâncias que acabam por definir a estrutura de poder deste modelo institucional. O magistrado contemporâneo converteu-se, assim, em ator político. O raciocínio de Sadek é bastante claro:

> O que se deseja salientar é que uma proporção expressiva de magistrados sobreleva a identidade do juiz delimitada pela mera aplicação da lei. A definição do papel do juiz como a de um ator político envolve o reconhecimento de que suas atribuições produzem impactos sociais, econômicos e políticos. Esse protagonismo que rejeita ou supera o "juiz boca da lei" institui um juiz corresponsável pela concretização dos direitos e, nessa medida, um agente com atuação na arena pública.[141]

---

139. SADEK, Maria Tereza. Judiciário e arena política: um olhar a partir da Ciência Política. *in O controle jurisdicional de políticas públicas*. 2 ed., Rio de Janeiro: Forense, 2013, pp. 7-ss.
140. SADEK, Maria Tereza. Judiciário e arena política: um olhar a partir da Ciência Política. *in O controle jurisdicional de políticas públicas*. 2 ed., Rio de Janeiro: Forense, 2013, p. 13.
    O entendimento de Sadek acerca da aplicação da "letra fria da lei" parece encontrar incentivo em manifestação de Nancy Andrighi, ministra do Superior Tribunal de Justiça, por ocasião da publicação do Anuário da Justiça do ano de 2010 em que afirmou que "a finalidade precípua do Poder Judiciário é proporcionar a pacificação social e isso, muitas vezes, exige temperamento na interpretação do ordenamento jurídico, pois a aplicação da letra fria da lei pode conduzir a enormes injustiças sociais e econômicas." (destaque nosso) Cf. SADEK, Maria Tereza. Judiciário e arena política: um olhar a partir da Ciência Política. *in O controle jurisdicional de políticas públicas*. 2 ed., Rio de Janeiro: Forense, 2013, p. 22.
141. SADEK, Maria Tereza. Judiciário e arena política: um olhar a partir da Ciência Política. *in O controle jurisdicional de políticas públicas*. 2 ed., Rio de Janeiro: Forense, 2013, p. 22.

Em vias de encerrar o seu texto, Sadek ressalta que na ótica micro da problemática do ativismo, há hipóteses em que o juiz se depara com questões dramáticas em que tem que optar pela vida ou pela morte.[142] Em circunstâncias desse jaez, informa a autora, os magistrados têm garantido o pleito do demandante a despeito de qualquer constrangimento de natureza material. Nesse cenário a questão da saúde é especialmente importante e tem tido prevalência em face de questões orçamentárias.

Observa, por fim, que a atuação do judiciário tem provocado ao menos três efeitos: (i) resultado pedagógico no sentido de forçar a Administração Pública a alocar mais recursos na área da saúde; (ii) um efeito de estímulo a um maior número de demandas; e (iii) ilustrar a importância da atualização de protocolos referentes à saúde.[143] Além dos efeitos mencionados, Sadek afirma ser provável que sem o ativismo do judicial seria ainda maior o número de unidades federativas que não obedecem ao preceito constitucional que determina o investimento mínimo de 12% dos recursos em saúde pública.[144]

Outro texto que nos pareceu digno de nota é o escrito por Hermes Zaneti Jr. intitulado *Teoria da separação dos poderes e o estado democrático constitucional: funções de governo e funções de garantia*.[145] Zaneti pretende demonstrar que a ideia de que o Poder Judiciário tem uma estrutura inadequada para determinar o planejamento e a implementação de políticas públicas configura uma restrição inadequada; não passando de uma "leitura pobre"

---

142. SADEK, Maria Tereza. Judiciário e arena política: um olhar a partir da Ciência Política. *in O controle jurisdicional de políticas públicas.* 2 ed., Rio de Janeiro: Forense, 2013, p. 25.
143. SADEK, Maria Tereza. Judiciário e arena política: um olhar a partir da Ciência Política. *in O controle jurisdicional de políticas públicas.* 2 ed., Rio de Janeiro: Forense, 2013, pp. 26-ss.
144. A autora indica, em importantíssimo quadro analítico, que, no ano de 2008, 13 das 27 entidades federadas desrespeitaram o limite mínimo de investimento em saúde pública. Fonte: Ministério da Saúde. *Cf.* SADEK, Maria Tereza. Judiciário e arena política: um olhar a partir da Ciência Política. *in O controle jurisdicional de políticas públicas.* 2 ed., Rio de Janeiro: Forense, 2013, p. 27.
145. ZANETI Jr., Hermes. A teoria da separação dos poderes e o Estado Democrático Constitucional: Funções de Governo e Funções de Garantia. *in O controle jurisdicional de políticas públicas.* 2 ed., Rio de Janeiro: Forense, 2013, pp. 33-72.

que constitui um "verdadeiro óbice ideológico".[146] O fundamento é o de que a lei e o gestor público são conformados (pautados) pelos direitos fundamentais.

O autor afirma que é a própria Constituição da República prevê um modelo de democracia ativista em cujo desenho, o Judiciário funciona como o responsável, via *judicial review*, pela "implementação de políticas públicas (escolhas políticas) pautadas pelos direitos fundamentais".[147] Importante argumento para essa leitura do desenho constitucional brasileiro, nos diz Zaneti, é o fato de que sempre que um texto constitucional menciona um direito ou um dever, ele é judicializável.[148]

Zaneti faz um apanhado histórico no intuito de mostrar que ao Judiciário era relegada, sob a perspectiva de uma teoria de "separação estanque de poderes",[149] uma função meramente corretiva. O modelo ultrapassado em referência é o típico *laisser-feire* com foco na proteção do indivíduo frente às eventuais ingerências do Estado.

Em análise do contemporâneo contexto nacional, Zaneti sentencia: "padecemos de uma grave deficiência crônica no aspecto administrativo, resultando que, do ponto de vista de um observador externo, nosso legislador é *idealista*, nosso administrador é *ineficaz*."[150] A tese que o autor propõe é a de que o nosso modelo é marcado fortemente pelo neoconstitucionalismo, que

---

146. ZANETI Jr., Hermes. A teoria da separação dos poderes e o Estado Democrático Constitucional: Funções de Governo e Funções de Garantia. *in O controle jurisdicional de políticas públicas*. 2 ed., Rio de Janeiro: Forense, 2013, p. 34.

147. ZANETI Jr., Hermes. A teoria da separação dos poderes e o Estado Democrático Constitucional: Funções de Governo e Funções de Garantia. *in O controle jurisdicional de políticas públicas*. 2 ed., Rio de Janeiro: Forense, 2013, p. 35.

148. ZANETI Jr., Hermes. A teoria da separação dos poderes e o Estado Democrático Constitucional: Funções de Governo e Funções de Garantia. *in O controle jurisdicional de políticas públicas*. 2 ed., Rio de Janeiro: Forense, 2013, p. 36.

149. ZANETI Jr., Hermes. A teoria da separação dos poderes e o Estado Democrático Constitucional: Funções de Governo e Funções de Garantia. *in O controle jurisdicional de políticas públicas*. 2 ed., Rio de Janeiro: Forense, 2013, p. 38.

150. ZANETI Jr., Hermes. A teoria da separação dos poderes e o Estado Democrático Constitucional: Funções de Governo e Funções de Garantia. *in O controle jurisdicional de políticas públicas*. 2 ed., Rio de Janeiro: Forense, 2013, p. 40.

se traduz em três linhas principais, quais sejam: marco histórico: na Constituição de 1891 e a partir da CRFB/88; marco filosófico: superação da lei como única fonte do direito e da diferenciação radical entre moral e direito; e o marco teórico: o papel da força normativa da constituição (direitos fundamentais) e das novas técnicas de interpretação.[151]

Dessa nova visão, surge a previsível tensão entre um direito social previsto normativamente e a alegação de falta ou insuficiência de uma política pública apta a atender o comando constitucional. Nesse contexto é que, diz Zaneti, o processo judicial em contraditório permite a individualização do problema que pode resultar na composição, numa solução de compromisso ou, ainda, na solução conforme a justiça para o caso concreto dentro da pauta dos direitos fundamentais.[152] De acordo com a linha de raciocínio do autor, a diferença entre os Poderes reside exclusivamente no modo pelo qual exercem sua legitimidade. O Executivo e o Legislativo pela representação popular e o Judiciário pela Constituição e pelas Leis – este possuindo ainda a função contramajoritária, assegurando limites e vínculos derivados do modelo constitucional.[153]

Para ilustrar o modelo de Estado Constitucional defendido, o texto cita um julgado do Superior Tribunal de Justiça (Resp 169.876/SP, Rel. Min. Franciulli Netto). Na hipótese o Ministério Público pleiteou que o município destinasse um imóvel para a instalação de um abrigo; pleito negado pelo Tribunal da Cidadania sob o argumento de que "a municipalidade tem liberdade de escolher aonde devem ser aplicadas as verbas orçamentárias e o que deve ter prioridade." Em hipóteses tais, defende Zaneti que

---

151. ZANETI Jr., Hermes. A teoria da separação dos poderes e o Estado Democrático Constitucional: Funções de Governo e Funções de Garantia. *in O controle jurisdicional de políticas públicas*. 2 ed., Rio de Janeiro: Forense, 2013, pp. 41-42.
152. ZANETI Jr., Hermes. A teoria da separação dos poderes e o Estado Democrático Constitucional: Funções de Governo e Funções de Garantia. *in O controle jurisdicional de políticas públicas*. 2 ed., Rio de Janeiro: Forense, 2013, p. 45.
153. ZANETI Jr., Hermes. A teoria da separação dos poderes e o Estado Democrático Constitucional: Funções de Governo e Funções de Garantia. *in O controle jurisdicional de políticas públicas*. 2 ed., Rio de Janeiro: Forense, 2013, pp. 49-50.

deve ser discutido, com base no método da proporcionalidade e da ponderação, se, em vista da colisão de direitos fundamentais, o legislador tem de fato liberdade, "cabendo ao Poder Judiciário a verificação, no caso concreto, segundo condicionantes fáticas (necessidade e adequação) e jurídicas (proporcionalidade em sentido estrito), de qual a margem de discricionariedade do legislador e da Administração Pública."[154]

Essas e outras reflexões levam Zaneti à conclusão de que o controle judicial de políticas públicas não pode se restringir exclusivamente às hipóteses de ofensa ao mínimo existencial; que ultrapassadas as linhas da *proteção do excesso* e da *proteção insuficiente*, a intervenção do Judiciário é obrigatória; e que a modificação, alteração ou, ainda, a criação de políticas públicas pelo Judiciário depende de fundamentação adequada.[155]

Por fim, o texto da Ada Pellegrini Grinover[156] sustenta sua linha de raciocínio na afirmação de que na teoria clássica da tripartição de poderes o juiz estava sujeito ao império da lei; a autora faz referência ao juiz "boca da lei".[157] Afirma, igualmente, que no moderno Estado Democrático de Direito já não se pode falar na neutralização – *no sentido do juiz neutro* – da atividade do Poder judiciário.

Os exemplos apontados no texto parecem corroborar com a linha de raciocínio desenvolvida ao lembrar que "o mesmo entendimento foi adotado pelo Superior Tribunal de Justiça em diversas oportunidades, salientando-se o direito à integralidade da assistência à saúde a ser prestado pelo Estado, de forma

---

154. ZANETI Jr., Hermes. A teoria da separação dos poderes e o Estado Democrático Constitucional: Funções de Governo e Funções de Garantia. *in O controle jurisdicional de políticas públicas.* 2 ed., Rio de Janeiro: Forense, 2013, p. 54.
155. ZANETI Jr., Hermes. A teoria da separação dos poderes e o Estado Democrático Constitucional: Funções de Governo e Funções de Garantia. *in O controle jurisdicional de políticas públicas.* 2 ed., Rio de Janeiro: Forense, 2013, pp. 67-68.
156. GRINOVER, Ada Pellegrini. O controle jurisdicional de políticas públicas. *in O controle jurisdicional de políticas públicas.* 2 ed., Rio de Janeiro: Forense, 2013, pp. 125-150.
157. GRINOVER, Ada Pellegrini. O controle jurisdicional de políticas públicas. *in O controle jurisdicional de políticas públicas.* 2 ed., Rio de Janeiro: Forense, 2013, p. 126.

individual ou coletiva."¹⁵⁸; na mesma passagem, Grinover aponta o raio de atuação e comando do Judiciário ao afirmar que "uma vez demonstrada a necessidade de obras objetivando a recuperação do solo, cumpre ao Poder Judiciário proceder à outorga da tutela específica para que a Administração destine verba própria do orçamento para esse fim."¹⁵⁹

O Poder Judiciário, nesse mister, deve utilizar, segundo defende Grinover, como referencial teórico a razoabilidade, medida pela aplicação do princípio constitucional da proporcionalidade.¹⁶⁰ Sob essa perspectiva, deve o Judiciário apreciar "pelo lado do autor, *a razoabilidade da pretensão individual/social deduzida em face do Poder Público*. E, por parte do Poder Público, *a escolha do agente público deve ter sido desarrazoada*." ¹⁶¹

Concluindo sua linha de raciocínio quanto ao ponto, Grinover conclui que "a intervenção judicial nas políticas públicas só poderá ocorrer em situações em que ficar demonstrada a irrazoabilidade do ato discricionário praticado pelo Poder Público, devendo o juiz pautar sua análise em atenção ao princípio da proporcionalidade." ¹⁶²

Outro ponto abordado pela autora é o argumento de cariz orçamentário acerca da reserva do possível. Nesse sentido, afirma, não basta ao Poder Público alegar a falta de recursos, essa indisponibilidade orçamentária deve ser provada pelo próprio agente público e, além disso, "em face da insuficiência de recursos e de falta de previsão orçamentária, devidamente comprovadas, determinará ao Poder Público que faça constar da próxima

---

158. GRINOVER, Ada Pellegrini. O controle jurisdicional de políticas públicas. *in O controle jurisdicional de políticas públicas*. 2 ed., Rio de Janeiro: Forense, 2013, p. 130.
159. GRINOVER, Ada Pellegrini. O controle jurisdicional de políticas públicas. *in O controle jurisdicional de políticas públicas*. 2 ed., Rio de Janeiro: Forense, 2013, p. 130.
160. GRINOVER, Ada Pellegrini. O controle jurisdicional de políticas públicas. *in O controle jurisdicional de políticas públicas*. 2 ed., Rio de Janeiro: Forense, 2013, pp. 133-ss.
161. GRINOVER, Ada Pellegrini. O controle jurisdicional de políticas públicas. *in O controle jurisdicional de políticas públicas*. 2 ed., Rio de Janeiro: Forense, 2013, p. 137.
162. GRINOVER, Ada Pellegrini. O controle jurisdicional de políticas públicas. *in O controle jurisdicional de políticas públicas*. 2 ed., Rio de Janeiro: Forense, 2013, p. 138.

proposta orçamentária a verba necessária à implementação da política pública."[163]

Desse modo, para Grinover, quando atendidos os limites da reserva do possível e da razoabilidade, poderá o Judiciário intervir nas políticas "quer para implementá-las, quer para corrigi-las quando equivocadas." [164]

São esses, portanto, os pontos que nos pareceram principais na análise dos textos contidos na coletânea em comento. Evidente que não pretendemos exaurir os argumentos ventilados em cada um dos textos trazidos à discussão. Pretendemos, isso sim, indicar alguns dos argumentos que, em maior ou menor medida, nos causaram algumas dúvidas e perplexidades.

Passamos agora ao contraponto aos argumentos desenvolvidos por Sadek, Grinover e Zaneti.

Antes de seguirmos adiante com outros comentários, nos parece pertinente estabelecer uma premissa. Uma premissa que, queremos crer, se afigura filosoficamente insofismável. Trata-se da presença sobranceira da ideologia nas obras e no raciocínio humanos.

Zaneti no diz que o argumento de que o Poder Judiciário possui estrutura relativamente inadequada para planejar e implementar políticas públicas configura uma "autorrestrição inadequada", não passando de uma "leitura pobre e limitada da função jurisdicional, constituindo verdadeiro óbice ideológico ao exercício da jurisdição para a tutela dos direitos fundamentais." [165]

---

163. GRINOVER, Ada Pellegrini. O controle jurisdicional de políticas públicas. *in O controle jurisdicional de políticas públicas*. 2 ed., Rio de Janeiro: Forense, 2013, p. 138.
164. GRINOVER, Ada Pellegrini. O controle jurisdicional de políticas públicas. *in O controle jurisdicional de políticas públicas*. 2 ed., Rio de Janeiro: Forense, 2013, p. 149.
165. ZANETI Jr., Hermes. A teoria da separação dos poderes e o Estado Democrático Constitucional: Funções de Governo e Funções de Garantia. *in O controle jurisdicional de políticas públicas*. 2 ed., Rio de Janeiro: Forense, 2013, p. 34.

Sobre essa afirmativa, é necessário lembrar a advertência feita por Zaffaroni de que, dentro dos padrões de normalidade de um ser humano, não existe neutralidade ideológica.[166] O jurista argentino falava especificamente da função de magistrado; contudo, nos parece possível ampliar o alcance da reflexão para afirmar que não apenas o juiz, mas a ideia de qualquer ser humano ideologicamente neutro é uma *impossibilidade antropológica*.[167] Partindo dessa premissa e lendo a afirmativa de Zaneti, talvez fosse o caso de nos perguntarmos se o argumento de que é da competência do Judiciário pensar, planejar e implementar políticas públicas é, também, um argumento ideológico – o que quer que isso queira dizer e qualquer que seja sua influência, negativa ou positiva, na liberdade do pensar humano.

O ser humano é uma criatura política e, portanto, ideológica. Essa circunstância parece estar fora de debate. Desse modo, não é de bom tom desmerecer o argumento contrário apontando-lhe essa pecha. O que nos cabe, isso sim, é o esforço de desenvolver um raciocínio eminentemente jurídico que suspenda, tanto quanto possível, nossos pré-juízos. Essa parece ser uma premissa importante. Sigamos.

A questão central do debate acerca da atuação do Poder Judiciário frente às políticas públicas e que recebe uma abordagem discutível pelos autores indicados, é a revisão, não tão nova, do desenho institucional entre os três poderes, e a indisposição que se percebe com relação à importância da legislação democraticamente aprovada, argumentos que acabam por desaguar na mesma conclusão: a aposta no protagonismo judicial – como se o Judiciário pudesse, a golpes de caneta, resolver os problemas estruturais históricos entre o Estado e Sociedade Civil brasileiros.

---

166. ZAFFARONI, Eugenio Raul. *Estructuras Judiciales*. República Dominicana: comissionado de apoyo a la reforma e modernizacion de la justicia, 2007, p. 107-ss.
167. ZAFFARONI, Eugenio Raul. *Estructuras Judiciales*. República Dominicana: comissionado de apoyo a la reforma e modernizacion de la justicia, 2007, p. 111.

Dentro do acervo de argumentos apresentados, há que se concordar com a tese de que o sistema presidencialista brasileiro gera efeitos na atuação dos demais Poderes da República. Não nos referimos ao já caduco argumento da superação da teoria de "separação estanque de poderes."[168] Não há que se falar nesse tipo imaginário de divisão hermética entre os *branches* da República; todos sabemos das relevantes prerrogativas legislativas do Executivo brasileiro, por exemplo. A questão que há de ser levada em consideração é de que o presidencialismo de coalizão assume como uma de suas consequências o protagonismo do Poder Judiciário.[169] Isso se deve, em grande medida, aos conflitos permanentes entre o Executivo e o Parlamento que, no mais das vezes, compete ao Judiciário dirimir.[170]

---

168. ZANETI Jr., Hermes. A teoria da separação dos poderes e o Estado Democrático Constitucional: Funções de Governo e Funções de Garantia. *in O controle jurisdicional de políticas públicas*. 2 ed., Rio de Janeiro: Forense, 2013, p. 38.
169. SADEK, Maria Tereza. Judiciário e arena política: um olhar a partir da Ciência Política. *in O controle jurisdicional de políticas públicas*. 2 ed., Rio de Janeiro: Forense, 2013, pp. 4-6.
170. STRECK explica a questão de forma bastante clara, *v*.: "Vejamos a relação do presidencialismo e do parlamentarismo com o 'problema da jurisdição constitucional'. Nos regimes parlamentares houve a magnífica invenção dos Tribunais Constitucionais. Como, regra geral, o governo é formado por maioria parlamentar, não há tensão entre a 'vontade do Presidente' e a 'vontade do parlamento'. Ao contrário do presidencialismo brasileiro, não há 'duas vontades gerais em conflito' no parlamentarismo. Consequência: no parlamentarismo, as tensões sobre direito, especialmente a questão central (a constitucionalidade das leis), são resolvidas por um Tribunal que está fora do âmbito dos três poderes tradicionais. O Tribunal Constitucional é um tribunal *ad hoc*. Ele é composto e engendrado pelo parlamento. O Poder Judiciário não assume protagonismo, porque o Tribunal Constitucional não é do Poder Judiciário. Como isso funciona? Vejam as democracias da Alemanha, Espanha, Portugal, etc. E no Brasil? aqui o Presidente é eleito com 50% mais um; o Parlamento tem 'vontade geral' que, para apoiar o governo, negocia para formar a maioria. E negocia 'bem'. E muito. Sempre exigindo mais do patrimônio público (e há quem entenda mais adequado substituir o verbo 'exigir' por 'extorquir'). E, mesmo assim, há tensões. Constantes. Legislativo *versus* Executivo. Para onde vai esse tensionamento? Para o Poder Judiciário, mais especificamente, o Supremo Tribunal Federal. Assim, mais tensões, mais demandas ao STF; mais forte este fica. Inércia do Executivo? Demandas que vão ao Judiciário *lato sensu*, que, assim, fica mais forte. Inércia do Legislativo? Idem. E o Judiciário se fortalece dia a dia. Não há Judiciário mais poderoso no mundo do que o do Brasil." Cf. STRECK, Lenio Luiz. O Supremo Tribunal deve julgar por princípios ou por políticas?. *in* NOVELINO, Marcelo; FELLET, André. *Constitucionalismo e democracia*. Salvador: Editora Juspodivm, p. 256.

Esta é, para utilizar da expressão de Sadek, a *verità effettuale* do nosso sistema político. E as falhas mais nocivas desse desenho constitucional deverão ser expurgadas pela via política ou, quando for o caso, pelo controle de constitucionalidade. As soluções políticas devem ser encontradas pela sociedade civil e por seus representantes eleitos. Essa é uma questão dada e que aqui não nos tomará a atenção. O "x" da questão aqui é outro.

A questão é saber como se dá o atuar jurisdicional; como entendemos a função do juiz, da lei e da Constituição no nosso sistema. Trata-se, portanto, de uma questão de teoria do Direito e de compreensão acerca do que é e de quais são os traços determinantes do positivismo jurídico – tradição ainda muito arraigada no nosso imaginário e cuja superação ainda não foi bem assimilada pela nossa comunidade. Nesse sentido, Lenio Streck afirma que:

> Parece que, no Brasil, compreendemos de forma inadequada o sentido da produção democrática do direito e o papel da jurisdição constitucional. Tenho ouvido em palestras e seminários que "hoje possuímos dois tipos de juízes": aquele que se "apega" à letra fria (sic) da lei (e esse deve "desaparecer", segundo alguns juristas) e aquele que julga conforme os "princípios" (esse é o juiz que traduziria os "valores" – sic – da sociedade, que estariam "por baixo" da "letra fria da lei"). Pergunto: cumprir princípios significa descumprir a lei? Cumprir a lei significa descumprir princípios? Existem regras (leis ou dispositivos legais) desindexados de princípios? Cumprir a "letra da lei" é dar mostras de positivismo? Mas, o que é ser um positivista? A mera aplicação da lei – juiz boca da lei – aplicar a lei é uma atitude positivista? [171]

Ora, parece evidente, nessa quadra histórica, a nossa compreensão de que o Direito não cabe na lei.[172] Não é possível que o

---

171. STRECK, Lenio Luiz. Aplicar a letra da lei é uma atitude positivista? Em: *Revista Novos Estudos Jurídicos* – Eletrônica, vol. 15, n. 1, p. 158-173, jan./abr. 2010. Disponível em: http://www6.univali.br/seer/index.php/nej/article/view/2308. Acesso em: 25.11.2014.
172. STRECK, Lenio Luiz. E a professora disse: "você é um positivista". Em: *Compreender direito: desvelando as obviedades do discurso jurídico*, São Paulo: Editora Revista dos Tribunais,

enunciado normativo preveja de antemão todas as suas hipóteses de incidência. O sentido, como diz Inocêncio Coelho, só exsurge no/do contexto.[173] Imaginar que se pode extrair da lei o sentido antes de saber qual o contexto (hipótese de incidência), é como pretender obter a resposta antes da pergunta.

Não por outra razão é que Lenio Streck afirma que não se faz necessário, sequer pertinente – nós diríamos –, afirmar que o "juiz não é a boca da lei"; e, ainda mais, que "enfim, podemos ser poupados, nesta quadra da história, dessas 'descobertas polvolares'. Isto porque essa 'descoberta' não pode implicar um império de decisões solipsistas."[174] A aposta no protagonismo judicial que se percebe nos textos de Sadek, Zaneti e Grinover, traz consigo esse "império de decisões solipsistas" de que trata Lenio Streck, e contra as quais se coloca a Crítica Hermenêutica do Direito.

O fenômeno jurídico não se esgota na lei, isso bem sabemos. É elementar. Entretanto, ele não pode ocorrer à revelia da lei e da Constituição. Argumentos tais como "hoje já não devemos apegar-nos à letra fria da lei", ou "não devemos apegar-nos à literalidade da lei", trazem consigo uma tentativa de enfraquecimento de um dos produtos mais legítimos da Democracia: a lei democraticamente promulgada. Nesse sentido, veja-se o que diz Lenio Streck:

> (...) se está diante simplesmente do dever – inerente ao Estado Democrático de Direito – de cumprir a lei (constitucional), pois este, como se sabe, é um dos preços impostos pelo direito e, sobretudo, pela democracia! E, permito-me insistir: por vezes, cumprir a "letra da lei" é um avanço considerável. Lutamos tanto pela democracia e por leis mais democráticas...!

2013, pp. 74-80.
173. COELHO, Inocêncio Mártires. Disciplina "Cultura Política e Direitos" ministrada no curso de Mestrado em Direito no UniCEUB, 2014. Notas de aula.
174. STRECK, Lenio Luiz. Aplicar a letra da lei é uma atitude positivista? *Revista Novos Estudos Jurídicos* – Eletrônica, vol. 15, n. 1, p. 158-173, jan./abr. 2010. Disponível em: http://www6.univali.br/seer/index.php/nej/article/view/2308. Acesso em: 25.11.2014.

Quando elas são aprovadas, segui-las à risca é nosso dever. Levemos o texto jurídico a sério, pois! [175]

A tentativa de legitimar uma atuação judicial pautada por um evidente pragmatismo político (*behaviorismo*) traz risco à autonomia do Direito e, tanto mais, à democracia. Por isso que a atuação legítima do Judiciário deve ser pautada por princípios, não por políticas.[176] É dizer, quando decide em conformidade com princípios, "o Judiciário reconhece a existência de um direito que as partes possuem e que está inscrito num contexto mais amplo de moralidade da comunidade política"; ao passo que, decidindo por políticas, "o Judiciário assenta sua decisão, não no reconhecimento de um direito preexistente, mas, sim, em algum tipo de argumento que anuncia uma avaliação de resultados que podem trazer maior benefício para o bem-estar social." [177]

Até esse ponto basta, ao menos para as pretensões deste tópico, para demonstrar qual deve ser, sob a perspectiva de teoria e filosofia do Direito, a pauta do Judiciário no constitucionalismo contemporâneo. Dentro de todo esse contexto, surge, ainda, uma perplexidade: é possível conciliar, de forma constitucionalmente adequada e nos moldes pretendidos pelos autores citados, o papel de "agente de transformação"[178] político-social do magistrado, a sua legitimidade para indicar (com força imperativa, por óbvio) "cronogramas físico-financeiros para execução"[179]

---

175. STRECK, Lenio Luiz. Aplicar a letra da lei é uma atitude positivista? *Revista Novos Estudos Jurídicos* – Eletrônica, vol. 15, n. 1, p. 158-173, jan./abr. 2010. Disponível em: http://www6.univali.br/seer/index.php/nej/article/view/2308. Acesso em: 25.11.2014.
176. STRECK, Lenio Luiz. O Supremo Tribunal deve julgar por princípios ou por políticas?. *in* NOVELINO, Marcelo; FELLET, André. *Constitucionalismo e democracia*. Salvador: Editora Juspodivm, pp. 260-263.
177. STRECK, Lenio Luiz. O Supremo Tribunal deve julgar por princípios ou por políticas?. *in* NOVELINO, Marcelo; FELLET, André. *Constitucionalismo e democracia*. Salvador: Editora Juspodivm, p. 260.
178. ZANETI Jr., Hermes. A teoria da separação dos poderes e o Estado Democrático Constitucional: Funções de Governo e Funções de Garantia. *in O controle jurisdicional de políticas públicas*. 2 ed., Rio de Janeiro: Forense, 2013, p. 59.
179. ZANETI Jr., Hermes. A teoria da separação dos poderes e o Estado Democrático Constitucional: Funções de Governo e Funções de Garantia. *in O controle jurisdicional de políticas públicas*. 2 ed., Rio de Janeiro: Forense, 2013, p. 59; defendendo a mesma tese,

de políticas públicas, para ordenar ao Poder Público a inclusão em próxima proposta orçamentária[180] de verba necessária à implementação da política pública,[181] com o texto da Constituição da República que determina a competência do Parlamento, com sanção do Chefe do Executivo, para aprovação do orçamento anual,[182] bem como o dever de fiscalização do orçamento por parte do Parlamento[183] e, ainda, as diretrizes que devem seguir Executivo e Legislativo na elaboração do orçamento, da LDO e nos PPA[184]? [185]

Esse parece ser um questionamento interessante e com potencial para amplo debate. Tanto mais quando se afirma que o Judiciário seria legítimo para "corrigir políticas públicas equivocadas" com base no (assim chamado) princípio da razoabilidade[186] (deixando de lado as ferrenhas discussões acerca da

---

cf. GRINOVER, Ada Pellegrini. O controle jurisdicional de políticas públicas. in O controle jurisdicional de políticas públicas. 2 ed., Rio de Janeiro: Forense, 2013, p. 138.

180. Note-se que, além da questão da saúde, o exemplo utilizado por GRINOVER para demonstrar o alcance do protagonismo do Judiciário em sede de políticas pública é o de decisões que determinam inclusão de previsão orçamentária para preservação ambiental do solo e, ainda, para preservação de conjunto arquitetônico em parque público em município do Estado de São Paulo. Cf. GRINOVER, Ada Pellegrini. O controle jurisdicional de políticas públicas. in O controle jurisdicional de políticas públicas. 2 ed., Rio de Janeiro: Forense, 2013, p. 130.

181. GRINOVER, Ada Pellegrini. O controle jurisdicional de políticas públicas. in O controle jurisdicional de políticas públicas. 2 ed., Rio de Janeiro: Forense, 2013, p. 138.

182. Constituição da República, art. 48. Cabe ao Congresso Nacional, com a sanção do Presidente da República, não exigida esta para o especificado nos arts. 49, 51 e 52, dispor sobre todas as matérias de competência da União, especialmente sobre: [...] II – plano plurianual, diretrizes orçamentárias, orçamento anual, operações de crédito, dívida pública e emissões de curso forçado;

183. Constituição da República, art. 70. A fiscalização contábil, financeira, orçamentária, operacional e patrimonial da União e das entidades da administração direta e indireta, quanto à legalidade, legitimidade, economicidade, aplicação das subvenções e renúncia de receitas, será exercida pelo Congresso Nacional, mediante controle externo, e pelo sistema de controle interno de cada Poder.

184. v., nesse sentido, arts. 165 a 169 da Constituição da República.

185. Sobre essa questão, v. STRECK, Lenio Luiz; BARRETO LIMA, Martonio Mont'Alverne. Lei de políticas públicas é Estado Social a golpe de caneta? Disponível em: < http://www.conjur.com.br/2015-fev-10/lei-politicas-publicas-estado-social-golpe-caneta>. Acesso em: 30/03/2015.

186. GRINOVER, Ada Pellegrini. O controle jurisdicional de políticas públicas. in O controle jurisdicional de políticas públicas. 2 ed., Rio de Janeiro: Forense, 2013, p. 149.

pertinência da *razoabilidade* como critério decisório). Dentre as inquietações que surgem, indagamos: quando falamos em políticas públicas equivocadas ou adequadas, não estaríamos no território da conveniência e aperfeiçoamento políticos? A implementação de políticas públicas "equivocadas" da perspectiva do (ir)razoável, não seria uma parte natural do aprimoramento e amadurecimento das instituições democráticas e do diálogo entre sociedade civil e corpo de representantes?

Por fim, já procurando encaminhar o encerramento do tópico, e com o intuito de oferecer aos questionamentos aqui levantados uma perspectiva prática com esteios fincados para além das fronteiras do Direito, citamos o estudo feito por Ana Luiza Chieffi e por Rita Barradas Barata[187] em que, com pesquisa empírica, demonstraram que no ano de 2006, a Secretaria de Saúde do município de São Paulo, atendendo às decisões judiciais da capital do estado, gastou "65 milhões de Reais, para atender cerca de 3.600 pessoas. Em comparação, no mesmo ano, ela investiu 838 milhões de Reais no Programa de Medicamentos de Dispensação Excepcional (alto custo), atendendo 380 mil pessoas."[188] A partir desses dados é que as pesquisadoras afirmam que "foram gastos aproximadamente 18 mil Reais por paciente com ações judiciais naquele ano, enquanto o Programa de Medicamentos de Dispensação Excepcional consumiu 2,2 mil Reais por paciente."[189]

Nesse cenário, Lenio Streck e Barreto Lima apontam para os perigos de se remeter decisões sobre políticas públicas para as mãos dos membros do Poder Judiciário que via de regra não

---

187. CHIEFFI, Ana Luiza; BARATA, Rita Barradas. Judicialização de política pública de assistência farmacêutica e equidade. *Caderno Saúde Pública*, Rio de Janeiro, 25(8):1839-1849, ago, 2009.
188. CHIEFFI, Ana Luiza; BARATA, Rita Barradas. Judicialização de política pública de assistência farmacêutica e equidade. *Caderno Saúde Pública*, Rio de Janeiro, 25(8):1839-1849, ago, 2009, p. 1840.
189. CHIEFFI, Ana Luiza; BARATA, Rita Barradas. Judicialização de política pública de assistência farmacêutica e equidade. *Caderno Saúde Pública*, Rio de Janeiro, 25(8):1839-1849, ago, 2009, p. 1840.

têm a formação necessária.[190] Sobre o ponto, veja o que dizem as pesquisadoras especializadas em Saúde Pública:

> De maneira geral, os juízes, ao deferirem as ordens para o fornecimento de medicamentos como forma de garantir os direitos dos indivíduos[191], não observam a política de assistência farmacêutica do SUS. Essas ações têm consequências orçamentárias importantes, uma vez que os recursos são finitos e sua administração deve ser planejada e balizada pelas políticas de saúde. Consequentemente, as demandas judiciais prejudicam essas políticas, impedindo a alocação racional dos escassos recursos públicos, além de interferir no planejamento das ações de saúde.
>
> Ao se fornecerem medicamentos por ordem judicial, não se está sendo avaliado se aquele tratamento realmente é o melhor em termos de relação custo/benefício, se o indivíduo realmente necessita do medicamento pleiteado e este não pode ser substituído por outro disponível nos programas de assistência farmacêutica do SUS, se o paciente tem condições financeiras de pagar o tratamento ou, até mesmo, o advogado (...) [192]

As pesquisadoras reconhecem, como aqui também, a importância das ações judiciais como um "canal legítimo de defesa dos direitos fundamentais dos indivíduos à medida que o Estado não implementa de maneira adequada as políticas públicas." [193] Contudo, o estudo demonstra que a forma como o Poder Judiciário,

---

190. STRECK, Lenio Luiz; BARRETO LIMA, Martonio Mont'Alverne. *Lei de políticas públicas é Estado Social a golpe de caneta?* Disponível em: < http://www.conjur.com.br/2015-fev-10/lei-politicas-publicas-estado-social-golpe-caneta>. Acesso em: 30/03/2015.
191. De outro lado, é de se observar que nas ações coletivas o Poder Judiciário não mostra a mesma capacidade interventiva; espaço, talvez, de uma atuação mais conforme os interesses gerais.
192. CHIEFFI, Ana Luiza; BARATA, Rita Barradas. Judicialização de política pública de assistência farmacêutica e equidade. *Caderno Saúde Pública*, Rio de Janeiro, 25(8):1839-1849, ago, 2009, p. 1842.
193. CHIEFFI, Ana Luiza; BARATA, Rita Barradas. Judicialização de política pública de assistência farmacêutica e equidade. *Caderno Saúde Pública*, Rio de Janeiro, 25(8):1839-1849, ago, 2009, p. 1847.

holisticamente considerado, vem atuando nas políticas públicas de saúde acaba por quebrar o postulado central do Sistema Único de Saúde: a equidade. Nesse sentido, a pesquisa em comento demonstrou que "aproximadamente 74% dos pacientes residem em áreas pertencentes aos estratos 1, 2 e 3; (...) Considerando apenas os estratos 1 e 2, mais bem aquinhoados da população, a diferença entre a parcela atendida pelas ações judiciais é o dobro da sua distribuição na população geral."[194] Em razão desses dados, dentre outros, que as pesquisadoras afirmam que:

> Em razão disso, as demandas judiciais estão ferindo o princípio da equidade do SUS, ou seja, as ações judiciais não estão fornecendo medicamentos a quem utiliza exclusiva ou preferencialmente o sistema público de saúde e depende do fornecimento gratuito de medicamentos, exatamente as pessoas residentes nos estratos de vulnerabilidade mais alta. Nesses estratos de maior vulnerabilidade, os setores apresentam nível médio e baixo na dimensão socioeconômica, com baixa escolaridade e menores médias de rendimentos do responsável pelo domicílio.
>
> (...)
>
> A análise da distribuição dos processos por estrato do IPVS de residência dos solicitantes e por tipo de medicamento

---

194. Apresentando dados semelhantes, *v*.: "Até o momento, o quadro geral no Brasil (FERRAZ, 2011a, 2011b) indica que o litígio concentra-se amplamente em estados, municípios e bairros com indicadores socioeconômicos e, consequentemente, condições de saúde relativamente melhores. Alguns estudos mostram que grande parcela dos gastos do governo com litígio diz respeito a tratamentos individuais, em geral medicamentos importados e, em sua maioria, caros, para tratar condições que, argumenta-se, não são prioritárias para a maioria da população atendida pelo sistema público de saúde (VIEIRA e ZUCCHI, 2007; CHIEFFI e BARATA, 2009; MAESTADT, RAKNER, FERRAZ, 2011; NORHEIM e GLOPPEN, 2011). Ademais, há uma forte evidência empírica indicando que, na maioria dessas localidades, litigantes que reivindicam judicialmente tratamentos de saúde tendem a vir de origens privilegiadas (VIEIRA e ZUCCHI, 2007; SILVA e TERRAZAS, 2011; CHIEFFI e BARATA, 2009; MACHADO et al., 2010; MACEDO, LOPES, BARBERATOFILHO, 2011; PEREIRA et al, 2010; SANTOS, 2006)." *Cf.* FERRAZ, Octavio Luiz Motta; WANG, Daniel Wei Liang. *Atendendo aos mais necessitados? Acesso à justiça e o papel dos defensores e promotores públicos no litígio sobre direito à saúde na cidade de São Paulo*. Disponível em: http://www.surjournal.org/conteudos/getArtigo18.php?artigo=18,artigo_09.htm. Acesso em: 20/03/2015.

solicitado, bem como a classificação de residência dos pacientes pelo IPVS reforçam a hipótese de que a interferência do Poder Judiciário na política de saúde rompe com o princípio da equidade ao favorecer as demandas dos que menos necessitam, em detrimento daqueles que só podem contar com o sistema público de saúde, ampliando a inequidade já existente.[195]

As constatações das pesquisadoras Chieffi e Barata mostram que a "exigência de padrões mínimos de igualdade"[196] de que fala Sadek pode acabar por deslegitimar, agora sob uma perspectiva político-pragmática, a interferência do Poder Judiciário nesse cenário – exatamente conforme defendem Grinover, Zaneti e Sadek.

Igualmente, nos chama atenção a afirmativa de Wang e Ferraz de que o SUS tem duas portas. A informação que trazem é de que a judicialização da saúde custou aos cofres federais quase R$ 1 bilhão no ano de 2013, e que esses valores são debitados precisamente na previsão orçamentária para a saúde pública. Também por essa razão que afirmam que:

> A judicialização da saúde no modelo brasileiro está criando um SUS de duas portas: uma para aqueles que vão ao Judiciário, para quem "a vida não tem preço" e conseguem assim acesso irrestrito aos recursos estatais para satisfazer suas necessidades em saúde; outra para o resto da população, que, inevitavelmente, tem acesso limitado, e mais limitado ainda pelo redirecionamento de recursos que beneficia aqueles que entraram pela outra porta.[197]

De se concluir, portanto, que a judicialização de políticas públicas é discutível não apenas pela linguagem estritamente

---

195. CHIEFFI, Ana Luiza; BARATA, Rita Barradas. Judicialização de política pública de assistência farmacêutica e equidade. *Caderno Saúde Pública*, Rio de Janeiro, 25(8):1839-1849, ago, 2009, pp. 1846-1847.
196. SADEK, Maria Tereza. Judiciário e arena política: um olhar a partir da Ciência Política. *in O controle jurisdicional de políticas públicas*. 2 ed., Rio de Janeiro: Forense, 2013, pp. 3-ss.
197. FERRAZ, Octavio Luiz Motta; WANG, Daniel Wei Liang. *As duas portas do SUS*. Disponível em: http://www1.folha.uol.com.br/opiniao/2014/06/1472761octavioferrazedanielwangasduasportasdosus.Shtml . Acesso em: 30/03/2015.

jurídica de referenciais como "ativismo judicial", "tripartição de poderes", "discricionariedade judicial" e "positivismo jurídico"; é discutível, igualmente, por pesquisadores que duelam argumentos a partir de referenciais fincados muito além dos altos muros do Direito.

2.6. Fecho: conclusões parciais

Como visto no presente capítulo, a superação das posições positivistas exige o enfrentamento daquele que é o seu principal traço distintivo: a discricionariedade judicial. Posturas que seguem defendendo o protagonismo judicial como forma de solução para as questões referentes à aplicação do Direito, tal como o neoconstitucionalismo, rigorosamente não podem ser consideradas pós-positivistas. Isso porque mantém o mesmo padrão / critério interpretativo defendido por autores positivistas, qual seja: a discricionariedade do juiz.

Assim, para que tenhamos de fato uma teoria pós-positivista é necessário, tal como propõe a teoria da decisão judicial da Crítica Hermenêutica do Direito, enfrentar a questão da discricionariedade judicial e propor critérios constitucionalmente adequados para sufocá-la tanto quanto possível. Mas isso só pode ser feito dentro de um paradigma filosófico consistente, tal como ocorre com a perspectiva filosófica da CHD que, assentada no giro linguístico (*linguistic turn*), permite a construção de uma teoria jurídica que segue por uma "terceira via" que se coloca entre os extremos das posturas objetivistas e subjetivistas, permite a compreensão de que norma não se equipara mais ao texto legal, não existindo em abstrato – tal como afirmou há décadas Friedrich Müller.

É sobre essa base filosófica que se mostra possível responder as questões referentes à indeterminação do Direito, em especial com a compreensão de que os princípios operam como padrões interpretativos e que, assim, têm a tarefa de sufocar a discricionariedade judicial. Partindo dessa compreensão acerca do papel dos princípios na interpretação do direito, é que se apresentam os cinco princípios (padrões) que proporcionam uma estrutura mínima de busca pela resposta constitucionalmente adequada, privilegiando a autonomia do Direito, a rigidez do texto constitucional e o respeito à legalidade constitucional; viabilizando o controle hermenêutico das decisões judiciais que, para esse fim, devem explicitar as razões do convencimento, ou seja, devem apresentar a fundamentação da fundamentação; levando em consideração, ainda, a necessidade de se atender às máximas dworkianas de que as decisões judiciais devem atender à coerência e integridade do direito. É diante desses padrões interpretativos que a CHD defende a possibilidade de respostas constitucionalmente adequadas.

Sobre essa questão é de se fazer a ressalva no sentido de que por *resposta constitucionalmente adequada* não se está afirmando, sob nenhuma hipótese, que exista algum método ou critério ou o que quer seja que viabilize a existência de respostas prontas *a priori*; assim, é evidente que diante de um caso concreto dois juízes podem sim chegar a respostas diferentes. O que se afirma é que, nessas hipóteses, uma das respostas será a mais adequada à Constituição e à principiologia constitucional que a outra; ou, em última análise, um ou ambos os juízes estarão errados.

Por fim, no que se refere ao último tópico em que abordamos a questão da "letra fria da lei" sob o pano de fundo da discricionariedade judicial e políticas públicas, insistimos que o que aqui se defendeu, em suma, é que "em nenhum momento o Judiciário pode vir a se assenhorar do espaço reservado à produção democrática do direito."[198] Nenhuma política pública deve se resumir ao produto de uma decisão judicial. Esta (decisão jurisdicional) sequer deveria, por absoluta ilegitimidade, preponderar no universo de políticas públicas, pois é uma circunstância que afeta "as bases democráticas que fundam o Estado brasileiro."[199] A tarefa do Poder Judiciário, portanto, é desafiadora. Deve, num

---

198. STRECK, Lenio Luiz. *Jurisdição constitucional e decisão jurídica*. São Paulo: Revista dos Tribunais, 2014, p. 178.
199. TASSINARI, Clarissa. *Jurisdição e ativismo judicial*: limites da atuação do Judiciário. Porto Alegre: Livraria do Advogado, 2013, p. 27.

contexto de pós-positivismo em que se vê obrigado a sustentar-se em discursos de aplicação passíveis de controle intersubjetivo,[200] manter-se atento à força normativa do texto da Constituição da República – respeitando sempre a alteridade do texto –, sem, contudo, usurpar ilegitimamente a competência política dos demais Poderes constituídos.

Para encerrar este capítulo, recorremos à Vásquez Sotelo que, por sua vez, lança mão da mitologia clássica para, tão bem, ilustrar o labor jurisdicional...

> Dédalo y su hijo Ícaro estaban encerrados en el laberinto. Para intentar salir el hábil Dédalo fabricó unas alas de cera que permitirían volar sobre el mar. Y advirtió a Ícaro: no vueles muy pegado al mar porque las olas te impedirían avanzar y en el vuelo tampoco te eleves en exceso porque si te acercas demasiado al sol las alas pueden derretirse y te caerías al agua. Ícaro no siguió bien el consejo y con la ilusión de volar se acercó en exceso al sol que derritió sus alas cayendo sobre el mar sin poder concluir su viaje.
>
> Ese es también el peligro de la Jurisprudencia, tanto si permanece encerrada o conservada en exceso como si cambia y se modifica con frivolidad. Ni en un caso ni en otro podrá concluir su viaje a esas dos estaciones de término que son la certeza de las respuestas judiciales y el progreso del Derecho.[201]

Nem tão ao mar, nem tão ao sol. Que o Judiciário brasileiro encontre seu caminho sob a sombra da legitimidade institucional e com olhos na força normativa da Constituição da República e na democracia.

---

200. STRECK, Lenio Luiz. Aplicar a letra da lei é uma atitude positivista? *Revista Novos Estudos Jurídicos* – Eletrônica, vol. 15, n. 1, p. 158-173, jan./abr. 2010. Disponível em: http://www6.univali.br/seer/index.php/nej/article/view/2308. Acesso em: 25.11.2014, p. 166.
201. VÁSQUEZ SOTELO, José Luis. A jurisprudência vinculante na 'common law' e na 'civil law'. *XVI Jornadas Ibero-americanas de Direito Processual (Brasília)*. Rio de Janeiro: Forense; Brasília: IEBT, 1998, p. 382.

CAPÍTULO III

DISCRICIONARIEDADE JUDICIAL E O CÓDIGO DE PROCESSO CIVIL DE 2015: O ABANDONO DO LIVRE CONVENCIMENTO COMO UM NOVO PARADIGMA DE FUNDAMENTAÇÃO

O Código de Processo Civil de 2015 (lei n.º 13.105/15) é o primeiro grande regulamento normativo em temas de processo civil produzido em regime de perfeita estabilidade democrática. Os anteriores, de 1939 e de 1973, foram engendrados em períodos de exceção. Essa é uma circunstância relevante e que deve ser levada em consideração na construção e sedimentação da principiologia processual que se formará e se reoxigenará com a nova legislação. Democracia é sempre um elemento relevante na construção de parâmetros de decisão judicial constitucionalmente adequados.

Ademais disso, e no que concerne ao tema deste estudo, a nova legislação processual apresentou relevantes alterações em termos de possibilidades de superação, em nossas práticas, do traço distintivo do positivismo jurídico em razão da viabilização de elementos para a contenção da discricionariedade judicial. Primeiramente com a inclusão da necessidade / obrigatoriedade ("os tribunais devem") de que a jurisprudência seja íntegra e coerente (art. 926, CPC/2015). Integridade e coerência são duas categorias dworkianas assumidamente antitéticas da discricionariedade judicial e, portanto, do livre convencimento.[1] Não por outra razão é que outra alteração – aqui de importância central – sobre o tema

---

1. STRECK, Lenio Luiz. O que é isto – a exigência de coerência e integridade no novo código de processo civil. Em: STRECK, Lenio Luiz; ARRUDA ALVIM, Eduardo; LEITE, George

foi feita no CPC/2015: a retirada do livre convencimento motivado que, anteriormente, acostava-se no art. 131 do CPC/1973.[2]

Não apenas no art. 131, que tratava da livre apreciação das provas pelo juiz, mas o CPC/1973 era todo permeado pela ideia de que o juiz apreciaria livremente as questões postas perante sua judicatura; tais como a apreciação livre da confissão extrajudicial (art. 353), a apreciação livre acerca da fé que deva receber documento rasurado (art. 386), a apreciação livre sobre o valor das perícias (art. 439, parágrafo único).

Como se verá com vagar neste capítulo, essa reiteração legislativa de que o juiz dispõe do livre convencimento para apreciar as questões postas nos autos, viabilizando assim o exercício discricionário da jurisdição, fragilizava não apenas a autonomia do Direito com a constante quebra da coerência e integridade dos / nos provimentos judiciais, mas, também, a própria legislação democraticamente editada, constantemente ignorada sob a escusa de que, sendo livre, o magistrado não estaria vinculado sequer pela lei.

O anteprojeto do Código de Processo Civil, PL 8046/2010, seguia nesse mesmo paradigma de exercício livre e discricionário da jurisdição, com diversos dispositivos prevendo a atuação livre do juiz da causa.[3] Ocorre que, em favor da democracia e da teoria

---

Salomão (orgs.). *Hermenêutica e jurisprudência no novo código de processo civil:* coerência e integridade, São Paulo: Saraiva, 2016, p. 170.

2. CPC/1973, art. 131. O juiz apreciará livremente a prova, atendendo aos fatos e circunstâncias constantes dos autos, ainda que não alegados pelas partes; mas deverá indicar, na decisão, os motivos que lhe formaram o convencimento.
3. Nesse sentido, alguns artigos do PL 8046/2010 que traziam essa questão: Art. 353. As partes têm direito de empregar todos os meios legais, bem como os moralmente legítimos, ainda que não especificados neste Código, para provar fatos em que se funda a ação ou a defesa e influir eficazmente na livre convicção do juiz; Art. 355. O juiz apreciará livremente a prova, independentemente do sujeito que a tiver promovido, e indicará na sentença as que lhe formaram o convencimento; Art. 380. A confissão extrajudicial feita por escrito à parte ou a quem a represente tem a mesma eficácia probatória da judicial; feita a terceiro ou contida em testamento, será livremente apreciada pelo juiz; Art. 413. O juiz apreciará livremente a fé que deva merecer o documento, quando em ponto substancial e sem ressalva contiver entrelinha, emenda, borrão ou cancelamento; Art. 467. A segunda perícia rege-se pelas disposições estabelecidas para a primeira; Parágrafo único. A segunda perícia não substitui a primeira, cabendo ao juiz apreciar

do Direito, todas as expressões que abordavam a livre apreciação ou livre convencimento foram abandonadas do projeto de lei em texto de justificativa elaborado e sugerido ao relator Deputado Paulo Teixeira por Lenio Streck.[4] A seguir transcreve-se, por absolutamente relevante, trecho da justificativa lida pelo Relator na comissão perante outros deputados e processualistas que auxiliavam os trabalhos (por todos Fredie Didier):

> (...) embora historicamente os Códigos Processuais estejam baseados no livre convencimento e na livre apreciação judicial, não é mais possível, em plena democracia, continuar transferindo a resolução dos casos complexos em favor da apreciação subjetiva dos juízes e tribunais. Na medida em que o Projeto passou a adotar o policentrismo e coparticipação no processo, fica evidente que a abordagem da estrutura do Projeto passou a poder ser lida como um sistema não mais centrado na figura do juiz. As partes assumem especial relevância. Eis o casamento perfeito chamado 'coparticipação', com pitadas fortes do policentrismo. E o corolário disso é a retirada do 'livre convencimento'. O livre convencimento se justificava em face da necessidade de superação da prova tarifada. Filosoficamente, o abandono da fórmula do livre convencimento ou da livre apreciação da prova é corolário do paradigma da intersubjetividade, cuja compreensão é indispensável em tempos de democracia e de autonomia do direito. Dessa forma, a invocação do livre convencimento por parte de juízes e tribunais acarretará, a toda evidência, a nulidade da decisão.

É relevante notar que Lenio Streck participou não apenas da exclusão de todas as referências à livre apreciação ou livre convencimento, mas também atuou de forma determinante na

---

livremente o valor de uma e outra. Disponível em: www.camara.gov.br/proposicoesWeb . Acesso em: 15/05/2016.
4. STRECK, Lenio Luiz. *O que é isto – o senso incomum?* Porto Alegre: Livraria do Advogado, 2016, pp. 50-51; STRECK, Lenio Luiz. O novo Código de Processo Civil (CPC) e as inovações hermenêuticas: o fim do livre convencimento e a adoção do integracionismo dworkiano. *Revista de informação legislativa*, v. 52, n. 206, p. 33-51, abr./jun. 2015.

inclusão no CPC de 2015 da exigência de que a jurisprudência de mantenha estável, íntegra e coerente, conforme vemos no artigo 926.[5]

Essas alterações legislativas – exigência de integridade e coerência, e exclusão do livre convencimento – se mostram de grande importância para viabilizar uma guinada de paradigma no contexto das decisões judiciais no Brasil. É possível afirmar, portanto, que as alterações legislativas mencionadas funcionam (ou devem funcionar) como vetores principiológicos que, por serem hostis à jurisdição discricionária, possibilitam uma operacionalização democrática do CPC/2015.[6] Conforme demonstra a Crítica Hermenêutica do Direito, a rejeição da discricionariedade judicial é o entendimento que mais se adequa à teoria e filosofia contemporâneas do Direito e, indo além, é uma questão de defesa dos pressupostos da nossa democracia constitucional.

3.1. O livre convencimento como a porta de entrada da discricionariedade judicial

Aqui se parte da premissa de que, tal como visto acima, o expurgo do livre convencimento do CPC/2015 tem como decorrência lógica a proibição de que na decisão judicial constem argumentos no sentido de que determinada posição foi adotada com base na consciência do juiz. Ou seja, conforme entendemos, há um vínculo indissociável entre livre convencimento e decidir

---

5. Sobre a atuação e influência de Lenio Luiz Streck nas referidas alterações do projeto do CPC no Congresso Nacional, veja-se: DELFINO, Lucio; LOPES, Ziel Ferreira. A expulsão do livre convencimento motivado no Novo CPC e os motivos pelos quais a razão está com os hermeneutas. *Justificando*, 13 de abril de 2015. Disponível em: http://justificando.com/2015/04/13/a-expulsao-do-livre-convencimento-motivado-do-novo-cpc-e-os--motivos-pelos-quais-a-razao-esta-com-os-hermeneutas/ . Acesso em: 11/10/2016; e, também: MOTTA, Francisco José Borges; RAMIRES, Maurício. O novo código de processo civil e a decisão jurídica democrática: como e por que aplicar precedentes com coerência e integridade? Em: STRECK, Lenio Luiz; ARRUDA ALVIM, Eduardo; LEITE, George Salomão (orgs.). *Hermenêutica e jurisprudência no novo código de processo civil*: coerência e integridade, São Paulo: Saraiva, 2016, p. 88.
6. STRECK, Lenio Luiz; ABBOUD, Georges. *O que é isto – o precedente judicial e as súmulas vinculantes?* 3 ed., rev. e atual. Porto Alegre: Livraria do Advogado Editora, 2015, pp. 122-123.

conforme a consciência.⁷ Essas categorias interpretativas são irmãs siamesas.

Estabelecida essa premissa, é de se apontar que já em Michel Villey, nos seus detidos comentários sobre Thomas Hobbes, encontramos a reflexão de que o livre exercício da consciência – *livre convencimento* – se vincula antes de mais nada com a vontade individual impulsionada pelas opiniões pessoais daquele que reflete.⁸ Por isso que, de forma bastante ilustrativa, é possível verificar já nas Ordenações Filipinas a preocupação com as sentenças definitivas, que deveriam ser o produto de um diligente exame de todo o processo e daquilo que se achasse alegado e provado pelas partes, ainda que a consciência indique ao julgador o contrário; e isso porque apenas ao Soberano, que não conhecia superior, era dado julgar conforme a consciência:

> TÍTULO LXVI.
> *Das sentenças deffinitivas (4).*
> Todo Julgador, quando o feito fôr concluso sobre a diffinitiva, verá e examinará com boa diligência todo o processo, assi o libello, com a contestação, artigos, depoimentos, a elles feitos, inquirições, e as razões allegadas de huma e outra parte; e assi dê a sentença diffinitiva, segundo o que achar allegado e provado de huma parte e da outra, ainda que lhe a consciencia dicte outra cousa (1), e elle saiba a verdade ser em contrario do que no feito fôr provado; porque sómente ao Principe, que não reconhece Superior (2), he outorgado per Direito, que julgue segundo sua consciencia (3) ⁹

---

7. STRECK, Lenio. *O que é isto – decido conforme minha consciência?* 5 ed. rev. e atual. de acordo com as alterações hermenêutico-processuais dos Códigos. Porto Alegre: Livraria do Advogado, 2015, p. 33-35.
8. VILLEY, Michel. *A formação do pensamento jurídico moderno.* Trad. de Cláudia Berliner; notas revistas por Eric Desmons; revisão técnica Gildo Sá Leitão Rios; texto estabelecido, revisto e apresentado por Stéphane Rials. 2 ed., São Paulo: Editora WMF Martins Fontes, 2009, pp. 680-683.
9. Ordenações Filipinas. Disponível em: http://www2.senado.leg.br/bdsf/handle/id/242733. Acesso em: 19/12/2016.

O que se quer afirmar é que julgar conforme a consciência ou a partir do livre convencimento configura induvidosamente ato de vontade, de força, e não um ato de responsabilidade submetido aos limites do Direito. E, num Estado Democrático no contexto do Constitucionalismo Contemporâneo, um ato de força não pode ser outra coisa que não um ato ilegítimo, uma teratologia institucional.

Não por outra razão é que em qualquer busca jurisprudencial que se faça tendo como parâmetro o termo *livre convencimento* levará até decisões judiciais que afirmam que o juiz não está vinculado ao "formalismo" legislativo. Ou seja, a partir do entendimento dos tribunais, "o princípio do livre convencimento motivado do julgador significa que o juiz não mais fica preso ao formalismo da lei, antigo sistema da verdade legal, sendo que vai embasar suas decisões com base nas provas existentes nos autos, levando em conta sua livre convicção pessoal motivada."[10]

O que se percebe é que a doutrina pertinente ao assunto procurou desenvolver uma espécie de racionalidade[11] para o livre convencimento, afirmando tratar-se de liberdade grande e necessária, mas não de arbítrio, pois deveria constar na sentença os motivos que formaram o convencimento do juiz, e que esses motivos deveriam encontrar apoio na lei, na doutrina e na jurisprudência.[12] Nada obstante essa tentativa de racionalização – que, é importante que se diga, se coloca num paradigma filosófico em tudo diverso àquele adotado nesta obra – a jurisprudência

---

10. Superior Tribunal de Justiça, AREsp n. 1046156, rel. Min. Assusete Magalhães, pub. 23/02/2017.
11. Racionalidade baseada num paradigma de busca pela verdade real com o qual, frise-se, não concordamos. A indicação é no sentido de demonstrar que mesmo com o esforço de racionalizar o livre convencimento, a jurisprudência não se ocupa em nada dessa racionalidade – que por si, conforme entendemos, seria insuficientes e inapta – e instrumentalmente utiliza o livre convencimento para afastar o texto legal e assim decidir de forma solipsista.
12. Nesse sentido, ver: ARONNE, Ricardo. *O princípio do livre convencimento do juiz*. Porto Alegre: Sergio Antônio Fabris, 1996, p. 33-35; e BARBI, Celso Agrícola. *Comentários ao Código de Processo Civil, Lei nº 5.869, de 11 de janeiro de 1973*, vol I. Rio de Janeiro: Forense, 1993, p. 325-326

instrumentalmente utiliza o livre convencimento para afastar o texto legal e assim decidir de forma solipsista, conforme apontado acima.

Esse raciocínio demonstra também que de nada adianta apontar a livre apreciação da prova como um "sistema" que propõe a superação do sistema da prova legal, ou tarifada. Ora, um sistema que, a despeito das tentativas de racionalização, serve instrumentalmente à jurisprudência para afastar o texto legal ou para quebrar a coerência e integridade da jurisprudência não se adequa às exigências da democracia constitucional.

A utilização do livre convencimento, portanto, tentando justificar o afastamento da lei a partir de um argumento meramente retórico e sem qualquer substância com respaldo constitucional, pretende dar uma aparência de juridicidade para decisões judiciais que, rigorosamente, estão fora do Direito e que, portanto, carecem de validade.

E é contra esse tipo de decisões que se colocou a expressa opção legislativa de abandono do livre convencimento no CPC/2015. Ou seja, trata-se "de uma opção paradigmática feita pelo legislador."[13] Encerra-se um ciclo no qual havia, com a legislação processual agora revogada, uma espécie de *pseudo*justificativa institucional legitimadora de decisões judiciais fundadas no livre convencimento e no julgar de acordo com própria consciência. E essa nova estrutura processual vem de encontro ao que defendido já há tempo pela Crítica Hermenêutica do Direito no sentido de que decisão judicial "exige exercício prático, senso de dever, capacidade de se adotar uma atitude reflexiva em relação às próprias pré-compreensões, garantia de coparticipação dos destinatários da decisão no processo deliberativo, aprendizado institucional e debate público."[14] Em tudo antagônico às posturas discricionárias

---

13. STRECK, Lenio. *O que é isto – decido conforme minha consciência?* 5 ed. rev. e atual. de acordo com as alterações hermenêutico-processuais dos Códigos. Porto Alegre: Livraria do Advogado, 2015, p. 34.

14. STRECK, Lenio. Art. 371. Em: _____; NUNES, Dierle; CINHA, Leonardo (orgs.). *Comentários ao Código de Processo Civil*. São Paulo: Saraiva, 2016, p. 554.

e antidemocráticas que decorrem do princípio do livre convencimento e do decidir conforme a consciência.

3.2. Outras inovações processuais pertinentes: os elementos essenciais da sentença e o conceito de coerência e integridade no CPC/2015

Em especial são outras duas alterações que, junto ao abandono do livre convencimento, possibilitam uma guinada paradigmática no nosso sistema processual civil: os elementos essenciais da sentença, previstos no art. 489, com especial atenção ao seu parágrafo primeiro;[15] e, também, a necessidade de que os Tribunais mantenham a jurisprudência íntegra e coerente, prevista no art. 926,[16] adotando, assim, duas categorias tipicamente dworkianas que são assumidamente antitéticas aos decisionismos e às discricionariedades. Nessas três alterações temos, no dizer de Karam Trindade, uma "revolução paradigmática no modo de produção das decisões jurídicas."[17]

---

15. CPC/2015, art. 489. São elementos essenciais da sentença: I – o relatório, que conterá os nomes das partes, a identificação do caso, com a suma do pedido e da contestação, e o registro das principais ocorrências havidas no andamento do processo; II – os fundamentos, em que o juiz analisará as questões de fato e de direito; III – o dispositivo, em que o juiz resolverá as questões principais que as partes lhe submeterem. § 1º Não se considera fundamentada qualquer decisão judicial, seja ela interlocutória, sentença ou acórdão, que: I – se limitar à indicação, à reprodução ou à paráfrase de ato normativo, sem explicar sua relação com a causa ou a questão decidida; II – empregar conceitos jurídicos indeterminados, sem explicar o motivo concreto de sua incidência no caso; III – invocar motivos que se prestariam a justificar qualquer outra decisão; IV – não enfrentar todos os argumentos deduzidos no processo capazes de, em tese, infirmar a conclusão adotada pelo julgador; V – se limitar a invocar precedente ou enunciado de súmula, sem identificar seus fundamentos determinantes nem demonstrar que o caso sob julgamento se ajusta àqueles fundamentos; VI – deixar de seguir enunciado de súmula, jurisprudência ou precedente invocado pela parte, sem demonstrar a existência de distinção no caso em julgamento ou a superação do entendimento.
16. CPC/2015, art. 926. Os tribunais devem uniformizar sua jurisprudência e mantê-la estável, íntegra e coerente. § 1º Na forma estabelecida e segundo os pressupostos fixados no regimento interno, os tribunais editarão enunciados de súmula correspondentes a sua jurisprudência dominante. § 2º Ao editar enunciados de súmula, os tribunais devem ater-se às circunstâncias fáticas dos precedentes que motivaram sua criação.
17. TRINDADE, André Karam. O controle das decisões judiciais e a revolução hermenêutica no direito processual civil brasileiro. Em: STRECK, Lenio; ALVIM, Eduardo Arruva; LEITE, George Salomão (coords.). *Hermenêutica e jurisprudência no novo código de processo civil: coerência e integridade*. São Paulo: Saraiva, 2016, p. 17.

E isso porque o CPC/2015, apontando, no art. 489, essa série de exigências para que uma decisão judicial seja considerada fundamentada, contribui com a concepção defendida pela CHD de que a decisão judicial é um ato de responsabilidade política do juiz que, a partir desse novo modelo de produção das decisões judiciais, deve "controlar sua subjetividade por intermédio da intersubjetividade proveniente da linguagem pública (doutrina, jurisprudência, lei e Constituição)."[18]

Ou seja, bem compreendido, o CPC/2015 permite esse controle intersubjetivo das decisões judiciais, colaborando com o sufocamento da discricionariedade judicial. E isso porque o código de processo veda a decisões proferidas sem a explicitação do contexto no qual exsurgiu, do mesmo modo que veda a utilização de conceitos jurídicos indeterminados, o que irá viabilizar o *fechamento* dessa espécie de conceito quando da aplicação ao caso em vista dessa utilização pragmática da linguagem. Do mesmo modo são proibidas as decisões judiciais que utilizam da fundamentação padrão, utilizável por qualquer outra decisão que verse sobre o tema jurídico em abstrato de fundo; ou seja, exigem-se considerações acerca do caso concreto. Do mesmo modo a citação jurisprudencial deve ser feita de forma qualificada, com a explicitação dos fundamentos de fato (caso concreto) a justificar sua incidência à hipótese.[19] Enfim, são todas exigências que coincidem com a postura interpretativa/hermenêutica da CHD no sentido de que o Direito é um conceito interpretativo que sempre depende da historicidade e facticidade que derivam do contexto de incidência dos textos legais.

Além do art. 489, aqui também nos interessa o art. 926 que determinou a necessidade de que os tribunais devem manter sua jurisprudência estável, íntegra e coerente, adotando como dito logo acima, duas categorias tipicamente dworkianas assumidamente

---

18. STRECK, Lenio. Art. 489. Em: _____; NUNES, Dierle; CINHA, Leonardo (orgs.). *Comentários ao Código de Processo Civil*. São Paulo: Saraiva, 2016, p. 683.
19. STRECK, Lenio. Art. 489. Em: _____; NUNES, Dierle; CINHA, Leonardo (orgs.). *Comentários ao Código de Processo Civil*. São Paulo: Saraiva, 2016, p. 681-692.

antitéticas aos decisionismos e às discricionariedades. Lembrando que essa exigência do código processual coincide com o terceiro princípio da decisão judicial constitucionalmente adequada da CHD no sentido de que a decisão deva garantir o respeito à *integridade* e à *coerência* do Direito;[20] ou seja, as decisões judiciais devem se manter por seus argumentos numa forma integrada ao conjunto do Direito de determinada comunidade, e, devem, de forma coerente, aplicar os mesmos padrões interpretativos aos casos que sejam semelhantes entre si. Os critérios de coerência e integridade não apenas se prestam a reforçar a força normativa da Constituição, mas também operam no sentido de concretizar um padrão de igualdade.[21] O Direito como integridade é um conceito de Ronald Dworkin que, sobre essa questão, afirma o seguinte:

> O direito como integridade pede que os juízes admitam, na medida do possível, que o direito é estruturado por um conjunto coerente de princípios sobre a justiça, a equidade e o devido processo legal adjetivo, e pede-lhes que os apliquem nos novos casos que se lhes apresentem, de tal modo que a situação de cada pessoa seja justa e equitativa segundo as mesmas normas. Esse estilo de deliberação judicial respeita a ambição de que a integridade assume a ambição de ser uma comunidade de princípios.[22]

Por fim, cabe um comentário sobre o art. 10 do CPC/2015 que determinar aos juízes que não decidam, *em grau algum de jurisdição, com base em fundamento a respeito do qual não se tenha dado às partes oportunidade de se manifestar*, instituiu expressamente o critério da não surpresa dentro de um ambiente processual cooperativo; é outro dispositivo que colabora com as

---

20. STRECK, Lenio. *Verdade e Consenso*: constituição, hermenêutica e teorias discursivas. 5 ed. rev. mod. e ampl. São Paulo: Saraiva, 2014, p. 591-620; STRECK, Lenio. *Jurisdição constitucional e decisão jurídica*. 4 ed., São Paulo: Revista dos Tribunais, 2014, p. 330-347.
21. TRINDADE, André Karam. O controle das decisões judiciais e a revolução hermenêutica no direito processual civil brasileiro. Em: STRECK, Lenio; ALVIM, Eduardo Arruva; LEITE, George Salomão (coords.). *Hermenêutica e jurisprudência no novo código de processo civil*: coerência e integridade. São Paulo: Saraiva, 2016, p. 18.
22. DWORKIN, Ronald. *O império do direito*. 2 ed., São Paulo: Martins Fontes, 2010, p. 291.

possibilidades de controle intersubjetivo das decisões judiciais. Diante de tudo, observa-se que tem razão Karam Trindade ao afirmar que o CPC/2015 representa uma revolução paradigmática no modo de produção das decisões judiciais. Há, sem dúvida, uma possibilidade de superação da discricionariedade judicial.

Tudo depende, entretanto, do compromisso da comunidade jurídica, que deve levar em sério o código de processo civil.

3.3. Discricionariedade judicial e Democracia Constitucional: um empecilho

O objetivo do presente tópico é demonstrar que, além da perspectiva jurídica e filosófica apresentada até aqui, também há uma perspectiva democrática a indicar pela necessidade de superarmos a discricionariedade judicial. Após as reflexões que se encaminharão nesse sentido, faremos juntar um ensaio no qual refletimos acerca do papel das instituições em sede de reforma política, com especial atenção para o papel desempenhado, nesse contexto, pelo Supremo Tribunal Federal.

Assim, cumpre iniciar recordando que as digressões sobre o conceito de democracia buscam na sabedoria de Heródoto, o grego, suas primeiras fontes. Passam por Platão (*A República / Político*) e Aristóteles (*Política*), até que na Idade Média, Renascimento e Idade Moderna a classificação trifásica (*monarquia / aristocracia / democracia*) das formas de governo torna-se tradicional entre quem pensa o assunto. Isso é o que nos ensina Abbagnano.[23]

Se as reflexões sobre democracia como forma de governo são tão antigas quanto a *ágora*, a "democracia dos modernos" tem imposições estruturais, como a necessidade de um sistema representativo, e exigências bem específicas quanto à necessidade de visibilidade do Poder (*publicidade / transparência*) pela liberdade de imprensa, pela transmissão das sessões parlamentares, pelas

---
23. ABBAGNANO, Nicola. *Dicionário de filosofia*. Tradução de Alfredo Bosi. 2 ed. São Paulo: Martins Fontes, 1998, p. 486-488.

manifestações dos representantes políticos veiculadas em mídia de massas, tudo a emprestar graus de legitimidade democrática ao corpo de representantes eleitos.[24]

A própria etimologia da palavra democracia indica o exercício da cidadania[25] pelo *povo* como um de seus elementos fundantes, pois não apenas qualifica o indivíduo como participante ativo (integrado) da vida pública, mas também sugere que o "funcionamento do Estado estará submetido à vontade popular." [26]

Aieta indica alguns princípios fundamentais que, a despeito do feixe conceitual, estariam em qualquer definição contemporânea de democracia, quais sejam: a valorização do indivíduo e da personalidade humana, a existência e proteção (efetiva, acrescentamos) aos direitos fundamentais, e a tolerância à diversidade política.[27] Em outras palavras: democracias são aqueles regimes em que o texto constitucional sobrevive com a manutenção das regras do jogo, com a alteração do poder e a impessoalidade a garantir a atuação dos diferentes grupos sociais e políticos sem que os derrotados sejam *eliminados* do debate público, tudo isso da forma menos coercitiva possível.[28]

Goyard-Fabre apresenta os *parâmetros fundamentais* para a formação da instituição democrática: trata sobre os procedimentos de representação política, sobre o exercício de um poder que não pode existir sem a anuência do povo, e sobre a Constituição da

---

24. AIETA, Vânia Siciliano. *Dicionário de Filosofia do Direito*. Coord. Vicente de Paulo Barreto. Verbete: Democracia. São Leopoldo: Editora Unisinos, 2009, p. 192.
25. Sobre o exercício da cidadania pelo *povo* como fator de robustecimento da legitimidade de regimes democráticos, ver: FARIA, José Eduardo. *Poder e legitimidade*: uma introdução à Política do Direito. São Paulo: Editora Perspectiva, 1978, pp. 62-ss.
26. SILVA, José Afonso da. *Teoria do conhecimento constitucional*. São Paulo: Malheiros, 2014, p. 676.
27. AIETA, Vânia Siciliano. *Dicionário de Filosofia do Direito*. Coord. Vicente de Paulo Barreto. Verbete: Democracia. São Leopoldo: Editora Unisinos, 2009, p. 193.
28. FARIA, José Eduardo. *Poder e legitimidade*: uma introdução à Política do Direito. São Paulo: Editora Perspectiva, 1978, p. 62.

liberdade que, delimitando os poderes públicos, garante o respeito da legalidade.[29]

Sobre a questão da representação política afirma que, não obstante reconhecer que não exista identidade perfeita entre democracia e representação, o entendimento de que governantes devem agir no lugar e em benefício dos governados, de quem recebem seu mandato, é um dos axiomas centrais da teoria democrática.[30] Desenvolvendo suas reflexões, afirma que há uma espécie de identidade jurídica entre povo-nação e os representantes eleitos, de modo que a representação política serve como um mecanismo mediador entre governados e autoridade governante.[31] Em suma, nas palavras de Duhamel, "todas as definições de democracia passam pela livre escolha dos governantes pelos governados, dos detentores do poder pelos cidadãos. Certas definições ultrapassam este princípio, nenhuma delas o afasta." [32]

Sobre o ponto converge Pisier ao afirmar que o sistema representativo é indissociável da construção democrática moderna.[33]

Nessa perspectiva é possível concluir, portanto, que as eleições configuram, além da viabilização do sistema de representação política, a forma mais básica de estabilização dos sistemas políticos com a obtenção do consenso, servindo na mesma medida para evidenciar a importância dos eleitores e de sua respectiva

---

29. GOYARD-FABRE, Simone. *O que é Democracia?*: a genealogia filosófica de uma grande aventura humana. Tradução de Claudia Berliner. São Paulo: Martins Fontes, 2003, pp. 126-141.
30. GOYARD-FABRE, Simone. *O que é Democracia?*: a genealogia filosófica de uma grande aventura humana. Tradução de Claudia Berliner. São Paulo: Martins Fontes, 2003, p. 127.
31. GOYARD-FABRE, Simone. *O que é Democracia?*: a genealogia filosófica de uma grande aventura humana. Tradução de Claudia Berliner. São Paulo: Martins Fontes, 2003, pp. 131-132.
32. DUHAMEL, Olivier. As eleições. Em: DARTON, Robert; DUHAMEL, Olivier [Orgs.]. *Democracia*. Trad. de Clóvis Marques. Rio de Janeiro: Record, 2001, p. 183.
33. PISIER, Evelyne. Montesquieu e Rousseau: dois batedores da democracia. Em: DARTON, Robert; DUHAMEL, Olivier [Orgs.]. *Democracia*. Trad. de Clóvis Marques. Rio de Janeiro: Record, 2001, pp. 112-113.

participação no debate público em direção ao consenso político.[34] Trata-se de permitir que todo e cada um dos indivíduos de respectiva comunidade democrática seja um partícipe ativo (ainda que perdedor) da construção da ordem jurídica, criando-se um sistema normativo fundante que estipule quem terá autoridade legítima para tomar decisões coletivas e quais são os processos para essa tomada de decisão política, com a consequente solução dos desacordos morais; entendimento que em boa medida já constava na doutrina política de H. Kelsen.[35]

Retornando aos *parâmetros fundamentais* de Goyard-Fabre, além de um sistema representativo, a instituição democrática deve contar também com a anuência ao poder, ou seja: o consentimento do povo. É no vínculo voluntário e desimpedido que a sociedade civil empresta aceitação às leis positivas da instituição democrática, legitimando a autoridade legislativa para que determine o ordenamento jurídico que a todos protegerá.[36] Desse modo, o sistema representativo aliado ao consentimento do povo ao exercício do poder legítimo "equivale dizer que cabe ao povo decidir, por si mesmo, sobre seu destino político."[37]

A "Constituição da liberdade" se soma ao sistema representativo e à anuência do povo para fechar o tripé de *parâmetros fundamentais* da instituição democrática de Goyard-Fabre. Compõem o que ela chama de Constituição da liberdade o equilíbrio constitucional entre os poderes, como característica própria dos governos moderados e autolimitados, o pluralismo partidário,

---

34. FARIA, José Eduardo. *Poder e legitimidade*: uma introdução à Política do Direito. São Paulo: Editora Perspectiva, 1978, pp. 66-67.
35. KELSEN, Hans. *A Democracia*. Tradução de Ivone Castilho Benedetti, Jefferson Luiz Camargo, Marcelo Brandão Cipolla e Vera Barkow. 2ª edição. São Paulo: Martins Fontes, 2000, pp. 137-205. No mesmo sentido: AIETA, Vânia Siciliano. *Dicionário de Filosofia do Direito*. Coord. Vicente de Paulo Barreto. Verbete: Democracia. São Leopoldo: Editora Unisinos, 2009, p. 193-195.
36. GOYARD-FABRE, Simone. *O que é Democracia?* : a genealogia filosófica de uma grande aventura humana. Tradução de Claudia Berliner. São Paulo: Martins Fontes, 2003, pp. 133-134.
37. GOYARD-FABRE, Simone. *O que é Democracia?* : a genealogia filosófica de uma grande aventura humana. Tradução de Claudia Berliner. São Paulo: Martins Fontes, 2003, p. 135.

considerando que a liberdade na diversidade de opiniões é um fator que limita a autoridade de um poder central, e a virtude cívica, como forma de manifestação comportamental dos indivíduos que compõem a sociedade civil em direção ao bem público[38], trata-se, segundo entendemos, de uma espécie de conscientização política do povo.

Há, portanto, o que Bobbio chamou de *conteúdos mínimos* inerentes a um Estado Democrático, tais como: garantias dos principais direitos de liberdade, pluralidade de partidos políticos em franca concorrência, eleições periódicas via sufrágio universal, decisões coletivas ou concordadas tomadas a partir da regra majoritária e sempre após um debate desimpedido entre os contendores ao posto político.[39] Bolzan e Streck lembram ainda que sociedades democráticas são verdadeiramente históricas (abertas ao tempo), pois benevolentes com transformações em direção ao novo, e aquelas aonde conflito é legítimo – e no mais das vezes a disputa de interesses acaba sendo institucionalizada em forma de direitos que devem ser devidamente atendidos e respeitados.[40]

Diante dessas considerações conceituais já é de se cogitar que a utilização do livre convencimento pelo Poder Judiciário como forma de "envernizar"[41] decisões discricionárias e arbitrárias configura circunstância antidemocrática. Entendemos por decisões judiciais discricionárias e antidemocráticas, na esteira do que defende Georges Abboud,[42] aquelas que se fundamentam

---

38. GOYARD-FABRE, Simone. *O que é Democracia?* : a genealogia filosófica de uma grande aventura humana. Tradução de Claudia Berliner. São Paulo: Martins Fontes, 2003, pp. 136-140.
39. BOBBIO, Norberto. *O futuro da democracia*: uma defesa das regras do jogo. Tradução de Marco Aurélio Nogueira, 4 ed., Rio de Janeiro: Paz e Terra, 1986, p. 37.
40. STRECK, Lenio Luiz; BOLZAN, Jose Luis. *Ciência política e teoria do estado*. 8 ed., rev. e atual. Porto Alegre: Livraria do Advogado, 2014, pp. 111-112.
41. Utilizamos a expressão *envernizar* no sentido de que a categoria "livre convencimento" é utilizada de modo a dar aparência (meramente superficial e cosmética) de adequação jurídico-constitucional para decisões discricionárias/arbitrárias.
42. Relevante anotar que, conforme entendemos, Abboud desenvolve seu raciocínio dentro da perspectiva teórica da CHD (Crítica Hermenêutica do Direito) de Lenio Streck, notadamente quanto às reflexões sobre jurisdição constitucional. Ver: ABBOUD, Georges.

em maior ou menor medida no enfraquecimento da autonomia do Direito e na mitigação da normatividade da legalidade constitucional. [43]

A primeira premissa do raciocínio é a de que regimes autoritários e, em especial, regimes totalitários são a *antítese da democracia*.[44] A segunda premissa que devemos considerar é a de que os regimes totalitários têm como marca registrada a utilização de mecanismos e teorizações jurídico-políticas que enfraquecem o poder coercitivo / normativo da lei.[45] Desse modo é possível concluir que, nas hipóteses em que um juiz dispõe da legislação sem consistentes razões constitucionais que o respaldem, ele não apenas está proferindo uma decisão inadequada sob a perspectiva teórica ou filosófica. Trata-se, de fato, de uma decisão antidemocrática e politicamente insustentável, pois usurpa o espaço de construção democrática do Direito.

Afastar a incidência da lei por razões alheias ao texto constitucional e sua principiologia é antidemocrático. Sobre o ponto, Georges Abboud apresenta uma perspectiva histórica para a questão ao lembrar que no regime totalitário nazista as decisões judiciais se baseavam na posição política do regime, no entendimento do *Führer* e não no direito positivo. [46] Nesse mesmo contexto, afirma Mario Losano que o nacional-socialismo levou ao extremo as críticas à vinculação do Estado ao direito positivo; conforme afirma, "o direito anterior a 1933 foi esvaziado, obrigando juízes a interpretá-lo segundo os princípios nazistas: os juízes eram

---

Discricionariedade administrativa e judicial: o ato administrativo e a decisão judicial. São Paulo: Revista dos Tribunais, 2014.

43. ABBOUD, Georges. *Discricionariedade administrativa e judicial*: o ato administrativo e a decisão judicial. São Paulo: Revista dos Tribunais, 2014, pp. 354-361.
44. STRECK, Lenio Luiz; BOLZAN, Jose Luis. *Ciência política e teoria do estado*. 8 ed., rev. e atual. Porto Alegre: Livraria do Advogado, 2014, pp. 136-139.
45. ABBOUD, Georges. *Discricionariedade administrativa e judicial*: o ato administrativo e a decisão judicial. São Paulo: Revista dos Tribunais, 2014, p. 355.
46. ABBOUD, Georges. *Discricionariedade administrativa e judicial*: o ato administrativo e a decisão judicial. São Paulo: Revista dos Tribunais, 2014, p. 355.

liberados da servidão da norma, para ficar subjugados ao poder político."[47]

É evidente que não se trata aqui de diminuir o papel do Judiciário, mormente em sede de jurisdição constitucional – *a essa altura do trabalho imaginamos que isso tenha ficado bem claro* –, tampouco de reduzir o sistema democrático e constitucional brasileiro à regra majoritária ou outros parâmetros prioritariamente procedimentais. E é nesse contexto que, indo além dos elementos discursivos que se sedimentaram na composição do conceito de democracia, nessa altura da história do pensamento ocidental, o estudo sobre o papel da democracia como forma de governo não pode estar dissociado daquela que é condição de possibilidade da legitimidade institucional no Brasil: a Constituição Federal. Vale dizer, no caso brasileiro o estudo da democracia deve estar aliado e em paralelo com o entendimento do Constitucionalismo Contemporâneo.

Essa é uma circunstância relevante primeiro para que as reflexões sobre democracia não fiquem historicamente descontextualizadas e, em um segundo momento, para que se reafirme a importância fundamental do exercício da jurisdição dentro dos parâmetros que entendemos como adequados ao sistema constitucional brasileiro.

Como diz Amar, o texto constitucional *é* muito além de um simples texto. É um *constituindo*.[48] Ou: *a Constituição constitui*, para utilizar expressão de Streck.[49] Constitui uma comunidade

---

47. LOSANO, Mário G. *Sistema e estrutura no direito*: o século XX. Vol. II. Tradução de Luca Lamberti, rev. de trad. de Carlos Alberto Dastoli. São Paulo: Editora WMF Martins Fontes, 2010, p. 185.
    Cass Sunstein também tece considerações sobre a teorização jurídica no período do nacional-socialismo alemão na qual a aplicação do Direito pelos juízes era feita prioritariamente por políticas; sempre que o direito positivado bloqueasse avanços do pensamento político predominante, o texto legal era simplesmente deixado de lado. Ver: SUNSTEIN, Cass R. Must formalism be defended empirically?, 1999, *The University of Chicago – The law school*. Disponível em: <http://www.law.uchicago.edu/publications>. Acesso em: 20.03.2015.
48. AMAR, Akhil Reed. *America's constitution*: a biography. New York: Random House Trade Paperbacks, 2005, p. 05.
49. STRECK, Lenio Luiz. *Jurisdição constitucional e decisão jurídica*. São Paulo: Editora Revista dos Tribunais, 2014, *passim*.

fundada sobre os princípios que, ao serem acolhidos pelo texto constitucional, ganham densidade como direitos fundamentais de natureza deontológica.[50] As primeiras considerações sobre o tema já demonstram que o *Constitucionalismo Contemporâneo*, muito embora convergente com diversos pontos do pensamento democrático, constrange, em alguma medida, um dos pilares fundamentais da teoria tradicional da democracia: o princípio majoritário.

A existência de uma Constituição rígida afasta ou, quanto menos, dificulta bastante o acesso do debate político a determinados temas que, portanto, estão fora do alcance das maiorias ocasionais. Essa reflexão é antiga[51] e constava já, por exemplo, no caso *State Board of Education vs. Barnette*, (319 U.S. 624 – 1943), julgado pela Suprema Corte estadunidense, ocasião em que o Justice Robert Jackson, ao entregar a *opinion of the Court*, afirmou que o propósito mesmo de uma declaração de Direitos é o de retirar alguns temas dos percalços do debate político, transformando-os em princípios de Direito que deverão ser aplicados pelos tribunais.[52]

---

50. CARVALHO NETTO, Menelick; SCOTTI, Guilherme. *Os direitos fundamentais e a (in)certeza do Direito*: a produtividade das tensões principiológicas e a superação do sistema de regras. Belo Horizonte: Fórum, 2011, pp. 157-162; DWORKIN, Ronald. The concept of unenumerated rights: whether and how Roe should be overruled. *University of Chicago Law Review*, v. 58, n. 1, 1992, pp. 381-ss.

51. Evidente que a relação entre constitucionalismo e democracia é muito mais antiga que o acórdão da Suprema Corte norte-americana que citaremos a seguir, proferido dos anos 40. Como tudo o que é político, trata-se de debate antiquíssimo. Stephen Holmes afirma que reflexões sobre essa questão remontam ao século XVIII, quadra histórica em que Putney afirmou que todos os homens e todas as nações têm liberdade e poder para alterar suas constituições e suas leis se as considerarem frágeis; ou na qual Thomas Jefferson afirmou que é direito do povo abolir qualquer forma de governo que tenha se tornado destrutivo da liberdade e da vida, e que nenhuma instituição e nenhuma lei, por fundamental que seja, era irrevogável. Tratava-se, como se vê, de manifestações contundentes contra o comprometimento (*precommitment*) e limitação de uma geração pelos seus antepassados. Constrição típica da teoria mais tradicional acerca do constitucionalismo – costumeira em usar a metáfora de Ulysses para justificar o fato de que, no pensamento político-constitucional, a geração *constituinte* castre, em alguma medida, as gerações futuras. Ver: HOLMES, Stephen. El precompromiso y la paradoja de la democracia. Em: ELSTER, Jon; SLAGSTAD, Rune (Org.). *Constitucionalismo y democracia*. México: Fondo de Cultura Economica, 2003.

52. Trecho da opinion do Justice Jackson no caso State Board of Education vs. Barnette, (1943, n.º. 591):"The very purpose of a Bill of Rights was to withdraw certain subjects

Trata-se, em uma primeira análise, de uma contraposição ao fundamento básico da democracia de que aos cidadãos deve ser dada oportunidade de participar, via regra majoritária, da votação das questões relevantes para a comunidade na qual está inserido. Mas o caminhar dos estudos sobre o tema pode indicar conclusão diversa.

Sobre essa questão, Ronald Dworkin defende que devemos abandonar a ideia de que a existência de políticas e de uma legislação defendida / votada pela maioria seria condição suficiente para garantir a existência e manutenção de um regime democrático.[53] Sobre o ponto, Dworkin menciona a intervenção do constitucionalismo na construção e defesa do que chamou de direitos antidiscriminatórios individuais, tais como liberdade de expressão, direitos econômicos que previnem que determinada parcela de indivíduos vivam em extrema miséria, e as liberdades de consciência. Excluir do jogo político o debate sobre a necessidade de existência (ou não) dos direitos mencionados seria, no entender de Dworkin, garantia de viabilidade e manutenção do sistema democrático, e não o contrário.[54]

Em sentido semelhante são as reflexões de Stephen Holmes, para quem a existência de uma contradição irreparável entre democracia e constitucionalismo é um dos principais mitos do pensamento político moderno.[55] Para Holmes, o regramento

---

from the vicissitudes of political controversy, to place them beyond the reach of majorities and officials and to establish them as legal principles to be applied by the courts. One's right to life, liberty, and property, to free speech, a free press, freedom of worship and assembly, and other fundamental rights may not be submitted to vote; they depend on the outcome of no elections." [Argued: March 11, 1943 / Decided: June 14, 1943 Mr. Justice JACKSON delivered the opinion of the Court].

53. DWORKIN, Ronald. Direitos fundamentais: a democracia e os direitos do homem. DARTON, Robert; DUHAMEL, Olivier [Orgs.]. *Democracia*. Trad. de Clóvis Marques. Rio de Janeiro: Record, 2001, p. 159.

54. DWORKIN, Ronald. Direitos fundamentais: a democracia e os direitos do homem. DARTON, Robert; DUHAMEL, Olivier [Orgs.]. *Democracia*. Trad. de Clóvis Marques. Rio de Janeiro: Record, 2001, pp. 160-162.

55. HOLMES, Stephen. El precompromiso y la paradoja de la democracia. Em: ELSTER, Jon; SLAGSTAD, Rune (Org.). *Constitucionalismo y democracia*. México: Fondo de cultura Economica, 2003.

constitucional não deve ser visto pura e simplesmente como uma limitação ao debate público; antes, o regramento constitucional deve ser entendido como um instrumento governamental que, separando poderes e delimitando competências, pode direcionar o governo e o país em direção ao bem comum, dando-lhes mais eficiência e senso de objetivo / direção comum. Ou seja, as regras constitucionais em geral são capacitadoras, de modo que seria equivocado identificar o constitucionalismo simplesmente como uma limitação ao poder. Holmes prossegue para dizer que democracia não é simplesmente o governo do povo, mas o governo do povo via procedimentos predeterminados. Sob a perspectiva material, afirma que são legítimas todas as limitações ou restrições que sirvam substancialmente ao axioma democrático da liberdade e que viabilizem ao cidadão e a comunidade alcançar determinados valores. Dá exemplos tais como a imposição legislativa que torne obrigatório o uso do cinto de segurança nos automóveis, como forma de atingir um desiderato aceito pela comunidade e de que outra forma seria difícil de ser alcançado; ou a legislação trabalhista que impede que o trabalhador de ser contratado por valor inferior ao salário mínimo, como forma de facilitar que o cidadão obtenha o que quer; ou o estabelecimento de regulações que protejam e organizem o debate público, evitando censuras e monopólios. Em suma: a proibição de que o cidadão se venda como escravo implica na aceitação de um compromisso prévio e superior com a própria liberdade.[56]

Na mesma esteira, Streck afirma que a contrapor Democracia e Constitucionalismo configura perigoso reducionismo, pois, compreendendo-se o desenvolvimento do direito público que seguiu ao segundo pós-guerra, a Constituição pode ser condição de possibilidade do exercício do regime democrático.[57] Seguindo-se a tradição das culturas ocidentais, é possível afirmar que os

---

56. HOLMES, Stephen. El precompromiso y la paradoja de la democracia. Em: ELSTER, Jon; SLAGSTAD, Rune (Org.). *Constitucionalismo y democracia*. México: Fondo de Cultura Economica, 2003.
57. STRECK, Lenio Luiz. *Verdade e Consenso*: constituição, hermenêutica e teorias discursivas. 5 ed. rev. mod. e ampl. São Paulo: Saraiva, 2014, p. 87.

conceitos de democracia e constitucionalismo se entrelaçam. Afinal, como bem adverte Évelyne Pisier, as coisas nunca estão definitivamente concluídas, e a *invenção democrática* é constantemente necessária.[58] Democracia é história,[59] é um vir-a-ser,[60] democracia é experiência que se desenvolve dentro daqueles padrões aceitos pela *tradição* do pensamento político.

Em suma, qualquer teoria do Direito brasileira – *aí incluída, por óbvio, a Teoria da Decisão contida na CHD* – deve ter como condição de possibilidade o respeito à Democracia[61] que, em última análise, levando-se em consideração as reflexões já feitas, consiste em respeito à autonomia, integridade e coerência do Direito, bem como às regras expressamente impostas pela Constituição Federal e à legislação democraticamente aprovada.

Desse modo, se é correta a afirmação de Aieta[62] de que uma das grandes dificuldades teóricas hoje é a determinação do que não seja democracia, afirmamos, com segurança, que não são democráticas as decisões judiciais discricionárias (arbitrárias) que, sob o álibi teórico do *livre convencimento* ou do *decidir conforma a consciência*, desconsideram não apenas a autonomia, integridade e coerência do Direito, mas a legislação democraticamente votada, e, no limite, o próprio texto constitucional.

Feitas essas considerações apresentamos, de modo a concluir o último capítulo desta obra, um ensaio cujo tema aborda decisões de viés pragmático e político que fazem soçobrar o próprio texto da Constituição brasileira. São circunstâncias

---

58. PISIER, Evelyne. Montesquieu e Rousseau: dois batedores da democracia. Em: DARTON, Robert; DUHAMEL, Olivier [Orgs.]. *Democracia*. Trad. de Clóvis Marques. Rio de Janeiro: Record, 2001, p. 110.
59. STRECK, Lenio Luiz; BOLZAN, Jose Luis. *Ciência política e teoria do estado*. 8 ed., rev. e atual. Porto Alegre: Livraria do Advogado, 2014, p. 112.
60. STRECK, Lenio Luiz; BOLZAN, Jose Luis. *Ciência política e teoria do estado*. 8 ed., rev. e atual. Porto Alegre: Livraria do Advogado, 2014, p. 126.
61. STRECK, Lenio. *Hermenêutica jurídica e(m) crise*: uma exploração hermenêutica da construção do Direito. 11 ed., rev., atual e ampl., Porto Alegre: Livraria do Advogado, 2014, p. 397-400.
62. AIETA, Vânia Siciliano. *Dicionário de Filosofia do Direito*. Coord. Vicente de Paulo Barreto. Verbete: Democracia. São Leopoldo: Unisinos, 2009, p. 192.

em que, conforme entendemos, nossa democracia fica refém de subjetivismos que, em última análise, configuram política jurídica antidemocrática.

3.4. Ensaio: O papel do Supremo Tribunal Federal na reforma política[63]

Chegando ao cume da obra e, antes de seguir em frente, nos parece pertinente reiterar nosso entendimento no sentido de que a tese de que a aceitação da discricionariedade judicial é antidemocrática nada tem como uma suposta *diminuição* da importância institucional do Poder Judiciário. O Judiciário tem relevância estratégica[64] dentro dos sistemas democráticos permeados pelo que chamamos, na expressão de Lenio Streck, de *Constitucionalismo Contemporâneo*.

Reiterado nosso entendimento quanto à posição institucional do Judiciário no nosso desenho constitucional, o tópico pretende demonstrar as razões pelas quais acompanhamos a tese, defendida (dentre outros) pela Crítica Hermenêutica do Direito, de que a admissão da discricionariedade judicial – manifestação expressa do livre convencimento – é antidemocrática. Não por outra razão entendemos, já em reflexões conclusivas, que a retirada do "livre convencimento motivado" do nosso código processual civil foi circunstância bastante importante, tanto sob perspectiva jurídico--filosófica quanto sob perspectiva democrática.

O caminho que pretendemos percorrer passa, inicialmente, pela descrição e análise qualitativa de alguns precedentes[65]

---

63. É de se fazer constar que algumas reflexões aqui contidas foram, muito embora revisadas e ampliadas, retiradas do nosso artigo, escrito em coautoria: FERREIRA, Fábio Bragança; PÁDUA, Thiago Aguiar de. Entre o Tribunal e o Parlamento: a atualidade das lições dos casos de verticalização e fidelidade partidárias no contexto do papel das instituições na reforma política. Em: *Revista da AGU*, Brasília-DF, v. 14, n. 04, p. 231-270, out./dez. 2015.
64. STRECK, Lenio. *Hermenêutica jurídica e(m) crise:* uma exploração hermenêutica da construção do Direito. 11 ed., rev., atual e ampl., Porto Alegre: Livraria do Advogado, 2014, p. 329.
65. A seleção dos precedentes se deu em razão de uma "escolha" das decisões do Supremo Tribunal Federal que, segundo entendemos, produziram maior impacto em termos

do Supremo Tribunal Federal, e de que forma os referidos precedentes e a forma como os compreendemos (*é dizer, como discursos neoconstitucionalistas que tomam decisões por políticas baseados numa franca assunção da discricionariedade judicial / livre convencimento*) representam uma violação ao regime democrático brasileiro.

Após essa primeira parada com a descrição analítica dos precedentes selecionados, usaremos como instrumental teórico para o cotejo de adequação constitucional e de constrangimento epistemológico das decisões do STF as manifestações de autores como Kelsen, Bobbio, Dahl, Abboud, Losano e Streck – segundo os entendemos como uma evolução gradativa de compreensão e teorização democrática. Após, apresentaremos nossas conclusões sobre a relação entre livre convencimento (discricionariedade judicial) e regime democrático.

As discussões acerca da (não) correção de determinadas decisões do Supremo Tribunal Federal já vêm de longa data e não nos parece que irão encontrar termo próximo. Ainda que as decisões objeto de análise tenham sido proferidas já há algum tempo,[66] a sequência final deste tópico procura desvelar, com reflexões auxiliadas por doutrina crítica, um ensinamento extraído da leitura desses precedentes que demonstra notável atualidade tendo em conta a premência de reforma política do nosso sistema representativo. A sua importância e atualidade pode ser aferida não apenas em referência aos temas que se colocam sob a rubrica da reforma política, como o caso da ADI 4650 em que o Tribunal discutiu a compatibilidade constitucional do

---

de tradição democrática e de separação e/ou usurpação entre os Poderes. Vale dizer, decorre da nossa *pré-compreensão* acerca da menor ou maior importância (pertinência) do objeto (temas) das decisões quanto à matéria do tópico. A adequação das escolhas se esgrime, também, entre a limitação do tamanho da pesquisa, e entre os precedentes que de fato tivemos acesso (tempo/capacidade) de leitura. São essas circunstâncias que intentam afastar tanto quanto possível um eventual tom de arbitrariedade acadêmica na escolha dos precedentes aqui abordados.

66. Mandado de Segurança 26.603 (fidelidade partidária), decisão publicada no DJe 19/12/2008; e ADIs ns. 2626 e 2628 (verticalização partidária), decisão publicada no DJe 18/04/2002.

sistema de financiamento de campanhas eleitorais, mas, também, ao pleito do governo do Estado do Maranhão para a criação de tributos[67], ou, igualmente, o pleito da Associação Brasileira de Gays, Lésbicas e Transgêneros – ABGLT para criminalização de condutas.[68] Seja a decisão acerca do financiamento de campanhas, a criação de tributos ou a criminalização de condutas por parte do Supremo Tribunal Federal, são todas atuações da jurisdição constitucional que impõem uma série de questionamentos, notadamente por tratarem-se, conforme entendemos, de questões que no mais das vezes são decididas pelo Supremo Tribunal Federal com base em políticas e não em princípios, conforme defende a CHD sob a perspectiva do constitucionalismo contemporâneo.

A proposta do tópico, portanto, é repristinar algumas lições extraídas do "diálogo" (no sentido de disputa por ocupação de espaços de poder institucional) entre os Poderes da República por ocasião das decisões nas Ações Diretas de Inconstitucionalidade n.º 2626 e n.º 2628 (verticalização partidária) e no Mandado de Segurança n.º 26.603 (fidelidade partidária) e, a partir delas, desenvolver algumas reflexões e questionamentos sobre a pertinência e legitimidade da atuação (livre e discricionário) do Tribunal dentro de um regime que democrático, num contexto

---

67. Referimo-nos à *Ação Direita de Inconstitucionalidade por Omissão (ADO) n. 31/DF* em que Flávio Dino, Governador do Maranhão, nos termos da inicial da Ação Direta, requer do STF: "a) reconhecer a omissão inconstitucional do Congresso Nacional em instituir o Imposto sobre Grandes Fortunas, de que trata o art. 153, VII, da Constituição; b) fixar o prazo de 180 (cento e oitenta) dias ao Congresso Nacional para encaminhar à sanção a(s) o(s) projeto(s) de lei(s) regulamentando e instituindo o Imposto sobre Grandes Fortunas de que trata o art. 153, VII, da Constituição; c) desde logo apontar quais regras vigerão já no presente exercício financeiro, a permitir a cobrança do tributo no próximo exercício financeiro, no caso do Congresso Nacional permanecer inerte e manter-se em estado de inconstitucionalidade por omissão."
68. Referimo-nos ao *Mandado de Injunção n. 4733/DF*, de autoria da Associação Brasileira de Gays, Lésbicas e Transgêneros – ABGLT e no qual se lê do Parecer do dia 25 de julho de 2014, da lavra do PGR Rodrigo Janot que "O Ministério Público Federal opina pelo provimento do agravo, para que se conheça do mandado de injunção e se defira em parte o pedido, para o efeito de considerar a homofobia e a transfobia como crime de racismo e determinar a aplicação do art. 20 da Lei 7.716/1989 ou, subsidiariamente, determinar aplicação dos dispositivos do Projeto de Lei 122/2006 ou do Projeto de Código Penal do Senado, até que o Congresso Nacional edite legislação específica."

de constitucionalismo contemporâneo e com o acréscimo teórico da Crítica Hermenêutica do Direito – CHD.

Após uma reflexão introdutória faremos uma análise descritiva das decisões do Judiciário (STF e TSE) quanto à fidelidade partidária e, ato contínuo, sobre a verticalização das coligações eleitorais; em sequência tentaremos refletir criticamente acerca das lições extraídas do diálogo entre os Poderes da República sob a perspectiva das críticas pensadas por autores que contribuem (ou contribuíram) para o desenvolvimento de uma teoria democrática, nomeadamente H. Kelsen, N. Bobbio, R. Dahl, Cass Sunstein e Lenio Streck no que diz respeito à temas correlatos como livre convencimento, discricionariedade judicial, neoconstitucionalismo e democracia – *ressalte-se desde já que não nos foge ao conhecimento que esses são aportes teóricos que apresentam perspectivas bastante distintas entre si; nada obstante isso, a reflexão sobre as referidas perspectivas, ainda que na mesma pesquisa, servem, ao menos assim entendemos, para aprimorar e ampliar o debate acadêmico.* Por fim apresentaremos algumas conclusões decorrentes das descrições e reflexões aqui desenvolvidas.

Inicialmente, quanto à questão da fidelidade partidária, é de se notar que o Mandado de Segurança n. 26.603[69] foi interposto pelo PSDB – Partido da Social Democracia Brasileira contra o ato do então Presidente da Câmara dos Deputados, Deputado Federal Arlindo Chinaglia, que negou pleito administrativo interposto pelo impetrante com o objetivo de ver declarados vacantes os mandatos dos parlamentares que se desfiliaram dos seus quadros. Além de alguns parlamentares individualmente representados, compunham o polo passivo do *mandamus* o PSB – Partido Socialista Brasileiro, o PTB – Partido Trabalhista Brasileiro e o PR – Partido da República.

---

69. Para todas as informações concernentes aos argumentos desenvolvidos pelas partes e em relação ao conteúdo dos votos no MS 26.603, *v.* o sítio do Supremo Tribunal Federal. Disponível em: www.stf.jus.br, Acesso em: 04/04/2015.

O impetrante (PSDB), em argumentos respaldados pela resposta do Tribunal Superior Eleitoral[70] à Consulta n. 1.398,[71] alegou, em síntese, que a impetração do mandado de segurança, na hipótese, não violaria a separação entre os Poderes da República; que os partidos políticos detém direito líquido e certo à manutenção das vagas obtidas pelos parlamentares filiados aos seus quadros; e que os partidos políticos, notadamente em razão do sistema representativo proporcional, têm direito às vagas obtidas como decorrência direta do quociente eleitoral.

O relator do MS 26.603/DF, min. Celso de Mello, após longa exaltação da importância dos partidos políticos nos sistemas democráticos representativos, destacando que a sua essencialidade "no Estado de Direito, tanto mais se acentua quando se tem em consideração que representam eles um instrumento decisivo na concretização do princípio democrático", afirma que o rompimento dos vínculos com o partido pelo parlamentar configura "infidelidade ao partido e infidelidade ao povo", "fraude, de modo acintoso e reprovável, a vontade soberana dos cidadãos eleitores", e gera, "como imediato efeito perverso, a deformação da ética de governo, com projeção vulneradora sobre a própria razão de ser e os fins visados pelo sistema eleitoral proporcional, tal como previsto e consagrado pela Constituição da República."[72] De modo a resumir a questão deve-se pinçar um trecho da ementa do MS 26.603/DF que, nos parece, sintetiza os fundamentos jurídicos

---

70. Sobre a questão, o relator do MS 26.603, min. Celso de Mello, asseverou que "a resposta do Tribunal Superior Eleitoral à Consulta nº 1.398/DF constitui, na presente ação mandamental, um valiosíssimo subsídio à tese sustentada pelo partido político ora impetrante." v.: MS 26.603/DF, voto do relator ministro Celso de Mello.

71. Na ocasião, foi consulente o PFL – Partido da Frente Liberal e o Tribunal Superior Eleitoral, por maioria, respondeu à Consulta n. 1398/DF de forma positiva de modo a determinar que, nos termos do voto do relator ministro Cesar Asfor Rocha, "os Partidos Políticos e as coligações conservam o direito à vaga obtida pelo sistema eleitoral proporcional, quando houver pedido de cancelamento de filiação ou de transferência do candidato eleito por um partido para outra legenda." O resultado final da Consulta está disposto na Resolução n. 22.526 do TSE. Disponível em: www.tse.jus.br, Acesso em: 04/04/2015.

72. BRASIL. Supremo Tribunal Federal. *Mandado de Segurança n. 26.603/DF*, voto do relator ministro Celso de Mello.

utilizados pelo Tribunal para solver a querela proposta na ação mandamental, v.:

> A repulsa jurisdicional à infidelidade partidária, além de prestigiar um valor eminentemente constitucional (CF, art. 17, § 1º, "*in fine*"), (a) preserva a legitimidade do processo eleitoral, (b) faz respeitar a vontade soberana do cidadão, (c) impede a deformação do modelo de representação popular, (d) assegura a finalidade do sistema eleitoral proporcional, (e) valoriza e fortalece as organizações partidárias e (f) confere primazia à fidelidade que o Deputado eleito deve observar em relação ao corpo eleitoral e ao próprio partido sob cuja legenda disputou as eleições.

Esse entendimento firmado pelo Supremo Tribunal Federal por ocasião do MS 26.603, como bem lembra Martins Alves Jr., "superou antiga jurisprudência da Corte que entendia que a infidelidade partidária não implicava a perda do mandato parlamentar, como ocorreu no julgamento do MS 20.927."[73] O constitucionalista nos esclarece, nesse sentido, que o "entendimento anterior do Tribunal decorria da literalidade das hipóteses constitucionais de perda de mandato do parlamentar elencadas no art. 55, CF, e não consta a infidelidade partidária ou o abandono da legenda como hipótese de perda do mandato." [74]

De fato, queremos crer que qualquer reflexão acerca da (in)fidelidade partidária deve necessariamente passar pelo art. 55 do

---

73. ALVES Jr., Luís Carlos Martins. *O sistema partidário e a reforma política*: uma breve análise acerca da estrutura normativa e da dinâmica constitucional dos partidos políticos e do regime representativo brasileiro. Texto apresentado por ocasião de palestra proferida na Segunda Reunião de Membros do Centro Brasileiro de Estudos Constitucionais – CBEC, realizada em 23.4.2015, dentro do ciclo de palestras sobre "Reforma Política, Corrupção e Financiamento de Campanha". Brasília: UniCEUB, 2015.
74. ALVES Jr., Luís Carlos Martins, *O sistema partidário e a reforma política*: uma breve análise acerca da estrutura normativa e da dinâmica constitucional dos partidos políticos e do regime representativo brasileiro. Texto apresentado por ocasião de palestra proferida na Segunda Reunião de Membros do Centro Brasileiro de Estudos Constitucionais – CBEC, realizada em 23.4.2015, dentro do ciclo de palestras sobre "Reforma Política, Corrupção e Financiamento de Campanha". Brasília: UniCEUB, 2015.

texto constitucional[75] que dispõe acerca das hipóteses em que o parlamentar está sujeito à perda do mandato eletivo e que não prevê, conforme mencionado acima, as hipóteses de infidelidade partidária ou de abandono de legenda como justificadoras da perda do mandato. Digno de nota é o fato, também mencionado por Martins Alves Jr.,[76] de que essa limitação constitucional ao exercício do mandato eletivo era expressamente prevista no texto da Constituição de 1967/69.[77] Ainda que tais circunstâncias não desabonem de *per si* a posição adotada pelo Tribunal no MS 26.603, é ao menos pertinente notar que a limitação ao exercício do mandato eletivo pelo parlamentar advinda da exigência de fidelidade ao partido – acaso essa limitação exista de fato no

---

75. *Constituição da República de 1988, art. 55*. Perderá o mandato o Deputado ou Senador: I – que infringir qualquer das proibições estabelecidas no artigo anterior; II – cujo procedimento for declarado incompatível com o decoro parlamentar; III – que deixar de comparecer, em cada sessão legislativa, à terça parte das sessões ordinárias da Casa a que pertencer, salvo licença ou missão por esta autorizada; IV – que perder ou tiver suspensos os direitos políticos; V – quando o decretar a Justiça Eleitoral, nos casos previstos nesta Constituição; VI – que sofrer condenação criminal em sentença transitada em julgado. § 1º – É incompatível com o decoro parlamentar, além dos casos definidos no regimento interno, o abuso das prerrogativas asseguradas a membro do Congresso Nacional ou a percepção de vantagens indevidas. § 2º Nos casos dos incisos I, II e VI, a perda do mandato será decidida pela Câmara dos Deputados ou pelo Senado Federal, por maioria absoluta, mediante provocação da respectiva Mesa ou de partido político representado no Congresso Nacional, assegurada ampla defesa. (Redação dada pela Emenda Constitucional nº 76, de 2013) § 3º – Nos casos previstos nos incisos III a V, a perda será declarada pela Mesa da Casa respectiva, de ofício ou mediante provocação de qualquer de seus membros, ou de partido político representado no Congresso Nacional, assegurada ampla defesa. § 4º A renúncia de parlamentar submetido a processo que vise ou possa levar à perda do mandato, nos termos deste artigo, terá seus efeitos suspensos até as deliberações finais de que tratam os §§ 2º e 3º. (Incluído pela Emenda Constitucional de Revisão nº 6, de 1994).
76. ALVES JR., Luís Carlos Martins, *O sistema partidário e a reforma política*: uma breve análise acerca da estrutura normativa e da dinâmica constitucional dos partidos políticos e do regime representativo brasileiro. Texto apresentado por ocasião de palestra proferida na Segunda Reunião de Membros do Centro Brasileiro de Estudos Constitucionais – CBEC, realizada em 23.4.2015, dentro do ciclo de palestras sobre "Reforma Política, Corrupção e Financiamento de Campanha". Brasília: UniCEUB, 2015.
77. BRASIL. *Constituição da República de 1967 – EC n. 1/1969*, Art. 35. Perderá o mandato o deputado ou senador: I – que infringir qualquer das proibições estabelecidas no artigo anterior; II – cujo procedimento fôr declarado incompatível com o decôro parlamentar ou atentatório das instituições vigentes; III – que deixar de comparecer, em cada sessão legislativa anual, à têrça parte das sessões ordinárias da Câmara a que pertencer, salvo doença comprovada, licença ou missão autorizada pela respectiva Casa; IV – que perder ou tiver suspensos os direitos políticos; ou V – que praticar atos de infidelidade partidária, segundo o previsto no parágrafo único do artigo 152.

nosso desenho constitucional – não tenha sido repetida pelo Constituinte de 1987/1988.

Essa circunstância foi, inclusive, pontuada pelo min. do Tribunal Superior Eleitoral Marcelo Ribeiro em seu voto vencido por ocasião da Consulta n. 1.398/DF ao afirmar que: "Não me parece haver espaço para invocar princípios implícitos quando a matéria foi tratada expressamente na Constituição anterior e a alusão à perda de mandato, de modo claro, foi retirada da atual Constituição."[78] O voto do min. Marcelo Ribeiro, lastreado em grande medida no voto do min. Moreira Alves proferido por ocasião do MS 20.927,[79] desenvolve toda argumentação e apresenta a sua conclusão a partir da premissa de que "Não há norma na Constituição, nem em lei infraconstitucional, que diga que aquele

---

78. BRASIL. Tribunal Superior Eleitoral. *Consulta n. 1398/DF – Resolução n. 22.526*, relator min. Cesar Asfor Rocha, voto vencido do min. Marcelo Ribeiro.
79. BRASIL. Supremo Tribunal Federal. *Mandado de Segurança n. 20.927/DF*, Relator ministro Moreira Alves. Por pertinente ao cerne da questão relativa à fidelidade partidária, segue trecho do voto do min. Moreira Alves sobre o ponto em comento, *v.*: "Pelo sistema de representação, proporcional, que é adotado para a eleição dos Deputados, 'estarão eleitos tantos candidatos registrados por um Partido ou coligação quantos o respectivo quociente partidário indicar, na ordem da votação nominal que cada um tenha recebido' (artigo 180 do Código Eleitoral), o que estabelece, sem dúvida alguma, uma estreita vinculação entre o Partido ou a Coligação e o candidato que concorreu às eleições por um ou por outra, certo como é – e a Constituição atual o declara no artigo 14, parágrafo 3º, V – que uma das condições de elegibilidade é a filiação partidária. Em face da Emenda nº 1/69, que, e seu artigo 152, parágrafo único (que, com alteração de redação, passou a parágrafo 5º desse mesmo dispositivo por força da Emenda Constitucional nº 11/78), estabelecia o princípio da fidelidade partidária, Deputado que deixasse o Partido sob cuja legenda fora eleito perdia o seu mandato. Essa perda era decretada pela Justiça Eleitoral, em processo contencioso em que se assegurava ampla defesa, e, em seguida, declarada pela Mesa da Câmara (arts. 152, § 5º; 137, IX; e 35, § 42). Com a Emenda Constitucional nº 25/85, deixou de existir esse princípio da fidelidade partidária, e, em razão disso, a mudança de Partido por parte de Deputado não persistiu como causa de perda de mandato, revogado o inciso V do artigo 35 que enumerava os casos de perda de mandato. Na atual Constituição, também não se adota o princípio da fidelidade partidária, o que tem permitido a mudança de Partido por parte de Deputados sem qualquer sanção jurídica, e, portanto, sem perda de mandato. Ora, se a própria Constituição não estabelece a perda de mandato para o Deputado que, eleito pelo sistema de representação parlamentar do Partido por que se elegeu (e se elegeu muitas vezes graças aos votos de legenda), quer isso dizer que, apesar de a Carta Magna dar acentuado valor à representação partidária (artigos 5º, LXX, 'a'; 58, § 1º; 58, § 4º; 103, VIII), não quis preservá-la com a adoção da sanção jurídica da perda do mandato, para impedir a redução da representação de um Partido no Parlamento. Se o quisesse, bastaria ter colocado essa hipótese entre as causas de perda de mandato, a que alude o artigo 55."

que mudar de partido perderá o mandato. Isso, no final das contas, é o objeto da consulta."[80] Ainda, o ministro Eros Grau, em voto dissidente no MS 26.603, afirma expressamente que "a Constituição não contempla o cancelamento de filiação partidária e a troca de legenda como causa ou perda de renúncia ao mandato."[81]

Contudo, sobre o ponto, o relator do MS 26.603 entendeu que "o fundamento real que justifica o reconhecimento de que o partido político tem direito subjetivo às vagas conquistadas mediante incidência do quociente partidário deriva do mecanismo – consagrado no próprio texto da Constituição da República – que concerne à representação proporcional."[82] Vale dizer, por ocasião do MS 26.603/DF o Supremo Tribunal Federal conformou (ou reformou) as regras do jogo político impondo aos Parlamentares uma limitação que, rigorosamente, não estava expressamente prevista na Constituição da República ou em outro normativo infraconstitucional, recorrendo, para tanto, ao reconhecimento de limitações implícitas e em argumentos que, em alguma medida, indicam uma empreitada moralizante do cenário político por parte do Tribunal.[83] Levando-se sempre em consideração o perigo que representam os predadores externos do Direito: a moral, a política e a economia.[84]

---

80. BRASIL. Tribunal Superior Eleitoral. *Consulta n. 1.398/DF – Resolução n. 22.526*, relator min. Cesar Asfor Rocha, voto vencido do min. Marcelo Ribeiro.
81. BRASIL. Supremo Tribunal Federal. *MS 26.603/DF*, relator ministro Celso de Mello, voto do min. Eros Grau.
82. BRASIL. Supremo Tribunal Federal. *MS 26.603/DF*, voto do relator ministro Celso de Mello.
83. No que diz respeito ao exercício de uma "jurisdição moralizante" do cenário político por parte da cúpula do nosso Judiciário, veja o que diz Marchetti e Cortez: "Contrariamente ao esperado pela literatura (SADEK, 1995, p. 63), mostramos que o processo de intervenção do TSE na regulação da competição política não se deve necessariamente à instabilidade da composição da corte, tampouco da legislação eleitoral. Na verdade, mostramos que há uma visão normativa por parte do órgão acerca do suposto 'bom' funcionamento do sistema político brasileiro." cf. MARCHETTI, Vitor; CORTEZ, Rafael. A judicialização da competição política: o TSE e as coligações eleitorais. *Opinião Pública*: Campinas, vol. 15, n. 2, nov. de 2009, p. 425.
84. STRECK, Lenio Luiz. *Verdade e consenso*: Constituição, hermenêutica e teorias discursivas. 5 ed., rev., mod. e ampl., São Paulo: Saraiva, 2014, p. 602.

CAPÍTULO III • DISCRICIONARIEDADE JUDICIAL E O CÓDIGO DE PROCESSO CIVIL DE 2015

Quanto à questão da fidelidade partidária, é o que basta mencionar.

Já quanto à questão da verticalização partidária, houve um desfecho diverso. O Supremo Tribunal Federal acabou por não conhecer das Ações Diretas de Inconstitucionalidade 2.626/DF e 2.628/DF, ambas de relatoria do min. Sydney Sanches julgadas em conjunto pelo Pleno do Tribunal na sessão do dia 18 de abril de 2002. O não conhecimento das ações diretas, impedindo o acesso do STF ao mérito da questão, acabou por manter em seus próprios termos a Instrução n. 55, aprovada pela Resolução n. 20.993 do Tribunal Superior Eleitoral.

A Ação Direta de Inconstitucionalidade n. 2626/DF proposta pelo PC do B – Partido Comunista do Brasil, pelo PL – Partido Liberal, pelo PR – Partido da República, pelo PSB – Partido Socialista Brasileiro, e pelo PPS – Partido Popular Socialista, e a Ação Direta de Inconstitucionalidade n. 2628/DF proposta pelo PFL – Partido da Frente Liberal, ambas com o idêntico objetivo de obter a declaração de inconstitucionalidade do art. 4º, § 1º, da Instrução n. 55 da Resolução n. 20.993 do Tribunal Superior Eleitoral.[85]

À revelia de qualquer dispositivo do texto constitucional a tratar do tema – circunstância reconhecida já na ementa das ações diretas[86] –, o Tribunal Superior Eleitoral, respondendo à

---

85. O dispositivo combatido pelos citados Partidos tem a seguinte redação, v.: "CAPÍTULO II – DOS PARTIDOS POLÍTICOS E DAS COLIGAÇÕES. Art. 4º É facultado aos partidos políticos, dentro da mesma circunscrição, celebrar coligações para eleição majoritária, para proporcional, ou para ambas, podendo, neste último caso, formar-se mais de uma coligação para a eleição proporcional entre os partidos políticos que integram a coligação para o pleito majoritário (Lei nº 9.504/97, art. 6º, caput). § 1º Os partidos políticos que lançarem, isoladamente ou em coligação, candidato/a à eleição de presidente da República não poderão formar coligações para eleição de governador/a de estado ou do Distrito Federal, senador/a, deputado/a federal e deputado/a estadual ou distrital com partido político que tenha, isoladamente ou em aliança diversa, lançado candidato/a à eleição presidencial (Lei nº 9.504/97, art. 6º; Consulta nº 715, de 26.2.2002). Cf. BRASIL. Tribunal Superior Eleitoral. Resolução n. 20.993 – Instrução n. 55, Classe 12ª. Relator ministro Fernando Neves. Brasília, 2002.
86. Trecho da ementa da ADI 2626/DF: "Por outro lado, nenhum dispositivo da Constituição Federal se ocupa diretamente de coligações partidárias ou estabelece o âmbito das

Consulta n. 715 e no uso da sua prerrogativa regulamentadora de caráter infralegal, em leitura do art. 6° da Lei 9.504/97[87], editou a referida Resolução a partir da qual entendeu que deveriam os partidos guardar perfeita simetria entre seus arranjos políticos em nível regional e em nível nacional.

As limitações que a Resolução n. 20.993 do Tribunal Superior Eleitoral impôs à livre atuação dos partidos políticos é autoevidente. Imposição de limites que, frise-se, decorre, conforme enxergamos, duma interpretação esforçada[88] da legislação eleitoral e que, conforme afirmam Marchetti e Cortez, "mudou o padrão da competição eleitoral do Brasil no que diz respeito à dimensão das coligações eleitorais."[89] Vale dizer, o Tribunal Superior Eleitoral, por meio de Resolução, inovou, reformando as bases da disputa política nacional.[90] Portanto, decidiu por políticas e não

---

circunscrições em que se disputam os pleitos eleitorais, exatamente, os dois pontos que levaram à interpretação pelo TSE. Sendo assim, não há como vislumbrar, ofensa direta a qualquer dos dispositivos constitucionais invocados."

87. *Lei n. 9.504/1997, art. 6°*. É facultado aos partidos políticos, dentro da mesma circunscrição, celebrar coligações para eleição majoritária, proporcional, ou para ambas, podendo, neste último caso, formar-se mais de uma coligação para a eleição proporcional dentre os partidos que integram a coligação para o pleito majoritário.

88. Quanto à "interpretação esforçada", veja-se trecho do voto vencido do min. Sepúlveda Pertence por ocasião da Consulta n. 715, v.: "Com todas as vênias, constitui um resíduo autoritário frontalmente incompatível com a clara opção constitucional pela autonomia dos partidos –, tentar impor – por lei ou pela interpretação voluntarista dela – um grau preordenado de maior ou menor centralização política a todos eles, às agremiações de quadro ou de massa, às formadas em torno de um líder nacional carismático como às constituídas pela "Federação" de lideranças regionais." Cf. BRASIL. Tribunal Superior Eleitoral. *Consulta n. 715/DF* – Relator ministro Garcia Vieira, voto vencido ministro Sepúlveda Pertence.

89. MARCHETTI, Vitor; CORTEZ, Rafael. A judicialização da competição política: o TSE e as coligações eleitorais. *Opinião Pública*: Campinas, vol. 15, n. 2, nov. de 2009, p. 425.

90. Ainda que em termos de 'verticalização partidária' a pretendida reforma política do TSE se nos afigure como auto evidente, parece pertinente transcrever trecho do voto do ministro Ilmar Galvão em que essa questão específica é tratada; v.: "Se o Poder Legislativo não pode mudar a lei um ano antes da eleição, muito menos o Poder Judiciário poderá baixar normas, inovando, dentro do período de um ano. Não pode. Veja, V.Exa., estou raciocinando em termos de que houve inovação. Em havendo, não podia, por causa do princípio da legalidade e, também, da anualidade, pois a Constituição, nesse caso, teria submetido o Poder Judiciário ao princípio da anualidade a fim de não surpreender." Cf. BRASIL. Supremo Tribunal Federal. *Ação Direta de Inconstitucionalidade n. 2.626/DF*, relator min. Sydney Sanches, trecho do voto do min. Ilmar Galvão.

por princípios, reduzindo a autonomia do Direito ao dobrar-se para um de seus predadores.

A questão da (i)legitimidade do Poder Judiciário para participar ativa e discricionariamente na Reforma Política – *exercendo, como visto ao longo desta obra, uma espécie de vontade de poder* – não passou despercebida no julgamento das Ações Diretas n. 2.626 e 2.628. Pedimos licença para transcrever, por pertinente ao objeto do tópico, breve trecho do voto do relator ministro Sydney Sanches em que externa sua preocupação com relação ao ponto:

> Aliás, o Exmo. Sr. Presidente da República, a mais alta autoridade da Nação, quando tomou conhecimento da norma em questão, chegou a dizer, no exterior, segundo a Imprensa: "*começou a reforma política no Brasil*". Reforma, que, tão esperada e desejada, deveria, obviamente, ter tido curso no Congresso Nacional – e não no Tribunal Superior Eleitoral –, por mais respeitável e respeitada que seja aquela Corte, que todos os Juízes desta Casa integraram ou integram, oito dos quais seus ex-Presidentes. E que, portanto, por ela nutrem maior consideração.
>
> [...]
>
> Por todas essas razões, não conheço da A.D.I. nº 2.626, enquanto proposta pelo PPS, conheço das ações propostas pelos demais Partidos (nºs 2.626 e 2.628), e as julgo procedentes, declarando com eficácia "ex tunc", a inconstitucionalidade do § 1º do art. 4º da Instrução nº 55 do T.S.E., aprovada pela Resolução nº 20.993/2002. Deixo de acolher a solução alternativa proposta no parecer da P.G.R., pois entendo que a norma em questão somente pode ser inserida no ordenamento jurídico brasileiro pelo Congresso Nacional e com observância do art. 16 da Constituição Federal.[91]

---

91. BRASIL. Supremo Tribunal Federal. *Ação Direta de Inconstitucionalidade n. 2.626/DF*, voto do relator ministro Sydney Sanches.

Antes mesmo da análise das ações diretas, já no TSE, por ocasião da Consulta n. 715/DF, o redesenho das regras do jogo político pelo Judiciário causou certo desconforto, notadamente no ministro Sepúlveda Pertence que, defendendo o entendimento de que a limitação imposta pelo art. 6º da Lei n. 9504/1997 incide exclusivamente "em cada uma das três esferas da Federação em que se hajam de realizar simultaneamente um ou mais pleitos majoritários e uma ou mais eleições pelo sistema proporcional"[92], afirma que "A essa opção legislativa – que entendo derivar do princípio da autonomia partidária da Constituição – **não ouso substituir minha visão de como se deveriam organizar e funcionar os partidos.**"[93] [g.n.] Com essas premissas que, restando vencido na resposta do colegiado à Consulta n. 715/DF, o ministro Pertence externou exatamente a perspectiva que aqui defendemos no sentido de que não cabe ao julgador, como se lhe fosse permitido agir como um sujeito solipsista, substituir os parâmetros normativo-constitucionais oferecidos pelo ordenamento pela sua própria visão subjetiva (desejo) acerca do que é mais adequado política, moral e/ou economicamente.

Em síntese, portanto, a situação pertinente ao cenário do Poder Judiciário referente às coligações partidárias foi essa: não conhecimento das ADIs 2626/DF e 2628/DF no Supremo Tribunal Federal, com a consequente manutenção da Resolução n. 20.993 do Tribunal Superior Eleitoral em seus próprios termos determinando a simetria das coligações partidárias nos termos do parágrafo primeiro, artigo 4º da resolução. Contudo, conforme já afirmamos, na hipótese o desfecho foi diferente.

A essa alteração das "regras do jogo" pelo Judiciário, a comunidade política que dá vida ao Congresso Nacional respondeu com a Emenda Constitucional n. 52/2006 que, alterando o parágrafo

---

92. BRASIL. Tribunal Superior Eleitoral. *Consulta n. 715/DF* – Relator ministro Garcia Vieira., voto vencido ministro Sepúlveda Pertence.
93. BRASIL. Tribunal Superior Eleitoral. *Consulta n. 715/DF* – Relator ministro Garcia Vieira., voto vencido ministro Sepúlveda Pertence.

primeiro do art. 17 da Constituição da República, sepultou a querela jurisdicional, desobrigando os partidos políticos de seguirem a chamada verticalização das coligações partidárias.[94]

É possível observar, portanto, segundo entendemos o cenário descrito, o diálogo entre os Poderes da República. Seja no caso da determinação de fidelidade partidária, quanto no caso da verticalização da fidelidade partidária. O Congresso optou por responder apenas nesse último caso e o fez com sucesso.

Feita a descrição analítica dos precedentes do STF, passamos agora a desenvolver um cotejo crítico teórico quanto aos fundamentos das decisões. Fundamentos que possuem, segundo entendemos, respaldo na teoria neoconstitucionalista que, conforme já abordado, ao defender as teses tais como a de "mais princípios menos regras" acaba por incentivar uma plêiade de decisões por políticas, por moral, consequencialistas, em suma, decisões que vão minando gradativamente a autonomia do Direito.

Parece-nos possível afirmar – e fazemos isso não sem algum desconforto – que a atuação do Supremo Tribunal Federal encontra respaldo no discurso que é, ao menos na última década, o discurso vencedor. É indiscutível que as atuais decisões da Corte, nomeadamente aquelas aqui citadas, trazem em si traços usualmente associados à teorização neoconstitucionalista. É inegável a ampla recepção, na nossa comunidade jurídica – seja na academia, seja nos tribunais –, do neoconstitucionalismo que, segundo nos diz Humberto ÁVILA, se caracteriza, dentre outras, pelas ideias (ideais) de "mais princípios, menos regras",

---

94. BRASIL. *Constituição da República de 1988*, art. 17. É livre a criação, fusão, incorporação e extinção de partidos políticos, resguardados a soberania nacional, o regime democrático, o pluripartidarismo, os direitos fundamentais da pessoa humana e observados os seguintes preceitos: [...] § 1º É assegurada aos partidos políticos autonomia para definir sua estrutura interna, organização e funcionamento e para adotar os critérios de escolha e o regime de suas coligações eleitorais, sem obrigatoriedade de vinculação entre as candidaturas em âmbito nacional, estadual, distrital ou municipal, devendo seus estatutos estabelecer normas de disciplina e fidelidade partidária. (Redação dada pela Emenda Constitucional nº 52, de 2006).

"mais ponderação, menos subsunção", "mais Judiciário, menos Legislativo e Executivo".[95]

A par desses matizes do pensamento neoconstitucional, deve-se observar que existem, dentre outros, três traços distintivos do movimento neoconstitucionalista[96] observáveis nas decisões citadas nesse texto, são eles: o "principialismo", o "judicialismo ético-jurídico" e o "interpretativismo moral-constitucional"[97]. No caso do MS 26.603, a própria ideia de "infidelidade" e o reconhecimento de um direito subjetivo dos partidos à manutenção das vagas decorrentes do sistema proporcional baseado em argumentos de que essa circunstância evitaria[98] a "deformação ética do

---

95. O texto de Humberto Ávila é obrigatório para uma leitura crítica do movimento neoconstitucionalista, tendo, já, tornado-se um clássico sobre o tema. Cf. ÁVILA, Humberto. "Neoconstitucionalismo": entre a "ciência do direito" e o "direito da ciência". *Revista Eletrônica do Direito do Estado (REDE)*, Salvador, Instituto Brasileiro de Direito Público, n. 17, jan./fev./mar, 2009. Disponível em: www.direitodoestado.com.br/rede.asp. Acesso em: 25.07.2014.

96. Para uma análise densa acerca dos traços distintivos do movimento neoconstitucionalista, com a qual concordamos integralmente, v. STRECK, Lenio Luiz. Uma leitura hermenêutica das características do neoconstitucionalismo. in *Revista da AJURIS* – v. 40 – n. 132 – Dez. 2013, pp. 185-208.

97. Essas construções linguísticas têm como fonte o texto de STRECK acerca da leitura hermenêutica do referido "fenômeno". Inclusive, as expressões "principialismo", "judicialismo ético-jurídico" e "interpretativismo moral-constitucional" constam expressamente no texto e dali foram aqui adotadas. O autor, fazendo a ressalva de que não existe consenso satisfatório acerca dos conteúdos presentes na teoria neoconstitucional, aponta, contudo, as características que lhe parecem presentes de forma homogênea no discurso neoconstitucional: (a) pragmatismo; (b) sincretismo metodológico; (c) principialismo; (d) Judicialismo ético-jurídico; (e) interpretativismo moral-constitucional; (f) o juízo de ponderação; (g) especificidade interpretativa. cf. STRECK, Lenio Luiz. Uma leitura hermenêutica das características do neoconstitucionalismo. in *Revista da AJURIS* – v. 40 – n. 132 – Dez. 2013, pp. 192-205.

98. Utilizamos a conjugação no futuro do pretérito para explicitar nosso imaginário sobre os reais efeitos, notadamente (mas não exclusivamente) na hipótese de exigência de simetria (verticalização) nas coligações partidárias, qual seja: a clandestinidade das coligações. Algo que poderíamos chamar metaforicamente de "subir no palanque 'pelos fundos'". Essa circunstância também chamou atenção de Marchetti e Cortez, para quem: "Isso não significa que esses partidos se ausentaram da campanha presidencial, mas, como mostrou Carvalho (2006), significa que a regra judicial jogou as alianças para a informalidade, fazendo com que, em cada estado, os candidatos à presidência continuassem a subir em palanques de partidos nacionalmente adversários." Cf. MARCHETTI, Vitor; CORTEZ, Rafael. A judicialização da competição política: o TSE e as coligações eleitorais. *Opinião Pública*: Campinas, vol. 15, n. 2, nov. de 2009, p. 444. Com preocupação similar, porém com olhos na ADI 4650, Luís Carlos Martins Alves Jr. assevera que: "No tocante a essas 'novas' propostas de modificações normativas,

governo"[99], e que a troca de partidos por parlamentares após o pleito eleitoral "fraude, de modo acintoso e reprovável"[100] a vontade dos eleitores, parece demonstrar um exercício da jurisdição com matizes ético-jurídicas e moral-constitucional. Julgamentos como este encontram respaldo discursivo ou teórico no postulado neoconstitucional que acredita "ser a jurisdição responsável pela incorporação dos 'verdadeiros valores' que definem o direito justo"[101] e acaba depositando suas esperanças no protagonismo judicial.[102]

Ainda sobre o neoconstitucionalismo, não bastando a severa crítica de STRECK a demonstrar que esse discurso se mostra apto a ultrapassar apenas aquilo que, em diálogo com FERRAJOLI, chama de "paleojuspositivismo"[103], não possuindo

---

em nossa avaliação, não enxergamos ilicitudes ou inconstitucionalidades nelas. Mas vislumbramos algumas inconveniências. Com efeito, a proibição de doações privadas às campanhas eleitorais ou aos partidos políticos conduzirá, forçosamente, a uma situação de clandestinidade e a um aumento exagerado das despesas públicas com os partidos políticos e campanhas eleitorais." Cf. ALVES Jr., Luís Carlos Martins. O sistema partidário e a reforma política: uma breve análise acerca da estrutura normativa e da dinâmica constitucional dos partidos políticos e do regime representativo brasileiro. Texto apresentado por ocasião de palestra proferida na Segunda Reunião de Membros do Centro Brasileiro de Estudos Constitucionais – CBEC, realizada em 23.4.2015, dentro do ciclo de palestras sobre "Reforma Política, Corrupção e Financiamento de Campanha". Brasília: UniCEUB, 2015.

99. BRASIL. Supremo Tribunal Federal. Mandado de Segurança n. 26.603/DF, voto do relator ministro Celso de Mello.
100. BRASIL. Supremo Tribunal Federal. Mandado de Segurança n. 26.603/DF, voto do relator ministro Celso de Mello.
101. STRECK, Lenio Luiz. Verdade e consenso: Constituição, hermenêutica e teorias discursivas. 5 ed., rev., mod. e ampl., São Paulo: Saraiva, 2014, p. 46.
102. STRECK, Lenio Luiz. Verdade e consenso ..., p. 53.
103. Sobre essa questão: "Destarte, passadas duas décadas da Constituição de 1988, e levando em conta as especificidades do direito brasileiro, é necessário reconhecer que as características desse 'neoconstitucionalismo' acabaram por provocar condições patológicas que, em nosso contexto atual, acabam por contribuir para a corrupção do próprio texto da Constituição. Ora, sob a bandeira 'neoconstitucionalista' defendem-se, ao mesmo tempo, um direito constitucional da efetividade; um direito assombrado pela ponderação de valores; uma concretização ad hoc da Constituição e uma pretensa constitucionalização do ordenamento a partir de jargões vazios de conteúdo e que reproduzem o prefixo neo em diversas ocasiões, como: neoprocessualismo, e neopositivismo. Tudo porque, ao fim e ao cabo, acreditou-se ser a jurisdição responsável pela incorporação dos 'verdadeiros valores' que definem o direito justo (vide, nesse sentido, as posturas decorrentes do instrumentalismo processual). Desse modo, fica claro que o neoconstitucionalismo representa, apenas, a superação – no plano teórico-

estofo teórico para ir além, Cass Sunstein ainda aponta que a busca, por parte da jurisdição, pelos "valores" sob a lei e a Constituição de modo a corrigir axiologicamente (moralmente) o direito não é algo tão novo.

Com efeito, diz Sunstein, os juízes alemães atuantes no período pré-Segunda Grande Guerra e alinhados ao Nacional-Socialismo entendiam de modo geral que as Cortes apenas poderiam atingir seus fins se não estivessem "coladas" (*glued*) ao texto legal. Deveriam, isso sim, buscar o núcleo interno (*inner core*) contido na letra da lei. Tratava-se, portanto, de uma busca jurisdicional pelo metafísico: valores, axiologismos – busca essa que, conforme as exigências do caso, prescinde de previsão normativa. Sunstein cita casos de recrudescimento do Tribunal Constitucional alemão em relação às proibições de relações físicas entre alemães e judeus, ocasiões em que o Tribunal ampliou o alcance das proibições, a despeito da falta de previsão normativa, por entender que aquele era o espírito da época (*the spirit of the age*).[104] Um caso clássico de protagonismo judicial.

-interpretativo – do *paleojuspositivismo* (Ferrajoli) na medida em que nada mais faz do que afirmar as críticas antiformalistas deduzidas pelos partidários da Escola do Direito Livre, da Jurisprudência dos Interesses e daquilo que é a versão mais contemporânea desta última, ou seja, da Jurisprudência dos Valores." *Cf.* STRECK, Lenio Luiz. *Verdade e consenso*: Constituição, hermenêutica e teorias discursivas. 5 ed., rev., mod. e ampl., São Paulo: Saraiva, 2014, p. 46.

104. No original: "In the Nazi period, German judges rejected formalism. They did not rely on the ordinary or original meaning of legal texts. On the contrary, they thought that statutes should be construed in accordance with the spirit of the age, defined by reference to the Nazi regime. They thought that courts could carry out their task "only if they do not remain glued to the letter of the law, but rather penetrate its inner core in their interpretations and do their part to see that the aims of the lawmaker are realized." Thus, for example, the German Supreme Court concluded that a law forbidding "sexual intercourse" between Germans and Jews "is not limited to coition.... A broad interpretation is... appropriate in view of the fact that the provisions of the law are meant to protect not only German blood but also German honor. This requires that in addition to coition, all such sexual manipulations—whether actively performed or passively tolerated—that have as their aim the satisfaction of one partner's sex drive in a manner other than the completion of coition, must cease between Jews and citizens of German or related kinds of blood." A lower court went so far as to conclude that kissing could take "the place of normal sexual intercourse" and therefore violate the statute, in such a way as to justify a two-year jail sentence. After the war, the Allied forces faced a range of choices about how to reform the German legal system. One of their first steps was to insist on a formalistic, "plain meaning" approach to law. "[S]uch laws enacted in the Hitler period

Que fique devidamente esclarecido que não estamos a fazer qualquer comparação entre diferentes Tribunais de diferentes contextos espaço-temporais. Uma comparação desse jaez seria assaz indevida. O argumento se propõe a demonstrar que a jurisdição discricionária (neoconstitucionalista) – *a exemplo dos precedentes sobre verticalização e fidelidade partidárias, e outros citados no texto que vêm no encalço do imaginário acerca do livre convencimento, conforme pretendemos haver demonstrado anteriormente* – que corrige moralmente o direito é, e deve ser, criticada sob as mais diversas perspectivas, e por juristas que se encontram em paradigmas filosóficos completamente distintos, como é o caso de Streck e Sunstein.

As críticas acima indicadas são pautadas no contexto da interpretação do direito, do acontecer do fenômeno jurídico. Do exercício propriamente dito da jurisdição constitucional. Evoluindo no raciocínio e adentrando no objeto deste tópico, a crítica também pode ser desenvolvida a partir de uma perspectiva estritamente democrática; é dizer, uma crítica que leve em consideração questões concernentes à representação popular, aos direitos e obrigações decorrentes da nossa representação política, aos direitos de liberdade, ao fator deontológico dos valores democráticos compartilhados comunitariamente, às conformações (ou deformações) do desenho institucional da República, dentre outras.

Inicialmente, sob uma perspectiva propedêutica em teoria democrática, Hans Kelsen e Robert Dahl são fontes incontornáveis, concorde-se ou não com elas. E com eles iniciaremos a análise crítica. Kelsen nos diz que a característica basilar da democracia é a síntese entre igualdade e liberdade.[105] Liberdade pelo impulso

---

as had not been voided were to be interpreted in accordance with 'the plain meaning of the text and without regard to objectives or meanings ascribed in preambles or other pronouncements."' *Cf.* SUNSTEIN, Cass R. Must formalism be defended empirically?, 1999, *The University of Chicago – The law school*. Disponível em: <http://www.law.uchicago.edu/publications>. Acesso em: 20.03.2015.

105. KELSEN, Hans. *A Democracia*. Tradução de Ivone Castilho Benedetti, Jefferson Luiz Camargo, Marcelo Brandão Cipolla e Vera Barkow. 2ª edição. São Paulo: Martins Fontes, 2000, p. 27.

inato da natureza humana. "É a própria natureza que, exigindo liberdade, se rebela contra a sociedade." [106] O postulado da igualdade como corolário da experiência histórica a nos ensinar que "se quisermos ser realmente todos iguais, deveremos deixar-nos comandar. Por isso a ideologia política não renuncia a unir liberdade com igualdade."[107]

Como se vê, a ideia central contida já no primeiro capítulo da obra A democracia reside na tentativa de sintetizar os dois princípios cuja interdependência é precisamente a principal característica da democracia: igualdade e liberdade. O que se procura demonstrar é a evolução do que chamou de liberdade da anarquia (liberdade natural do homem primitivo) até a liberdade da democracia. Na sua defesa da democracia e da liberdade possível Kelsen argumenta que, se de fato deve haver uma sociedade-Estado, então deve necessariamente haver um poder que regule essa organização social. E, nesse cenário, "se devemos ser comandados, queremos sê-lo por nós mesmos." [108] E é dentro dessa circunstância que reside o conflito insolúvel e inevitável entre a liberdade individual e a ordem social – questão central a partir da qual são elaboradas todas as premissas e conclusões do primeiro capítulo da obra sobre Democracia do Mestre de Viena.

O homem é livre apenas dentro dos laços que o une à coletividade. Ou seja, a liberdade coletiva (ordem social) tem precedência, devendo valer objetivamente e independentemente da vontade singular dos indivíduos que se submetem à essa sociedade-Estado. Essa é a conclusão que se chega em razão da premissa kelseniana de que a democracia opera de acordo com o

---

106. KELSEN, Hans. A Democracia. Tradução de Ivone Castilho Benedetti, Jefferson Luiz Camargo, Marcelo Brandão Cipolla e Vera Barkow. 2ª edição. São Paulo: Martins Fontes, 2000, p. 27.
107. KELSEN, Hans. A Democracia. Tradução de Ivone Castilho Benedetti, Jefferson Luiz Camargo, Marcelo Brandão Cipolla e Vera Barkow. 2ª edição. São Paulo: Martins Fontes, 2000, p. 27.
108. KELSEN, Hans. A Democracia. Tradução de Ivone Castilho Benedetti, Jefferson Luiz Camargo, Marcelo Brandão Cipolla e Vera Barkow. 2ª edição. São Paulo: Martins Fontes, 2000, p. 27

princípio majoritário que, a despeito de estar sujeito a eventuais aperfeiçoamentos, é um princípio primeiro, fundamento da própria ideia de regime democrático.

É determinante para o raciocínio que aqui se quer construir, lembrar que Kelsen fundamenta o princípio majoritário não na ideia de que a maioria é mais forte e, portanto, tem mais poder. Essa ideia mecanicista é afastada pelo autor como um argumento defeituoso que fragiliza a democracia por fundamentar o raciocínio dos seus detratores. O fundamento do princípio majoritário que, esse sim, deve valer, é o de que, "se nem todos os indivíduos são livres, pelo menos o seu maior número o é, o que vale dizer que há necessidade de uma ordem social que contrarie o menor número deles." [109] O fundamento segundo Kelsen, portanto, é o do máximo grau de liberdade.

A liberdade é, de fato, um elemento central dos regimes democráticos. Bobbio, demonstrando a correção dessa afirmativa, nos ensina que a democracia moderna apenas vingou aonde os direitos de liberdade foram assegurados constitucionalmente.[110] O usufruto desses direitos de liberdade ocorre, de forma basilar, pelo exercício da cidadania através do sufrágio. A despeito da existência de inúmeros outros instrumentos de atuação da sociedade civil na influência dos rumos políticos da República, o voto é o mais básico e mais importante deles. A existência de eleições livres segue sendo, como já vaticinava Bobbio na década de 80, a exclusiva forma de real atuação democrática.[111]

---

109. KELSEN, Hans. *A Democracia*. Tradução de Ivone Castilho Benedetti, Jefferson Luiz Camargo, Marcelo Brandão Cipolla e Vera Barkow. 2ª edição. São Paulo: Martins Fontes, 2000, p. 32.
110. Nesse sentido: "Jamais será suficientemente advertido, contra toda tentação organicista recorrente (não estranha ao pensamento político de esquerda), que a doutrina democrática repousa sobre uma concepção individualista de sociedade. No que não difere do Liberalismo, de resto (ver capítulo 'Liberalismo velho e novo'). Isto explica porque a democracia moderna se desenvolveu e hoje exista apenas onde os direitos de liberdade foram constitucionalmente reconhecidos." Cf. BOBBIO, Norberto. *O futuro da democracia*: uma defesa das regras do jogo. Tradução de Marco Aurélio Nogueira, 4 ed., Rio de Janeiro: Paz e Terra, 1986, p. 13.
111. BOBBIO, Norberto. *O futuro da democracia*: uma defesa das regras do jogo. Tradução de Marco Aurélio Nogueira, 4 ed., Rio de Janeiro: Paz e Terra, 1986, p. 11.

Sobre a importância do voto, Bobbio nos oferece relevante lição que devemos sempre ter em mente:

> Por fim, mais que uma promessa não cumprida, o ausente crescimento da educação para a cidadania, segundo a qual o cidadão investido do poder de eleger os próprios governantes acabaria por escolher os mais sábios, os mais honestos e os mais esclarecidos dentre os seus concidadãos, pode ser considerado como o efeito da ilusão derivada de uma concepção excessivamente benévola do homem como animal político: o homem persegue o próprio interesse tanto no mercado econômico como no político. Mas ninguém pensa hoje em confutar a democracia sustentando, como se vem fazendo há anos, que o voto é uma mercadoria que se cede ao melhor ofertante.[112]

Dentro desse raciocínio, e tratando-se a nossa de uma democracia prioritariamente indireta, os partidos políticos se apresentam como "únicos sujeitos autorizados a funcionar como elos de ligação entre os indivíduos e o governo."[113] Ainda que não sejam os únicos canais de reverberação da sociedade civil, os partidos políticos ocupam posição de protagonismo na nossa democracia. Detêm, assim, uma legitimidade democrática ontológica, inata, inerente à sua própria existência e natureza.

Dessa forma, as incursões do Poder Judiciário na esfera de funcionamento dos partidos políticos, notadamente em temas afeitos à aguardada reforma política, deveriam ser sobremaneira cautelosos. A sua interferência nesse nicho de funcionamento prioritariamente político deveria sempre ter o respaldo de uma determinação expressa de lei ou do texto constitucional. Diferentemente do que se observou por ocasião dos casos de fidelidade (STF, MS. 26.603) e verticalização (STF, ADIs 2626 e 2628; TSE, Resolução n. 20.993) partidárias, ocasiões em que o Judiciário

---

112. BOBBIO, Norberto. *O futuro da democracia*: uma defesa das regras do jogo. Tradução de Marco Aurélio Nogueira, 4 ed., Rio de Janeiro: Paz e Terra, 1986, p. 11.
113. BOBBIO, Norberto. *O futuro da democracia*: uma defesa das regras do jogo. Tradução de Marco Aurélio Nogueira, 4 ed., Rio de Janeiro: Paz e Terra, 1986, p. 12.

atuou de modo não a superar flagrante inconstitucionalidade, mas a corrigir, conforme vemos, meras imperfeições ou inconveniências do nosso sistema representativo.

Quando atua nesse sentido, o Judiciário se arroga da tutela do cenário político, como um agente de *political improvement* que, tutelando os partidos políticos, tutela o próprio cidadão numa desconsideração do espaço de construção política do Direito, de disputa legítima de interesses inerente aos regimes democráticos. Vale dizer, o Poder Judiciário (STF e TSE) atuou como se absurdo fosse "imaginar que se possa confiar que as pessoas comuns entendam e defendam seus próprios interesses, quanto mais os da sociedade em geral."[114] É essa a ideia primeira de Guardiania, segundo desenvolvida por Robert Dahl, como a maior ameaça aos regimes democráticos. É um regime que contesta o pressuposto mais elementar da democracia: o fato de que as pessoas são competentes para governar a si próprias.[115]

Desse modo, a partir desse referencial teórico é que nos parece possível afirmar que o Judiciário, notadamente o Supremo Tribunal Federal, vem se arrogando da qualidade de Guardião da República (Dahl), não apenas, mas também nos temas concernentes à reforma política. É pertinente lembrar, contudo, que a Emenda Constitucional n. 52/2006 foi uma resposta do Parlamento à ingerência do Judiciário nos espaços que deveriam ser de conformação prioritariamente política.[116] E aí se encontra

---

114. DAHL, Robert. *A democracia e seus críticos*. Tradução de Patrícia de Freitas Ribeiro, São Paulo: Martins Fontes, 2012, p. 77.
115. DAHL, Robert. *A democracia e seus críticos*. Tradução de Patrícia de Freitas Ribeiro, São Paulo: Martins Fontes, 2012, p. 82.
116. Para evidenciar que a EC 52/2006, que na Câmara dos Deputados tramitou como PEC 548/2002, foi uma reposta clara do Parlamento ao Judiciário, basta a leitura dos Pareceres dos Deputados José Ivo Sartori, em que afirma que "o escopo da proposta é reafirmar a autonomia dos partidos políticos para se coligarem e afastar qualquer interpretação que induza a verticalização compulsória de coligações, como ocorreu quando da resposta do Tribunal Superior Eleitoral à Consulta nº 715-DF, cujo conteúdo indicava que a verticalização seria obrigatória nas eleições de 2002, subordinando as alianças de partidos realizadas nas circunscrições de âmbito estadual ou distrital àquelas estabelecidas na eleição presidencial."; ou, ainda, do Deputado Inaldo Leitão em que afirma que: "A proposta sob comento revela o propósito de fixar a melhor

a atualidade das lições extraídas dos casos analisados de verticalização e fidelidade partidárias.

Se a manifestação do Parlamento é contada em votos, a resposta oferecida ao Poder Judiciário por ocasião da EC 52/2006 foi clara: a votação da Proposta de Emenda Constitucional teve, no Senado Federal, um escore de 60 aprovações, 4 reprovações e apenas 2 abstenções no primeiro turno, e de 57 aprovações, 5 reprovações e 1 abstenção em segundo turno.[117] Na Câmara dos Deputados a votação seguiu toada um pouco mais amena, mas ainda assim contundente: em primeiro turno 343 aprovações, 143 reprovações e 1 abstenção e, em segundo turno, 329 aprovações, 142 reprovações e 0 abstenções.[118] Desse modo, a bem-sucedida empreitada de alterar a interpretação judicial pela via política, "demonstrava claramente a resistência em aceitar a decisão de outro poder e iniciava uma espécie de queda de braço pela legitimidade de regulador da competição político partidária."[119]

Há que se concordar com Luís Carlos Martins Alves Jr. quando afirma que, se por um lado na hipótese da "verticalização partidária" o Congresso anulou uma decisão judicial com uma manifestação política, já quando da decisão pelo STF do caso da "fidelidade partidária", "o Congresso nada fez, porquanto a decisão judicial atendia aos interesses dos maiores partidos com representação nas Casas legislativas."[120] Esse raciocínio nos

---

inteligência ao § 1º do Art. 17 da Constituição Federal, espancando qualquer dúvida quanto ao alcance da norma e restabelecendo a liberdade e autonomia dos partidos políticos em face da discutível decisão do Tribunal Superior Eleitoral que, através de resolução, impôs a verticalização nas coligações partidárias nas eleições de 2002." *Cf.* BRASIL. Câmara dos Deputados. Disponível em: www.camara.gov.br. Acesso em: 25.04.2015.
117. BRASIL. Senado Federal. Disponível em: www.senado.leg.br Acesso em: 25.04.2015.
118. BRASIL. Câmara dos Deputados. Disponível em: www.camara.gov.br. Acesso em: 25.04.2015.
119. MARCHETTI, Vitor; CORTEZ, Rafael. A judicialização da competição política: o TSE e as coligações eleitorais. *Opinião Pública:* Campinas, vol. 15, n. 2, nov. de 2009, p. 438.
120. ALVES Jr., Luís Carlos Martins. *O sistema partidário e a reforma política*: uma breve análise acerca da estrutura normativa e da dinâmica constitucional dos partidos políticos e do regime representativo brasileiro. Texto apresentado por ocasião de palestra proferida na

leva a concluir que as decisões do Supremo Tribunal Federal, conquanto nitidamente intrusivas e reformadoras das regras da disputa política, deverão manter-se na medida em que aceitável da perspectiva majoritária do Parlamento. Essa parece ser uma lição bastante atual em vista da turbulência política pela qual passa o país, recém-saído de um novo processo de impedimento da presidência da República.

Assim, para concluir, lembramos que já há algum tempo, Roberto Barroso, quando recém-empossado ministro do Supremo Tribunal Federal deu entrevista à Folha de São Paulo em que, tratando do tema reforma política, afirmou: "não está funcionando, nós temos que empurrar a história. Está emperrado, nós temos que empurrar." [121] O entendimento externado por Barroso nessa entrevista ficou conhecido como "o Judiciário como o motor da história." Metáfora semelhante encontramos em texto de Borges de Oliveira em que defende o papel dos Tribunais constitucionais na "correção de rota da crise da democracia representativa."[122] Vale dizer, acaso prevalecentes os dois entendimentos, teríamos o Judiciário não apenas como a própria força motriz da evolução histórico-política da nossa comunidade, mas, também, detentor do leme direcionador dos rumos da República com autoridade para recolocar-nos na rota que os 11 (onze) ministros entendam como a mais adequada.

E aqui nos parece exsurgir de forma bastante nítida o ponto de aderência entre teoria democrática e o livre convencimento como paradigma que serve de ponto de partida e de justificação

---

Segunda Reunião de Membros do Centro Brasileiro de Estudos Constitucionais – CBEC, realizada em 23.4.2015, dentro do ciclo de palestras sobre "Reforma Política, Corrupção e Financiamento de Campanha". Brasília: UniCEUB, 2015.

121. BARROSO, Luís Roberto. Inércia do Congresso traz riscos para a democracia. *Folha de São Paulo*. Disponível em: <http://www1.folha.uol.com.br/poder/poderepolitica/2013/12/1388727-entrevista-com-luis-roberto-barroso.shtml>. Acesso em 26 de maio de 2014

122. OLIVEIRA, Emerson Ademir Borges de. Ativismo judicial e o papel das Cortes constitucionais mas correções de rota da crise da democracia representativa. *Direito Público*, vol. 01, n. 40, 2011. Disponível em: www.direitopúblico.idp.edu.br. Acesso em: 29.03.2015.

das decisões judiciais externado pelo exercício desimpedido da discricionariedade judicial.

Dessa forma, a despeito do reconhecimento do importantíssimo papel que o Judiciário, no geral, e que o Supremo Tribunal Federal, no particular, desempenham nas democracias contemporâneas, por todos os argumentos que foram apresentados nesse último tópico, o entendimento de que a cúpula do judiciário é "motor" e "leme" da nação parece ser, sem ingressar no mérito da "boa-intenção" dos seus idealizadores, um entendimento antidemocrático e com franco talento para o autoritarismo.

3.5. Fecho: conclusões parciais

Como dito, o Código de Processo Civil de 2015 é o primeiro regulamento normativo de grande porte em temas de processo civil produzido em um regime de perfeita estabilidade democrática. Essa circunstância deve ser levada em consideração na construção e sedimentação da principiologia processual que se formará e se reoxigenará com a nova legislação. E isso porque o princípio democrático assume especial relevância na perspectiva teórica aqui trabalhada.

Assim, abordamos os dispositivos que entendemos mais adequados à temática da superação da discricionariedade judicial positivista. Aí que a ideia de integridade, coerência e estabilidade, assim como os elementos essenciais da sentença, operam como padrões interpretativos que vão além de viabilizar o controle intersubjetivo das decisões judicias, apresentando o sentido e as condições pelas quais se tem uma decisão constitucionalmente adequada.

O que se pretendeu demonstrar é que esse novo paradigma processual de fundamentação pode ter efeitos bastante significativos na prática forense, especialmente se entendido em conformidade com uma teoria jurídica bem assentada nas exigências do Constitucionalismo Contemporâneo; no caso presente, referimos a CHD. Enfim, essas alterações legislativas paradigmáticas trazidas pelo CPC/2015 se mostram de grande importância para viabilizar uma guinada no atual cenário da fundamentação judicial no Brasil com a superação da discricionariedade judicial positivista.

Em uma palavra: uma decisão judicial que mantenha a integridade e coerência do Direito (art. 926), que atenda todas as exigências do art. 489, e que faça isso sempre a partir de uma filtragem constitucional, já terá percorrido um grande caminho em direção à adequação constitucional.

CONCLUSÃO

A obra pretendeu demonstrar que a questão fundamental a explicar a manutenção da discricionariedade judicial em todas as linhas do pensamento positivista, parece residir no fato de que todos os esforços de seus teóricos foram ou estão empenhados na questão da interpretação do Direito como um sistema normativo diverso e plenamente independente de outros sistemas, tais como o político e o moral. Sob essa perspectiva, conforme pretendemos haver demonstrado, uma teoria jurídica positivista se encaminharia para responder *a partir de onde deve o juiz decidir*, e a questão de *como deve o juiz decidir dentro do sistema* passa ao largo das principais preocupações.[1] É precisamente esse o cerne da questão, é daí que decorre – dentre outras questões, evidente –, a insuficiência desse modelo. Não se pretendeu, por óbvio, fazer "terra arrasada" da teoria positivista. Pretendeu-se apenas destacar, tal como fez Albert Calsamiglia, que *"no deja de ser curioso que cuando más necesitamos orientación, la teoría positivista enmudece."*[2]

Assim, a superação das posições positivistas exige o enfrentamento daquele que é o seu principal traço distintivo: a discricionariedade judicial. Posturas que seguem defendendo o protagonismo judicial como forma de solução para as questões referentes à aplicação do Direito, tal como o neoconstitucionalismo, rigorosamente não podem ser consideradas pós-positivistas. Isso porque mantém o mesmo padrão/critério interpretativo defendido por autores positivistas, qual seja: a discricionariedade do juiz.

---

1. STRECK, Lenio Luiz. *Verdade e Consenso*: constituição, hermenêutica e teorias discursivas. 5 ed. rev. mod. e ampl. São Paulo: Saraiva, 2014, p. 43
2. CALSAMIGLIA, Albert. Postpositivismo. *Doxa. Cuadernos de Filosofía del Derecho*. Núm. 21, 1998, Alicante : Biblioteca Virtual Miguel de Cervantes, 2005, p. 212.

Assim, para que tenhamos de fato uma teoria pós-positivista é necessário, tal como propõe a teoria da decisão judicial da Crítica Hermenêutica do Direito, enfrentar a questão da discricionariedade judicial e propor critérios constitucionalmente adequados para sufocá-la tanto quanto possível. Esse ponto é de fundamental importância. É a partir do mapeamento do problema da discricionariedade judicial e da indicação de caminhos que o intérprete aplicador pode tomar para, então, realizar um esforço hermenêutico exaustivo, que se mostra possível afirmar categoricamente a possibilidade de superação (ou sufocamento) da discricionariedade. Trata-se, por óbvio, de uma perspectiva hermenêutica de análise crítica dos argumentos jurídicos adotados e exteriorizados em dada situação. Por essa razão que não se cogita, aqui, de uma abordagem "psicologista". Não assume importância, neste trabalho, qual pensamento e/ou sentimento se esconde no núcleo da personalidade do intérprete-aplicador. Trata-se, portanto, de uma abordagem que pretende viabilizar a produção e a análise de discursos que efetivamente coloquem o Direito como ciência prática, como saber prático. Mas não só, trata-se, também, de uma abordagem que pretende viabilizar respostas hermeneuticamente adequadas à Constituição.[3]

Mas, insista-se, isso só pode ser feito dentro de um paradigma filosófico adequado, tal como ocorre com a perspectiva filosófica da CHD que, assentada no giro linguístico (*linguistic turn*), permite a construção de uma teoria jurídica que segue por uma "terceira via" que se coloca entre os extremos das posturas objetivistas e subjetivistas, permite a compreensão de que norma não se equipara ao texto legal, não existindo em abstrato – tal como afirmou há décadas Friedrich Müller. É sobre essa base filosófica que se mostra possível responder as questões referentes à indeterminação do Direito, em especial com a compreensão de que os princípios operam como padrões interpretativos e que, assim, têm a tarefa de sufocar a discricionariedade judicial.

---

3. STRECK, Lenio Luiz. *Verdade e Consenso* ..., 2014, p. 68-83.

Partindo dessa compreensão acerca do papel dos princípios na interpretação do direito, é que foram apresentados os cinco princípios (padrões) que proporcionam uma estrutura mínima de busca pela resposta constitucionalmente adequada, privilegiando a autonomia do Direito, a rigidez do texto constitucional e o respeito à legalidade constitucional; viabilizando o controle hermenêutico das decisões judiciais que, para esse fim, devem explicitar as razões do convencimento (fundamentação da fundamentação); levando em consideração, ainda, a necessidade de se atender às máximas dworkianas de que as decisões judiciais devem atender à coerência e integridade do direito. É diante desses padrões interpretativos que a CHD defende a possibilidade de respostas constitucionalmente adequadas. Sobre essa questão é de se reiterar a ressalva feita no capítulo segundo no sentido de que por resposta constitucionalmente adequada não se está afirmando, sob nenhuma hipótese, que exista algum método, critério ou o que quer seja que viabilize a existência de respostas prontas *a priori*; assim, é evidente que diante de um caso concreto dois juízes podem sim chegar a respostas diferentes. O que se afirma é que, nessas hipóteses, uma das respostas será a mais adequada à Constituição e à principiologia constitucional que a outra.

A tarefa jurisdicional reside, enfim, num contexto de pós-positivismo, em se submeter aos controles intersubjetivos, atentar para a força normativa do texto da Constituição, respeitando sempre a alteridade do texto e atentando para os novos padrões de fundamentação incluídos no nosso sistema processual pelo CPC/2015. Novos padrões que, conforme entendemos, realizaram uma abertura institucional justamente pelo caminho que vem há tempos se desenvolvendo a Crítica Hermenêutica do Direito – e essa acaba sendo a hipótese central da obra, qual seja: a convergência entre a teoria da decisão judicial constitucionalmente adequada da CHD, que rejeita peremptoriamente a discricionariedade judicial, e o novo sistema de fundamentação das decisões judiciais imposto pelo CPC/2015.

Nada obstante seja uma circunstância alvissareira, deve ser levado em conta que a simples previsão legislativa por si só não se mostrará capaz de modificar e aperfeiçoar a prática forense. Nesse sentido se exige o empenho de nós todos da comunidade jurídica para que esse novo padrão decisório do direito processual civil brasileiro seja levado a sério. Precisamente por essa razão que o título desta obra fala em *possibilidade* de superação, pois há muito para ser feito.

E foi nesse sentido todo esforço dedicado nessas reflexões, ainda que não se tenha conseguido atender plenamente à advertência feita por Inocêncio Coelho de que sobre "o que não se pode dizer claramente deve manter-se em silêncio."[4] Nossa inteira responsabilidade sobre as eventuais incongruências ou "zonas de penumbra".

---

4. COELHO, Inocêncio Mártires. *Da hermenêutica filosófica à hermenêutica jurídica:* fragmentos. São Paulo: Saraiva, 2010, p. 122.

REFERÊNCIAS

ABBAGNANO, Nicola. *Dicionário de filosofia*. Tradução de Alfredo Bosi. 2 ed. São Paulo: Martins Fontes, 1998.

ABBOUD, Georges. *Discricionariedade administrativa e judicial*: o ato administrativo e a decisão judicial. São Paulo: Editora Revista dos Tribunais, 2014.

_____ ; CARNIO, Henrique Garbellini; OLIVEIRA, Rafael Tomaz. *Introdução à teoria e à filosofia do direito*. 2 ed., rev., atual. e ampl. São Paulo: Revista dos Tribunais, 2014.

ABEL, Henrique. *Positivismo jurídico e discricionariedade judicial*: a filosofia do direito na encruzilhada do constitucionalismo contemporâneo. Rio de Janeiro: Lumen Juris, 2015.

ALBUQUERQUE, Paulo Antônio de Menezes. Hans Kelsen (1881-1973). Em: BARRETO, Vicente Paulo [Coord.]. *Dicionário de Filosofia do Direito*. São Leopoldo: Unisinos, 2009.

AIETA, Vânia Siciliano. *Dicionário de Filosofia do Direito*. Coord. Vicente de Paulo Barreto. Verbete: Democracia. São Leopoldo: Editora Unisinos, 2009.

ALVES JR., Luís Carlos Martins. *O sistema partidário e a reforma política*: uma breve análise acerca da estrutura normativa e da dinâmica constitucional dos partidos políticos e do regime representativo brasileiro. Texto apresentado por ocasião de palestra proferida na Segunda Reunião de Membros do Centro Brasileiro de Estudos Constitucionais – CBEC, realizada em 23.4.2015, dentro do ciclo de palestras sobre "Reforma Política, Corrupção e Financiamento de Campanha". Brasília: UniCEUB, 2015.

AMAR, Akhil Reed. *America's constitution*: a biography. New York: Random House Trade Paperbacks, 2005.

ANDREA FERREIRA, Fernando Galvão de. *Dicionário de Filosofia do Direito*. Coord. Vicente de Paulo Barreto. Verbete: Realismo Jurídico. São Leopoldo: Editora Unisinos, 2009.

ARONNE, Ricardo. *O princípio do livre convencimento do juiz*. Porto Alegre: Sergio Antônio Fabris, 1996.

ÁVILA, Humberto. "Neoconstitucionalismo": entre a "ciência do direito" e o "direito da ciência". *Revista Eletrônica do Direito do Estado (REDE)*, Salvador, Instituto Brasileiro de Direito Público, n. 17, jan./fev./mar, 2009. Disponível em: www.direitodoestado.com.br/rede.asp. Acesso em: 25.07.2014.

BANDEIRA DE MELLO, Celso Antônio. *Curso de direito administrativo*. 30 ed., São Paulo: Malheiros, 2013.

_____. *O conteúdo jurídico do princípio da igualdade*. 3 ed., São Paulo: Malheiros, 2011.

BARBI, Celso Agrícola. *Comentários ao Código de Processo Civil, Lei nº 5.869, de 11 de janeiro de 1973*. Vol. I. Rio de Janeiro: Forense, 1993.

BARROSO, Luís Roberto. *O controle de constitucionalidade no direito brasileiro*: exposição sistemática da doutrina e análise crítica da jurisprudência. 5. ed. rev. e atual. São Paulo: Saraiva, 2011.

_____. Inércia do Congresso traz riscos para a democracia. Folha de São Paulo. Disponível em: http://www1.folha.uol.com.br/poder/poderepolitica/2013/12/1388727-entrevista-com-luis-roberto-barroso.shtml . Acesso em 26 de maio de 2014.

_____. Palestra UniCEUB. Exposição oral: *Judicialização e Ativismo Judicial*. Disponível em: <https://www.youtube.com/watch?v=idAWyb9QGDs>. Acesso em: 16/03/2015.

BARZOTTO, Luis Fernando. *O positivismo jurídico contemporâneo*: uma introdução a Kelsen, Ross e Hart. São Leopoldo: Unisinos, 1999.

BENEDETTI, Héctor Ángel. *Las mejores letras del tango*. 2 ed., Buenos Aires: Planeta, 2002.

BILLIER, Jean-Cassien; MAYIOLI, Aglaé. *História da filosofia do direito*. Lisboa: Instituto Piaget, 2001.

BOBBIO, Norberto. *O futuro da democracia*: uma defesa das regras do jogo. Tradução de Marco Aurélio Nogueira, 4 ed., Rio de Janeiro: Paz e Terra, 1986.

_____. *O positivismo jurídico*: lições de filosofia do direito. trad. e notas Márcio Publiesi, Edson Bini, Carlos Rodrigues. São Paulo: Ícone, 2006.

_____. *Liberalismo e democracia*. Trad. Marco Aurélio Nogueira. São Paulo: Brasiliense, 2013.

BRASIL. *Procuradoria Geral da República*. Parecer n. 4.414/2014-AsJConst/SAJ/PGR, de 25 de julho de 2014.

_____. *Superior Tribunal de Justiça*. Agravo em Recurso Especial n. 1046156, relatora min. Assusete Magalhães.

_____ . *Supremo Tribunal Federal*. Ação Direta de Inconstitucionalidade n. 2.626/DF, relator min. Sydney Sanches.

_____ . *Supremo Tribunal Federal*. Ação Direta de Inconstitucionalidade n. 2.628/DF, relator min. Sydney Sanches.

_____ . *Supremo Tribunal Federal*. Mandado de Segurança n. 20.927/DF, Relator ministro Moreira Alves.

_____ . *Supremo Tribunal Federal*. Ação Direita de Inconstitucionalidade por Omissão n. 31/DF, relator min. Teori Zavascki.

_____ . *Supremo Tribunal Federal*. Mandado de Injunção n. 4.733/DF, relator min. Ricardo Lewandowski.

_____. *Supremo Tribunal Federal*. Mandado de Segurança n. 26.603/DF, relator ministro Celso de Mello.

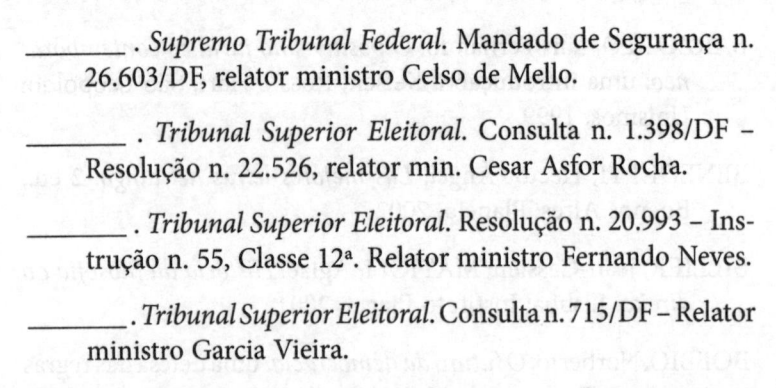

_____. *Tribunal Superior Eleitoral*. Consulta n. 1.398/DF – Resolução n. 22.526, relator min. Cesar Asfor Rocha.

_____. *Tribunal Superior Eleitoral*. Resolução n. 20.993 – Instrução n. 55, Classe 12ª. Relator ministro Fernando Neves.

_____. *Tribunal Superior Eleitoral*. Consulta n. 715/DF – Relator ministro Garcia Vieira.

BULYGIN, Eugenio. *Il positivismo giuridico*. A cura di Pierluigi Chiassoni, Ricardo Guastini e Giovani Ratti. Milano: Dott. A. Giuffrè Editore, 2007.

CALSAMIGLIA, Albert. Postpositivismo. *Doxa. Cuadernos de Filosofía del Derecho*. Núm. 21, 1998, Alicante: Biblioteca Virtual Miguel de Cervantes, 2005.

CANOTILHO, J. J. Gomes; MOREIRA, Vital Martins. *Fundamentos da Constituição*. Coimbra: Coimbra Editora, 1991.

CARPEAUX, Otto Maria. *A antiguidade greco-latina por Carpeaux*. História da literatura ocidental, v. 1, São Paulo: Leyla, 2012.

CARVALHO NETTO, Menelick; SCOTTI, Guilherme. *Os direitos fundamentais e a (in)certeza do Direito*: a produtividade das tensões principiológicas e a superação do sistema de regras. Belo Horizonte: Fórum, 2011.

CHIASSONI, Pierluigi. Le disavventure della teoria dell'interpretazione. Presentazione. Em: BULYGIN, Eugenio. *Il positivismo giuridico*. A cura di Pierluigi Chiassoni, Ricardo Guastini e Giovani Ratti.Milano: Dott. A. Giuffrè Editore, 2007.

_____. Wiener Realism. Em: *Kelsen Revisited*: New Essays on the Pure Theory of Law. Luís Duarte d'Almeida; John Gardner; Leslie Green [edit.]. Oxford and Portland, Oregon: Hart Publishing, 2013.

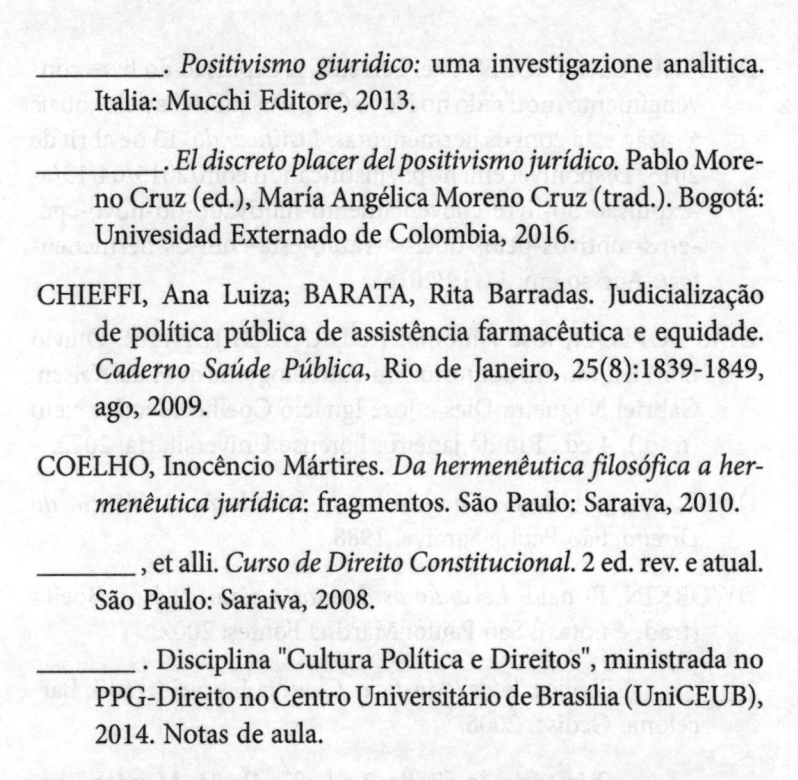

_____. *Positivismo giuridico*: uma investigazione analitica. Italia: Mucchi Editore, 2013.

_____. *El discreto placer del positivismo jurídico*. Pablo Moreno Cruz (ed.), María Angélica Moreno Cruz (trad.). Bogotá: Univesidad Externado de Colombia, 2016.

CHIEFFI, Ana Luiza; BARATA, Rita Barradas. Judicialização de política pública de assistência farmacêutica e equidade. *Caderno Saúde Pública*, Rio de Janeiro, 25(8):1839-1849, ago, 2009.

COELHO, Inocêncio Mártires. *Da hermenêutica filosófica a hermenêutica jurídica*: fragmentos. São Paulo: Saraiva, 2010.

_____, et alli. *Curso de Direito Constitucional*. 2 ed. rev. e atual. São Paulo: Saraiva, 2008.

_____. Disciplina "Cultura Política e Direitos", ministrada no PPG-Direito no Centro Universitário de Brasília (UniCEUB), 2014. Notas de aula.

COELHO, Luiz Fernando. *Aulas de introdução ao direito*. Barueri-SP: Manole, 2004.

COUTINHO, Jacinto Nelson de Miranda. O lugar do poder do juiz em Portas Abertas, de Leonardo Sciascia. Em: STRECK, Lenio; TRINDADE, André (orgs.). *Os modelos de juiz*: ensaios de direito e literatura. São Paulo: Atlas, 2015.

DAHL, Robert. *A democracia e seus críticos*. Tradução de Patrícia de Freitas Ribeiro, São Paulo: Martins Fontes, 2012.

DANTAS, Marcus. Jurisprudência dos conceitos. Em: BARRETO, Vicente Paulo [Coord.]. *Dicionário de Filosofia do Direito*. São Leopoldo: Unisinos, 2009.

DARTON, Robert; DUHAMEL, Olivier [Orgs.]. *Democracia*. Trad. de Clóvis Marques. Rio de Janeiro: Record, 2001.

DELFINO, Lucio; LOPES, Ziel Ferreira. A expulsão do livre convencimento motivado no Novo CPC e os motivos pelos quais a razão está com os hermeneutas. *Justificando*, 13 de abril de 2015. Disponível em: http://justificando.com/2015/04/13/a-expulsao-do-livre-convencimento-motivado-do-novo-cpc-e-os-motivos-pelos-quais-a-razao-esta-com-os-hermeneutas/. Acesso em: 11/10/2016.

DIAS TOFFOLI, José Antônio; RODRIGUES JUNIOR, Otavio Luiz. Estudo introdutório. Em: Autobiografia de Hans Kelsen. Gabriel Nogueira Dias e José Ignácio Coelho Mendes Neto (trad.), 4 ed., Rio de Janeiro: Forense Universitária, 2012.

DINIZ, Maria Helena. *Compêndio de Introdução à Ciência do Direito*. São Paulo: Saraiva, 1988.

DWORKIN, Ronald. *Levando os direitos a sério*. Nelson Boeira (trad. e notas). São Paulo: Martins Fontes: 2002.

_____. *El imperio de la justicia*. Claudia Ferrari (trad.). Barcelona: Gedisa, 2008.

_____. *O império do direito*. 2 ed., São Paulo: Martins Fontes, 2010.

_____. *A justiça de toga*. São Paulo: Martins Fontes, 2010.

_____. The concept of unenumerated rights: whether and how Roe should be overruled. *University of Chicago Law Review*, v. 58, n. 1, 1992.

_____. ¿Es el derecho um sistema de normas? Em: *La filosofia del derecho*. Ronald Dworkin (comp.), Miguel Carbonell (pról.), Javier Sáinz de los Terreros (trad.), 2 ed., México: FCE, 2014.

_____. É o Direito um Sistema de Regras? Trad. Wladimir Barreto Lisboa, *Revista do Centro de Ciências Jurídicas e Sociais da Universidade do Vale do Rio dos Sinos*, n. 92, vol. 34, set/dez, 2001.

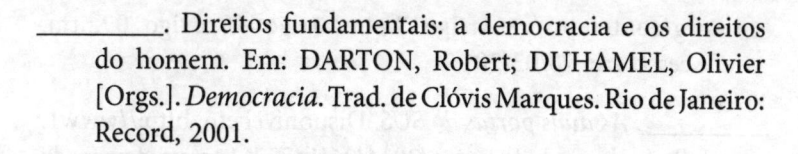

_____. Direitos fundamentais: a democracia e os direitos do homem. Em: DARTON, Robert; DUHAMEL, Olivier [Orgs.]. *Democracia*. Trad. de Clóvis Marques. Rio de Janeiro: Record, 2001.

_____. Igualdade como ideal. *Novos estudos. – CEBRAP*, São Paulo, n. 77, p. 233-240, mar. 2007. Disponível em: http://www.scielo.br/scielo.php?script=sci_arttext&pid=S0101-33002007000100012&lng=en&nrm=iso. Acesso em: 26/02/2017.

DUHAMEL, Olivier. As eleições. Em: DARTON, Robert; DUHAMEL, Olivier [Orgs.]. *Democracia*. Trad. de Clóvis Marques. Rio de Janeiro: Record, 2001.

ESTADOS UNIDOS DA AMÉRICA. *Court of Appeals of New York*. Riggs v Palmer. 115 NY 506 (1889).

_____. *Suprema Corte dos Estados Unidos da América*. State Board of Education v. Barnette, 319 U.S. 624 (1943).

FACCINI NETO, Orlando. *Elementos de uma teoria da decisão judicial*: hermenêutica, constituição e respostas corretas em direito. Porto Alegre: Livraria do Advogado, 2011.

FARIA, José Eduardo. *Poder e legitimidade*: uma introdução à Política do Direito. São Paulo: Editora Perspectiva, 1978.

FERNÁNDEZ-LARGO, Antonio Osuna. *Hermenéutica Jurídica*: em torno a la hermenéutica de Hans-Georg Gadamer. Valladolid: Secretariado Publicaciones, Universidad, 1992.

FERNÁNDEZ, Tomás-Ramón. *Del arbítrio y de la arbitrariedade judicial*. Madrid: Iustel, 2005.

FERRAZ, Octavio Luiz Motta; WANG, Daniel Wei Liang. *Atendendo aos mais necessitados? Acesso à justiça e o papel dos defensores e promotores públicos no litígio sobre direito à saúde na cidade de São Paulo*. Disponível em: http://www.surjournal.

org/conteudos/getArtigo18.php?artigo=18,artigo_09.htm. Acesso em: 20/03/2015.

_____. *As duas portas do SUS*. Disponível em: http://www1.folha.uol.com.br/opiniao/2014/06/1472761octavioferrazeda nielwangasduasportasdosus.shtml. Acesso em: 30/03/2015.

FERRAZ JR., Tércio Sampaio. *A ciência do direito*. 3 ed., São Paulo: Atlas, 2014.

FERREIRA, Fábio Bragança. Decisão judicial e políticas públicas: o juiz, a lei e o termômetro. Em: *Constituição, Economia e Desenvolvimento – Revista da Academia Brasileira de Direito Constitucional*. Curitiba, 2015, vol. 7, n. 13, jul./dez. p. 476-495.

_____; PÁDUA, Thiago Aguiar de. Entre o Tribunal e o Parlamento: a atualidade das lições dos casos de verticalização e fidelidade partidárias no contexto do papel das instituições na reforma política. Em: *Revista da AGU*, Brasília-DF, v. 14, n. 04, p. 231-270, out./dez. 2015.

FLICKINGER, Hans-Georg. *Gadamer & a educação*. Belo Horizonte: Autêntica Editora, 2014.

FOLHA DE SÃO PAULO, Caderno Poder, Indicado ao Supremo critica excesso de emendas à Constituição, Disponível em: http://www1.folha.uol.com.br/poder/2013/05/1284313--indicado-ao-stf-barroso-critica-excesso-de-emendas-a--constituicao.shtml.

GADAMER, Hans Georg. *Verdade e método*. Tradução de Flávio Paulo Meurer. 13 ed., Petrópolis, RJ: Vozes, 2013.

_____. *Verdade e método II*: complementos e índice. Ênio Paulo Giachini (trad.), Márcia Sá Cavalcanti Schuback (ver.), 5 ed., Petrópolis: Vozes, 2010.

GARAPON, Antonie. *O guardador de promessas*. Lisboa: Instituto Piaget, 1998.

GOYARD-FABRE, Simone. *O que é Democracia?* : a genealogia filosófica de uma grande aventura humana. Tradução de Claudia Berliner. São Paulo: Martins Fontes, 2003.

GRAU, Eros Roberto. *Por que tenho medo dos juízes (a interpretação/aplicação do direito e os princípios).* 6 ed., refundida do ensaio e discurso sobre a interpretação/aplicação do direito, 2ª tiragem, 2013.

GRINOVER, Ada Pellegrini; WATANABE, Kazuo (coords.). *O controle jurisdicional de políticas públicas.* 2 ed., Rio de Janeiro: Forense, 2013.

GRINOVER, Ada Pellegrini. O controle jurisdicional de políticas públicas. Em: *O controle jurisdicional de políticas públicas.* 2 ed., Rio de Janeiro: Forense, 2013.

GUEDES, Jefferson Carús. *Igualdade e desigualdade:* introdução conceitual, normativa e histórica dos princípios. São Paulo: Revista dos Tribunais, 2014.

HART, Herbert L. A. *Derecho y moral:* contribuiciones a su análisis. Genaro R. Carrió (trad. y nota preliminar). Buenos Aires: Ediciones Depalma, 1962.

_____. El nuevo desafío del positivismo jurídico. Liborio Hierro, Francisco Laporta e Juan Ramón Páramo (trad.). *Sistema,* n. 36, 1980.

_____. *O conceito de direito.* 6 ed., A. Ribeiro Mendes (trad.), Lisboa: Fundação Calouste Gulbenkian, 2011.

_____. *El concepto de derecho.* Genaro Carrió (trad.). Buenos Aires: Abeledo-Perrot.

HECK, Luís Afonso. *Direito natural, direito positivo, direito discursivo.* Porto Alegre: Livraria do Advogado, 2010.

HOLMES, Stephen. El precompromiso y la paradoja de la democracia. Em: ELSTER, Jon; SLAGSTAD, Rune (Org.). *Constitucionalismo y democracia.* México: Fondo de cultura Economica, 2003.

INGENIEROS, José. *O homem medíocre*. Tradução de Terumi Bonet Villalba. 3 ed., Curitiba: editora do Chain, s.d.

JOUANJAN, Olivier. De Hans Kelsen a Friedrich Müller – método jurídico sob o paradigma pós-positivista. Em: MÜLLER, Friedrich. *O novo paradigma do direito*: introdução à teoria e metódica estruturantes. 3 ed., rev. atual. e ampl. São Paulo: Revista dos Tribunais, 2013.

KELSEN, Hans. *A Democracia*. Tradução de Ivone Castilho Benedetti, Jefferson Luiz Camargo, Marcelo Brandão Cipolla e Vera Barkow. 2ª edição. São Paulo: Martins Fontes, 2000.

_____. *Teoria pura do direito*. Trad. João Baptista Machado, 8 ed., São Paulo: WMF Martins Fontes, 2009.

_____. Direito natural e direito positivo. Uma investigação de sua relação recíproca. [trad. Waldir Alves]. Em: HECK, Luís Afonso. *Direito natural, direito positivo, direito discursivo*. Porto Alegre: Livraria do Advogado, 2010.

LOSANO, Mário G. *Sistema e estrutura no direito*: o século XX. Vol. II. Tradução de Luca Lamberti, rev. de trad. de Carlos Alberto Dastoli. São Paulo: Editora WMF Martins Fontes, 2010.

_____. Entrevista. *Revista da Faculdade de Direito – UFPR*, Curitiba, vol. 59, n. 2, p. 203-209, 2014. Entrevista concedida a Cesar Antonio Serbena e Edna Torres Felício Câmara.

LUIZ, Fernando Vieira. *Teoria da decisão judicial*: dos paradigmas de Ricardo Lorenzetti à resposta adequada à constituição de Lenio Streck. Porto Alegre: Livraria do Advogado, 2013.

MARCHETTI, Vitor; CORTEZ, Rafael. A judicialização da competição política: o TSE e as coligações eleitorais. *Opinião Pública*: Campinas, vol. 15, n. 2, nov. de 2009.

MARRAFÓN, Marco Aurélio. *O caráter complexo da decisão em matéria constitucional*: discursos sobre a verdade, radicalização hermenêutica e fundação ética na práxis jurisdicional. Rio de Janeiro: Lumen Juris, 2010.

_____. Da hermenêutica filosófica à individualização do Direito: a decisão judicial no pensamento de Lenio Streck. Em: *Hermenêutica, constituição, decisão judicial*: estudos em homenagem ao professor Lenio Luiz Streck. Alexandre Morais da Rosa et ali (org.), Porto Alegre: Livraria do Advogado, 2016.

MELVILLE, Herman. *Moby Dick*, vol. I. Berenice Xavier (trad.), São Paulo: Abril, 2010.

MÖLLER, Max. *Teoria geral do neoconstitucionalismo*: bases teóricas do constitucionalismo contemporâneo. Porto Alegre: Livraria do Advogado, 2011.

MORESO, José Juan; QUERALT, Jahel. Bosquejo de Dworkin: la imbricación entre el derecho y la moralidad. *Isonomía*, México, n. 41, p. 143-174, 2014. Disponível em: http://www.scielo.org.mx/scielo.php?script=sci_arttext&pid=S1405-02182014000200007&lng=es&nrm=iso .Acesso em: 10/fev./2017.

MOTTA, Cristina Reindolff da. *A motivação das decisões cíveis como condição de possibilidade para a resposta correta/adequada*. Porto Alegre: Livraria do Advogado, 2012.

MOTTA, Francisco José Borges. *Levando o direito a sério*: uma crítica hermenêutica ao protagonismo judicial. 2 ed., rev. e ampl., Porto Alegre: Livraria do Advogado, 2012.

_____; RAMIRES, Maurício. O novo código de processo civil e a decisão jurídica democrática: como e por que aplicar precedentes com coerência e integridade? Em: STRECK, Lenio Luiz; ARRUDA ALVIM, Eduardo; LEITE, George Salomão (orgs.). *Hermenêutica e jurisprudência no novo código de processo civil*: coerência e integridade, São Paulo: Saraiva, 2016.

NEVES, Marcelo. *Entre Hidra e Hércules*: princípios e regras constitucionais. São Paulo: WMF Martins Fontes, 2013.

_____. Abuso de princípios no Supremo Tribunal Federal. Disponível em: http://www.conjur.com.br/2012-out-27/observatorio-constitucional-abuso-principios-supremo-tribunal. Acesso em: 27 de maio de 2014.

OLIVEIRA, Emerson Ademir Borges de. Ativismo judicial e o papel das Cortes constitucionais nas correções de rota da crise da democracia representativa. *Direito Publico*, vol. 01, n. 40, 2011. Disponível em: www.direitopúblico.idp.edu.br. Acesso em: 29.03.2015.

OLIVEIRA, Manfredo A. de. *Reviravolta linguístico-pragmática na filosofia contemporânea*. São Paulo: Loyola, 1996.

OLIVEIRA, Rafael Tomaz de. *Decisão judicial e o conceito de princípio:* a hermenêutica e a (in)determinação do direito. Porto Alegre: Livraria do Advogado, 2008.

ORDENAÇÕES FILIPINAS. Disponível em: http://www2.senado.leg.br/bdsf/handle/id/242733. Acesso em: 19/12/2016.

PISIER, Evelyne. Montesquieu e Rousseau: dois batedores da democracia. Em: DARTON, Robert; DUHAMEL, Olivier [Orgs.]. *Democracia*. Trad. Clóvis Marques. Rio de Janeiro: Record, 2001

REALE, Miguel. *Estudos de filosofia e ciência do direito*. São Paulo: Saraiva, 1978.

ROCHA, Leonel Severo. Epistemologia do Direito: revisitando as três matrizes jurídicas. *Revista de Estudos Constitucionais, Hermenêutica e Teoria do Direito* (RECHTD), 5(2):141-149, jul./dez. 2013.

_____; SCHWARTZ, Germano; CLAM, Jean. *Introdução à teoria do sistema autopoiético do Direito*. Porto Alegre: Livraria do Advogado, 2005.

RÓDENAS, Ángeles. *Los intersticios del derecho*: indeterminación, validez y positivismo jurídico. Madrid: Marcial Pons, 2012.

SADEK, Maria Tereza. Judiciário e arena política: um olhar a partir da Ciência Política. Em: *O controle jurisdicional de políticas públicas*. 2 ed., Rio de Janeiro: Forense, 2013.

SALDANHA, Nelson. Escola da Exegese. Em: BARRETO, Vicente Paulo [Coord.]. *Dicionário de Filosofia do Direito*. São Leopoldo: Unisinos, 2009.

SCHWARTZ, Germano André Doederlein. Considerações sobre a teoria kelseniana. *Revista do Curso de Direito*, Cruz Alta: Unicruz, v. 5, n. 5, 2000.

SHAPIRO, Scott. The "Hart-Dworkin" debate: a short guide for the perplexed. *Public Law and Legal Theory Working Paper Series – University of Michigan Law School*. Working Paper n.º 77, March, 2007.

SILVA, José Afonso da. *Teoria do conhecimento constitucional*. São Paulo: Malheiros, 2014.

SILVA, Ovídio A. Baptista da. *Processo e ideologia*: o paradigma racionalista. Rio de Janeiro: Forense, 2004.

SIMON, Henrique Smidt. *Epistemologia e limites da racionalidade jurídica*: um estudo da teoria da proporcionalidade. Curitiba: CRV, 2013.

SÓFOCLES. *Édipo Rei – Antígona*. São Paulo: Martin Claret, 2007.

STEIN, Ernildo. *Compreensão e finitude*: estrutura e movimento na interrogação heideggeriana. Ijuí: Unijuí, 2001.

_____. Prefácio em: STRECK, Lenio. *Hermenêutica Jurídica e(m) crise: uma exploração hermenêutica da construção do Direito*. 11 ed. rev. atual. e ampl. Porto Alegre: Livraria do Advogado, 2014.

STRECK, Lenio Luiz. *Verdade e Consenso*: constituição, hermenêutica e teorias discursivas. 5 ed. rev. mod. e ampl. São Paulo: Saraiva, 2014.

_____. *Hermenêutica Jurídica e(m) crise: uma exploração hermenêutica da construção do Direito*. 11 ed. rev. atual. e ampl. Porto Alegre: Livraria do Advogado, 2014.

_____. *Jurisdição constitucional e decisão jurídica*. 4 ed., São Paulo: Revista dos Tribunais, 2014.

_____. *Lições de crítica hermenêutica do direito*. Porto Alegre: Livraria do Advogado, 2014.

_____. *O que é isto – decido conforme minha consciência?* 4 ed. rev. Porto Alegre: Livraria do Advogado Editora, 2013.

_____. *O que é isto – decido conforme minha consciência?* 5 ed. rev. e atual. de acordo com as alterações hermenêutico--processuais dos Códigos. Porto Alegre: Livraria do Advogado Editora, 2015.

_____. *O que é isto – o senso incomum?* Porto Alegre: Livraria do Advogado Editora, 2016.

_____. *Juiz não é Deus: juge n'est pas Dieu*. Curitiba: Juruá, 2016.

_____. *Compreender direito*: desvelando as obviedades do discurso jurídico. São Paulo: Revista dos Tribunais, 2013.

_____. *Compreender direito II*: como o senso comum pode nos enganar. São Paulo: Revista dos Tribunais, 2014.

_____. *Compreender direito III*: nas brechas da lei. São Paulo: Revista dos Tribunais, 2015.

_____; ABBOUD, Georges. *O que é isto – o precedente judicial e as súmulas vinculantes?* 3 ed., rev. e atual. Porto Alegre: Livraria do Advogado Editora, 2015.

_____. Direito. Em BARRETO, Vicente Paulo; CULLETON, Alfredo [Coords.]. *Dicionário de filosofia política*. São Leopoldo: Unisinos, 2010.

_____. Hermenêutica jurídica. Em: BARRETO, Vicente Paulo [Coord.]. *Dicionário de Filosofia do Direito*. São Leopoldo: Unisinos, 2009.

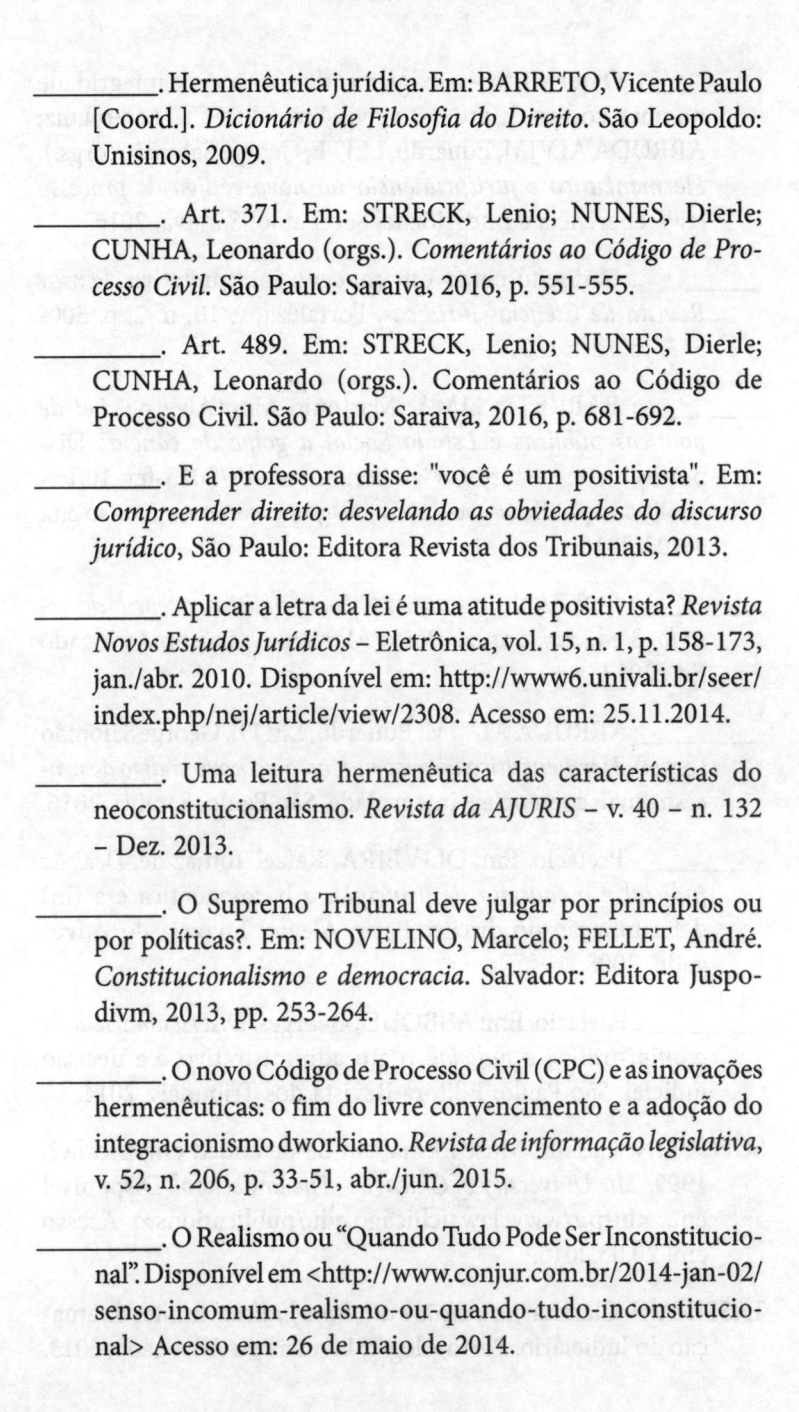

_____. Art. 371. Em: STRECK, Lenio; NUNES, Dierle; CUNHA, Leonardo (orgs.). *Comentários ao Código de Processo Civil*. São Paulo: Saraiva, 2016, p. 551-555.

_____. Art. 489. Em: STRECK, Lenio; NUNES, Dierle; CUNHA, Leonardo (orgs.). Comentários ao Código de Processo Civil. São Paulo: Saraiva, 2016, p. 681-692.

_____. E a professora disse: "você é um positivista". Em: *Compreender direito: desvelando as obviedades do discurso jurídico*, São Paulo: Editora Revista dos Tribunais, 2013.

_____. Aplicar a letra da lei é uma atitude positivista? *Revista Novos Estudos Jurídicos* – Eletrônica, vol. 15, n. 1, p. 158-173, jan./abr. 2010. Disponível em: http://www6.univali.br/seer/index.php/nej/article/view/2308. Acesso em: 25.11.2014.

_____. Uma leitura hermenêutica das características do neoconstitucionalismo. *Revista da AJURIS* – v. 40 – n. 132 – Dez. 2013.

_____. O Supremo Tribunal deve julgar por princípios ou por políticas?. Em: NOVELINO, Marcelo; FELLET, André. *Constitucionalismo e democracia*. Salvador: Editora Juspodivm, 2013, pp. 253-264.

_____. O novo Código de Processo Civil (CPC) e as inovações hermenêuticas: o fim do livre convencimento e a adoção do integracionismo dworkiano. *Revista de informação legislativa*, v. 52, n. 206, p. 33-51, abr./jun. 2015.

_____. O Realismo ou "Quando Tudo Pode Ser Inconstitucional". Disponível em <http://www.conjur.com.br/2014-jan-02/senso-incomum-realismo-ou-quando-tudo-inconstitucional> Acesso em: 26 de maio de 2014.

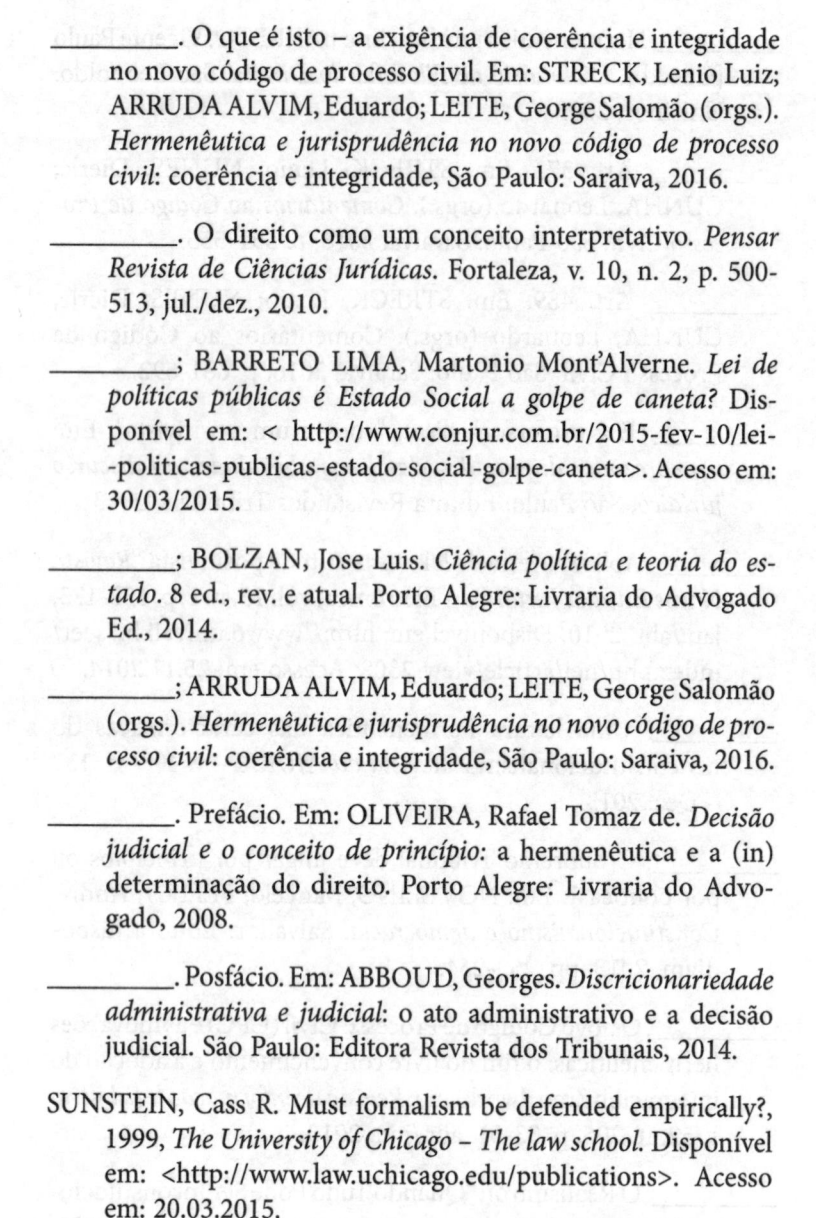

_____. O que é isto – a exigência de coerência e integridade no novo código de processo civil. Em: STRECK, Lenio Luiz; ARRUDA ALVIM, Eduardo; LEITE, George Salomão (orgs.). *Hermenêutica e jurisprudência no novo código de processo civil*: coerência e integridade, São Paulo: Saraiva, 2016.

_____. O direito como um conceito interpretativo. *Pensar Revista de Ciências Jurídicas*. Fortaleza, v. 10, n. 2, p. 500-513, jul./dez., 2010.

_____; BARRETO LIMA, Martonio Mont'Alverne. *Lei de políticas públicas é Estado Social a golpe de caneta?* Disponível em: < http://www.conjur.com.br/2015-fev-10/lei-politicas-publicas-estado-social-golpe-caneta>. Acesso em: 30/03/2015.

_____; BOLZAN, Jose Luis. *Ciência política e teoria do estado*. 8 ed., rev. e atual. Porto Alegre: Livraria do Advogado Ed., 2014.

_____; ARRUDA ALVIM, Eduardo; LEITE, George Salomão (orgs.). *Hermenêutica e jurisprudência no novo código de processo civil*: coerência e integridade, São Paulo: Saraiva, 2016.

_____. Prefácio. Em: OLIVEIRA, Rafael Tomaz de. *Decisão judicial e o conceito de princípio*: a hermenêutica e a (in) determinação do direito. Porto Alegre: Livraria do Advogado, 2008.

_____. Posfácio. Em: ABBOUD, Georges. *Discricionariedade administrativa e judicial*: o ato administrativo e a decisão judicial. São Paulo: Editora Revista dos Tribunais, 2014.

SUNSTEIN, Cass R. Must formalism be defended empirically?, 1999, *The University of Chicago – The law school*. Disponível em: <http://www.law.uchicago.edu/publications>. Acesso em: 20.03.2015.

TASSINARI, Clarissa. *Jurisdição e ativismo judicial*: limites da atuação do Judiciário. Porto Alegre: Livraria do Advogado, 2013.

TRINDADE, André Fernando dos Reis. *Os direitos fundamentais em uma perspectiva autopoiética*. Porto Alegre: Livraria do Advogado, 2007.

TRINDADE, André Karam. O controle das decisões judiciais e a revolução hermenêutica no direito processual civil brasileiro. Em: STRECK, Lenio; ALVIM, Eduardo Arruda; LEITE, George Salomão (coords.). *Hermenêutica e jurisprudência no novo código de processo civil*: coerência e integridade. São Paulo: Saraiva, 2016.

VÁSQUEZ SOTELO, José Luis. A jurisprudência vinculante na 'common law' e na 'civil law'. *XVI Jornadas Ibero-americanas de Direito Processual (Brasília)*. Rio de Janeiro: Forense; Brasília: IEBT, 1998.

VILAJOSANA, Josef M. *Identificación y justificación del derecho*. Madrid: Marcial Pons, 2007.

VILLEY, Michel. *A formação do pensamento jurídico moderno*. Trad. de Cláudia Berliner; notas revistas por Eric Desmons; revisão técnica Gildo Sá Leitão Rios; texto estabelecido, revisto e apresentado por Stéphane Rials. 2 ed., São Paulo: Editora WMF Martins Fontes, 2009.

VIOLANTE, Luciano. *Il dovere di avere doveri*. Torino: Giulio Einaudi Editore, 2014.

ZAFFARONI, Eugenio Raul. *Estructuras Judiciales*. República Dominicana: comissionado de apoyo a la reforma e modernizacion de la justicia, 2007.

ZANETI Jr., Hermes. A teoria da separação dos poderes e o Estado Democrático Constitucional: Funções de Governo e Funções de Garantia. Em: *O controle jurisdicional de políticas públicas*. 2 ed., Rio de Janeiro: Forense, 2013.

EDITORA jusPODIVM
www.editorajuspodivm.com.br